초등학교의 진로교육

초등학교의 진로교육

김충기 · 김현옥 역

 한국학술정보(주)

저 자 서 문

"진로교육: 그것은 무엇이고 어떻게 하는 것인가?"(Hoyt, E-
vans, Mackin, Mangum)라는 책이 이제 제5판 째 나오고 있다. 이
책은 "진로교육을 어떻게 실시하면 좋을까?"하는 실제적인 물음에
대한 일종의 답변서로써 씌어졌다. 미국의 교육이 나아가야 할 방
향이 정해짐에 따라 미국 교육성에서 3년 전부터 진로교육을 실시
하였다. 그러나 진로교육을 미국 전역에 보급하기 위해 그리고 그
것이 "요람에서 무덤까지"에 이르는 가치 있는 것이 되도록 하기
위해서는 진로교육의 준비단계에서 구체적이고 실질적인 준비를
하도록 어떤 제시를 해 주어야 성공적인 삶을 추구할 수 있다.

초등학교는 그런 자료를 제공해 주기 시작해야 할 단계이다. 나
는 이 책이 직전교육과 현직교육, 그리고 초등학교의 학교행정가
와 수업교사들을 위한 지침서로 사용되기를 바란다.

이 책은 일리노이 주립대학의 루퍼트(Rupert)와 에반스(Evans)
박사의 조언과 평론서에서 자료를 구하였다. 보링암 영 대학의 진
로상담센터에 재직하는 피터슨(Peterson) 박사와 동료들은 제5장의
자료를 제공해 주었다. 진로교육에 관심을 갖고 있는 사람이라면
누구나 다 말랜드(Marland) 박사를 알 것이다. 그는 현재 미국 보
건성의 차관으로 있으며 교육과 복지에 관해 많은 관심을 갖고 있
다. 그는 "진로교육"이란 용어를 만들었는데 이 용어는 그가 진로
교육 운동에서 왕좌에 있도록 만들어 준 개념이다.

이 책은 가정이나 학교 또는 인간자원을 개발하는 기관에서 어

떻게 진로교육을 시켜야할 것인가에 대한 일련의 지침서를 만들려는 계획 중에서 첫 번째 것이다. 공동저자들은 그들의 전문성과 관심의 영역에 따라 다양하게 집필했지만 그들은 진로교육을 통해 개인이 일하는 생활로부터 최대한의 보람과 만족을 얻도록 해야 한다는 관점을 공통적으로 갖고 있다. 우리의 인생에서 일보다는 다른 어떤 즐거움이 더 중요할지도 모른다. 그러나 다른 사람에게 봉사하고 자기의 가치를 확인하는 일의 가치가 포함되지 않는 인생은 생산적이지도 않고 가치롭지도 않을 것이다.

역 자 서 문

　우리나라의 교육계에 진로교육이 도입되어 소개된 시기는 1970년대 후반으로서 아직까지 생소한 교육영역으로 인식되었었다. 그러나 1980년대를 들어오면서 학교교육에 진로교육의 필요성이 제기되기 시작하였다. 그 이유는 우리나라 교육이 전인교육으로 지향해야 함에도 불구하고 편향적인 대학입시 위주의 주입식 교육이 극성을 부리고 혈안이 되어 수많은 피교육자들(학생)이 경쟁에 허덕이면서 과열과외를 일삼고 정규학교교육은 뒷전에 머물러 그 기능을 제대로 발휘하지 못하고 있다.

　게다가 고등학교 졸업자중 대학에 들어갈 수 있는 인원은 전체 고교졸업생의 30%에 불과하고 나머지 70%의 졸업자는 대학입시 준비자의 들러리에 불과하여 낙방의 고배를 마시고 일부는 재수하여 대학에 들어간다고 하지만 대다수는 떨어져 고등학교를 마치고 사회에 마구잡이로 배출되는 실정이다.

　그리하여 이들은 사전에 학교교육에서 사회의 직업적응과 선택에 필요한 직업기술 교육을 받지 못하고 사회에 배출되므로 적응상의 막대한 문제점을 야기하고 있다.

　이러한 문제점을 시정, 보완하기 위해 새로이 고안된 진로교육은 미국에서부터 관심을 갖기 시작하여 1970년대 초부터 진로교육의 보급을 위해 서둘러 연구하고 자료를 개발하기 시작하였다.

　진로교육은 넓은 의미의 직업교육이며 직업적성 교육으로서 개인의 진로를 합리적으로 의식하고 결정하고 준비하는 과정이기에 자라나는 학생들에게 장차 지녀야할 직업선택과 준비에 필수적 요소로 인식되기에 이르렀다.

선진국인 미국의 교육문제 해결에 필요한 적합한 교육내용 뿐만 아니라 선진국으로 치닫고 있는 우리나라 교육에 있어서도 이와 같은 문제가 생기게 되므로 우리나라에 진로교육의 실시는 이미 기정사실화 되었다.

그런데 아직까지 기초적인 진로교육에 관련된 문헌이나 자료가 많이 보급되지 못하고 있는 실정이다.

이미 교육부 정책당국에서도 진로교육의 필요를 인식하고 전국 각급학교에 진로교육 실천을 위한 노력이 엿보이고 각 시도 교육청 산하에 교육연구원에 진로교육부서를 설치하고 진로교육 실시를 위한 제반 노력을 경주하고 있는 터이다.

그럼에도 불구하고 역자의 연구도서 자료와 더불어 한국교육개발원 직업기술교육실에서 연구원들의 노력으로 자료개발에 박차를 가하여 진로교육 활성화에 일익을 담당할 수 있는 자료 외에 별로 찾아보기 어렵다.

이와 같이 아직 진로교육 자료가 미흡한 점에 착안 미국에서 진로교육에 관련된 문헌을 찾아보던 중 Hoyt외 3인이 공저한 Career Education and Elementary school Teacher(Olympus Publishing Co, 1973)를 접하게 되어 우리교육계에 소개하고자 한다.

진로교육은 초등학교 수준에서부터 시작해야 되기 때문에 이 역서는 초등학교 진로교육을 이해하는데 도움이 될 것으로 생각한다.

아무쪼록 진로교육이 우리 교육계에 토착화 되어 적재저소에 알맞는 교육이 이룩되어 누구나 타고난 잠재력을 유감없이 발휘하여 진학 또는 취업하여 성공적으로 삶의 터전을 이룩하고 만족하고 행복한 삶을 이루는데 기여하기를 바라는 마음 간절하다.

이 역서는 진로교육의 기초과정으로서 우리 모두에게 관심 있게 읽혀지기를 바란다.

역서이고 보니 원저자의 의사가 충분히 반영될 수 있는지가 의문이다. 그러나 최대한 저자의 의도를 밝히는데 노력하였다. 교육 발전에 많은 공헌이 있을 것으로 기대한다.

역자 씀

차   례

Ⅰ. 진로교육: 기본 전제, 전망 그리고 문제점

Ⅱ. 교과학습을 통한 진로인식과 진로탐색

Ⅲ. 초등학교에서의 진로발달

Ⅳ. 학교와 지역사회 그리고 산업시장의 연계

Ⅴ. 진로교육에서의 가정과 가족의 역할

Ⅵ. 초등학교 교사들을 위한 직전교육과 현직교육

Ⅶ. 전략과 보상

Ⅰ. 진로교육: 기본 전제, 전망 그리고 문제점

    1971년 초, 미교육성의 시드니 말랜드(Sidney P. Marland, Jr.) 교육위원이 진로교육의 필요성을 제창한 이래로 진로교육에 대한 관심이 확산되었다. 진로교육은 연방정부의 풍부한 자본금을 배경으로 해서 "교육개혁"의 일환으로 추진되었다. 진로교육의 개념을 정립하기 위한 유인책으로 새로운 자본들이 투자되었다. 진로교육을 효율적으로 실시하는 지역이 아직까지는 거의 없지만 그것은 교육체제의 전체 수준, 즉 초등학교, 중등학교 그리고 중등학교 졸업 후의 각 수준에서 발전적인 형태로 실시되고 있다. 진로교육의 개념이 새로워짐에 따라 초등학교에서부터 진로교육을 실시해야 한다는 논쟁이 일어났다. 그러나 "교육개혁"의 와중에서 생활해 온 초등학교 교사들은 이 같은 견해에 대해 회의적이다. 그들은 여러 가지 다른 교육개혁을 의심스런 눈초리로 보고 있다. 교육학자들은 초등학교의 수준을 넘어선 학습경험을 초등학교에서 학습시켜야 한다고 주장하여 개혁이 실패로 돌아간 경우가 많았다. 더구나 진로교육의 경우, 아동들이 초등학교를 졸업하고 직업사회에 들어가는 시기가 너무 멀리 떨어져 있기 때문에 교사들이 그 같은 의심을 갖게 되는 것도 당연한 일일지도 모른다.

나아가 초등학교 교육의 특수성을 무시한 채 어린 아동에게 무리하게 일의 세계를 인식시키려고 할 때 앞서와 같은 회의가 생기게 된다(어쩌면 과거에도 훌륭한 교사는 교과수업을 통해 아동들에게 간접적으로 일의 세계를 조금씩 인식시켜 왔을지도 모른다). 만약 초등학교 교육이 진로교육을 위해 존재해야 한다면 초등학교 교육에서 요구되는 다른 중요한 변화는 일어나기 어려울지도 모른다. 그러나 진로교육에 대한 이러한 의심들은 근거가 없는 것이다. 진로교육이 초등학교에서부터 이루어져야 한다는 데에는 그만한 기본적이고 심각한 이유가 있다. 즉 초등학교에서 진로교육이란 이름으로 주요한 변화가 일어나야 한다는 요구에도 그만한 심각한 이유가 있다는 것이다.

이 장에서는 최근 진로교육의 필요성을 주장하는 사회적, 교육적인 요구를 확인하고 교육적인 개념으로서 진로교육의 기본적인 특질을 논의하고자 한다. 또한 이 장에서는 진로교육의 여러 측면들을 미국교육의 전체 구조 속으로 통합시켜야 한다는 논쟁의 개요를 간략히 제시하려고 한다. 다음 장에서부터는 초등학교에서 "진로교육을 어떻게 실시할 것인가?"하는 문제들을 다룰 것이다.

1. 진로교육 실시 운동의 근원

가장 기본적인 역사적 가치로 인식되어 온 교육과 일의 문제로 지금 미국은 어려움을 겪고 있다. 미국의 교육은 개인의 생에서 일이 갖는 의미와 역할, 그리고 개인의 가치에 대해 별로 주의를 기울이지 않아서 곤란을 겪고 있으며 일은 과거의 전통적인 직업관을 보다 복잡한 시대에 맞는 직업관으로 대치하지 못하기 때문에 곤란을 겪고 있다. 초등학교 교사들은 형식적인 교육의 과정에서 가장 기본적인 단계를 담당하기 때문에 아동들의 기본적인 가치와 기초적인 기능을 길러주는 데 책임이 있다.

따라서 초등학교 단계에서 진로교육을 실시해야 한다는 주장이 지지를 받고 있는 것은 그리 놀랄 일이 아니며 지금까지 진로교육이 가장 빠른 속도로 발전되어 온 곳도 실은 초등학교에서였다. 아동의 발달과 장래를 위한 준비에 교사와 교육행정가가 합심을 하는 일은 초등학교가 아닌 다른 단계에서는 잘 이루어지지 않는다. 다른 단계에서는 교과별로 교재가 만들어져 있기 때문에 통합적이고 독특한 접근이 불가능하다. 오직 초등학교에서만 이러한 시도가 가능하다.

훌륭한 초등학교 교사들은 아동들에게 일의 세계를 인식시켜 왔다. 또 다른 교사들도 진로교육에 대한 관심이 높아지면서 이에 관여하게 되었다. 하려고 하는 의욕은 있지만 방법을 모르는 경우가 많다. 진로교육이 왜 필요하며, 진로교육이 어떤 것인지, 그리고 어떻게 초등학교에 적용시킬 수 있는지? 이러한 질문들은 청소년의 삶의 복지에 관심을 가지고 있는 교사와 교육행정가 그리고 학부모들의 큰 관심거리이다.

2. 진로교육을 위한 사회적·경제적 자극

현대와 같은 대단위 사회에서는 진로교육이 실시되어야 한다.
진로교육이 필요하다는 요구는 교육의 위기에서라기보다 사회의
위기에서 비롯되었다. 교육에 종사하지 않는 사람들은 학교의 복
지에 관심이 없었기 때문에 교육개혁에 관심이 없었다. 오히려 주
요한 교육개혁은 사회적인 문제를 해결하기 위해 시민들을 학교
사회에 끌어들여야 한다는 학교 측의 사회적 관심에서 발전되어
왔다. 이런 현상의 가장 대표적인 예로 1965년에 제정된 "초·중
등교육법"(the Elementary and Secondary Education Act)을 들
수 있는데 이 법은 빈곤과의 전쟁에서 제정된 것이다. 그에 앞서
1958년에 제정된 "국방교육법"(the National Defense Education
Act)은 소련의 인공위성 발사 능력에 자극을 받아 미국인도 그러
한 능력을 갖추도록 교육시켜야 한다는 취지에서 제정되었다. 진
로교육의 경우에도 별로 다를 바가 없다. 경제와 사회적인 문제가
직업시장에 영향을 미쳐서 장래의 직업생활을 위해 보다 효율적
인 준비를 시켜야 한다는 요구가 대두되었다.

진로교육이 이루어져야 한다는 사회적인 요구의 대부분은―옳
건 그르건 간에―미국의 사회가―특히 청소년층이―과거보다 일
을 좋아하지 않는 가치관을 갖고 있다는 가정에 기초를 두고 있
다. 한 직장에 오래 머무는 경우도 점점 줄어들고 있다. 고등교육
을 받은 사람들이 제대로 직장을 잡지 못하는 현상과 청소년들이
육체노동을 기피하는 현상이 또 다른 병폐로 지적되고 있다. 또
사회나 기업들은 하루 종일, 일년 내내 일해도 자기 가족들의 생
계를 제대로 보장하지 못하는 근로자들의 불평에 대해 별로 관심

을 기울이지 않고 있다.

　노동시장의 불만과 병폐는 비단 가난이나 실직의 문제에 국한되어 있지 않다. 비교적 보수가 높은 직업을 갖고 있는 사람들도 자기 직업에 별로 만족하지 못하고 있다. 일부 청소년이나 장년층에서는 일을 거부하고 다른 삶을 추구하고 있다. 무단결근자가 늘고 있으며 특히 젊은 근로자들은 자신들의 쉼 없는 노동을 불평하면서 근무조건을 개선하라고 투쟁하고 있다. 기술이 고도로 전문화됨에 따라 한때는 대량생산 체제이던 것이 지금은 특수한 고도의 기능을 요구하는 첨단산업체가 여기저기 들어서서 직업세계를 보다 풍요롭게 하고 있다. 과거에는 미국의 고용시장은 시간당 생산율에서 세계 1위를 유지해 왔지만 지금은 생산성의 연평균 증가율을 다른 나라가 앞지르고 있다.

　미국의 생산성이 앞으로도 계속 증가할지 아니면 과거의 정도에 머물러 있게 될지는 미지수이지만 이와 같은 문제는 경제학자, 기업가, 정책입안자들의 주요관심거리이다. 산업사회에 접어들면서부터 생산성이 낮은 전통적인 농업에서 생산성이 높은 제조업이나 운송업으로 노동력과 자본을 옮김으로써 생산성이 증가되었다. 근로자의 건강과 교육력의 증진, 그리고 보다 합리적인 경영 등이 생산성 향상에 기여했지만 전통적인 사고방식을 가진 미국인들은 물질적인 보수가 생산성 향상의 중요한 동인이라고 생각하였다. 상품을 생산하는 체제에서 서비스나 정보를 산출하는 경제체제로의 전환이 자동적으로 생산성을 향상시키지는 못했다. 교육과 작업환경의 개선이 이루어졌지만 단지 양적인 향상을 가져왔을 뿐이다. 나아가 공해의 위협이 가중되고 있다.

　만약 경제적인 성공과 직업적인 발전을 보장하는 방식으로 동기화시킨다면 생산성이 향상될 것인가? 생산성의 계속적인 향상으로 인해 국내경기와 국제경기는 원활하게 돌아갈 것인가? 만약 그렇지 않다면 어떻게 성장률을 가속화시킬 수 있을까?

이것은 결코 교육제도가 잘못되면 반드시 이 같은 상황이 일어날 수 있다는 것을 암시하는 말은 아니다. 또 실직이나 가난으로 고통을 받는 사람들이 다른 사람들보다 자기가 좋아하는 일만 하려는 경향이 강하다는 것을 의미하는 말도 아니다. 우리는 단지 교육을 통해 그런 문제가 개선되고 고양될 수 있다는 것을 말하고 있는 것이다. 정책입안자나 납세자들은 지난 세대 동안 미국의 교육에 투자된 자원을 통해 그런 문제가 쉽게 해결될 것이라고 생각했으며 그들이 기대한대로 문제가 해결되지 않자 실망했다.

앞에서 논의된 모든 증상들이 미국의 일의 세계에서 보편적으로 일어나고 있다. 장래의 일의 세계에 대해 어떤 준비를 해 주어야 하는 관점에서 공립교육을 볼 때 그 전망이 그리 밝지는 않다.

3. 진로교육의 뒷받침이 되어 온 교육의 힘

진로교육에 대한 요구의 일부는 학생이나 학부모, 일반인 들이 미국의 교육에 대해 불만이 커진 데서 왔다. 그 불만은 미국의 거대한 교육장치들이 시대의 요구에 부응하지 못하기 때문이었다. 납세자들은 교육의 목적을 실현시키는 일에 더 이상의 돈을 투자하고 싶어 하지 않았다. 초등학교에서 대학에 이르는 우리의 교육제도 전체를 부정적으로 보는 관점이 늘고 있다. 그들은 우리의 방대한 교육제도들이 현대사회의 요구와는 무관한 일을 하고 있으며 시대현실에 적절하게 반응하지 못하고 있다고 생각했다.

　진로교육을 위한 국가자문회의 다섯 번째 보고서에는 이런 상황에 대한 인식이 다음과 같이 표현되어 있다.

　　오늘날 우리 사회에는 교육을 받는 소비자 층들의 반발이 점점 늘고 있다. 임명되었든 선거에 의해 선출되었든 간에 국가공무원들의 책임이 크다. 그들은 알렉산더 해밀턴(Alexander Hamilton)의 다음 말을 상기해 보아야 할 것이다. "저, 선생님. 국민들이 국가를 다스리는 거지요?…."

　이런 일반적인 불평의 근원을 몇 가지로 분류할 수 있다. 그 각각은 초등학교의 교육에서 변화가 일어나야 한다는 의미를 함축하고 있다. 이러한 비판의 근거의 하나로 중등학교 학생의 80%가 학교를 졸업할 때 장래에 대한 준비가 제대로 되어 있지 않다는 것이다. 10명 중 8명의 중등학교 학생들은 대학입시 준비를 위한 프로그램에 등록을 하거나 전문대학 졸업 후 취업을 할 수 있도록 계획된 교육 프로그램에 등록을 한다. 학문이나 직업교육 프로그램에 등록하는 학생들이 많아지고 있는데 이것은 대학의 학위를 직업세계에서 성공을 보장해 주는 가장 확실한 자원으로 보는 사회의 미신과 숭배심을 반영하는 것이다. 확실히 대학교육을 받으려는 것은 직업을 구하기 위한 것 이외의 다른 이유가 있을 것이며 대학교육을 요하는 직업도 있다. 그러나 초등학교 교사들이 학부모와 교사의 간담회에서 학부모들의 의견을 들어 보면 대부분의 부모들이 위와 같은 미신을 갖고 있다는 것이 발견된다. 나아가 그러한 미신은 대학을 졸업한 초등학교 교사들에 의해 강화되고 있다. 이와 같은 강화는 학부모와의 간담회나 매일매일 제시되고 있는 교육과정 속에 나타난다. 교사들은 아동들에게 대학교육을 받아야 할 것을 강조하며 "착한 아동들은 모두 언젠가는 그곳에 가게 된단다"라고 말한다.

대학에 입학하는 학생들은 평균 100명 중에서 14명 정도만이 학사학위를 받는다. 이 통계는 그간 무시되어 왔다. 다행스럽게도 학생들은 그들의 부모나 교사, 학교행정가들보다 현명하였다. 미국 노동성은 1970년대에서 1980년대의 미국의 전 직종 중 20% 미만의 직종만 대학의 학위를 요구할 것이라고 예견하였다. 이 숫자는 부모나 교사들의 열망이 계속 늘어가는 데에도 불구하고 실제로 대학을 졸업하는 학생들의 숫자와 거의 비슷한 수치이다. 대학을 졸업한 학생들이 그들이 대학에서 배운 지식과 기능을 잘 활용할 수 있는 직업을 구하지 못해 실망할 것이라는 사실이 대학의 졸업장이 직업적인 성공을 가져다주는 보증서라는 미신에 가장 손상을 주는 유일한 폐단은 아니다. 대학을 졸업하지 못한, 대학의 학위를 갖지 못한 사람들은 무의식중에 자신들이 보다 아래 계층에 있다고 생각하는 것이 진짜 문제이다. 확실히 대학교육이 실망스러워서는 안 된다. 대학은 미국의 청소년들에게 보다 많은 경험을 쌓게 해야 한다. 그러나 단지 직업준비를 위한 효율적인 방법과 기능을 가르치는 곳이어서는 안 된다.

미국의 대학교육이 직업적인 성공을 위한 사전준비 기관으로의 기능을 해야 한다는 견해가 지나친 것이라는 관점이 있는가 하면 "오직 학문을 위한 학문"만 하고 인간과 일의 세계의 관계를 무시한다는 관점이 있다. 그동안 사람들은 교육을 학생들이 실제적인 세계에 부합하도록 준비시켜야 한다고 가정했지만 실제로는 그러한 기능을 다하지 못하고 있다. 교육이 장래의 직업세계를 위한

준비로 인식됨에 따라 교육제도를 편협하게 보는 관점이 점차 줄
어들게 되었다. 모든 종류의 직업에서 가능성을 탐색하고 직업적
인 성공을 하기 위해 필요한 기본 지식과 기술을 습득할 수 있는
곳은 초등학교이다. 그런데도 학교의 교사와 아동들은 마치 해당
학년의 교육과정이 다음 학년을 위한 준비단계인 것처럼 생각하
고 있다. 교육은 보다 실용적인 다른 어떤 것을 위한 준비-생활
을 위한 준비, 그리고 생활을 창조해 나가기 위한 준비-로서 인
식되어야 한다.

비난의 또 다른 근원은 고등학교를 중퇴하는 학생수가 약 1/4
에 달한다는 것이다. 대부분의 초등학교 교사들이 알고 있는 바
처럼 "중퇴자"의 현상은 중등학교의 교육이 안고 있는 문제를 드
러내는 빙산의 일각이다. 실제로 고등학교를 끝까지 다니는 많은
다른 학생들도 학교에서의 교육적 경험에 대해 별 의미를 갖지
못하고 있으며 학업을 계속할 좋은 이유를 찾지 못하고 있다. 중
등학교를 중퇴하는 학생들 중에서 약 50%의 학생들은 6년의 교
육과정을 채 마치기 전에 중퇴를 결심한다. 우리가 그들을 "동기
화되지 못한 학생"이라고 부르든 "마지못해 공부하는 학생"이라
고 부르든 또는 다른 기술적 용어로 부르든 간에 학교가 그들에
게 별 의미를 주지 못하고 있는 게 사실이다. 진로교육은 그 근
본에서 이런 현상을 깨뜨릴 수 있는 전제를 가진 새로운 접근법
들 중의 하나이다.

부모와 교사의 보호 아래 대학의 학위를 취득한 사람들조차도
자신들이 과도한 기대 때문에 희생되어 온 것이 아닌가 하고 의
심하고 있다. 지난 20년 동안 전문적이고 기술적인 직업에 맞는
고도의 숙련된 대학교육을 받은 인력에 대한 요구가 공급을 앞질

러 증가했고 따라서 대학졸업장은 노동시장에서 우선권을 갖게 되었다. 지금은 그와 같은 수요와 공급은 점차 균형을 이루게 되었으며 오히려 공급이 더 넘치게 되어 직업시장에서 대학졸업자 간의 경쟁이 점차 치열해 가고 있다. 고용주들은 유리한 조건에서 업무능력을 요구하게 되었으며 대학졸업자들은 자신들이 기대한 만큼의 보수나 직업시장에서 요구하는 능력을 기대하지 못하는 경우가 많아지고 있다.

진로교육에 대한 요구의 기저에 있는 사회적 관점은 고전적인 직업관이 우리의 사회적 가치체계의 생생한 일부분으로 융해되어야 한다는 것이다. 소위 "퓨리타니즘(puritanism)"이니 "프로테스탄티즘(protestantism)"이니 하는 전통적인 직업윤리가 후기 산업사회의 윤리로 적합한가? 사라져 가는 것에 집착한다면 보다 인간적이고 시대에 맞는 다른 직업윤리를 발견할 수 있겠는가? 현대사회라 할지라도 직업윤리가 없으면 사회가 존속할 수 있겠는가? 하는 것들이 현대 미국교육의 쟁점들이다.

교육에서조차도 우리는 개인의 가치체계에서 일의 세계를 보는 관점에 직면하기를 거부해 왔다. 생산성의 향상, 기술공학, 짧아진 작업시간 등이 미래 미국인들의 생애유형으로 등장할 것이다. 진실로부터 멀어질 수 있는 것은 아무것도 없다. 진실을 계속 외면할 수는 없다. 여가시간이 늘어나는 것은 생산성에 의한 보상이며 여가시간은 생산성에 의존한다. 생산성의 증가로 보다 많은 상품과 서비스 그리고 여가를 향수할 수 있지만 꼭 그런 것만은 아니다. 여기저기에서 가난이 줄어들었다고 자신 있게 말할 수 있는 사람은 없으며 개인적, 사회적 욕구의 목록이 감소되었다고 말할 수 있는 사람도 없을 것이다. 또한 일이 없어질 것이라고 자신 있게 말할 수 있는 사람도 없을 것이다. 일의 본질은 끊임없이 변화해 가고 있다. 안정된 직업에 대해 별로 매력을 느끼지 못하는 경향이 증가될 수도 있고 육체노동자나 낮은 수준의 정신노동자들이 보다 보수를 많이 받는 반면 기술자나 경영인 또는 전문직에 종사하는 사람들이 자신들이 하는 일을 별로 귀한 일은 아니며 단지 필요한 과제라고 생각할지도 모른다.

혼란이 일어나는 이유 중의 하나는 일을 단지 노동시장의 용어로 생각하려는 경향 때문이다. 물자가 점차 풍부해짐에 따라 서비스에 대한 요구가 늘고 있다. 진로교육을 지지하는 사람들조차도 강력한 직업윤리를 지키기 위한 사회적 요구에 대해 제대로 이해하지 못하고 있다. 그들은 삶을 현실적으로 계획하는 것보다 더 중요한 요소가 우리의 삶에 있다고 불평하면서 진로교육은 "완전하게 자기실현을 이루는 개인"으로 발전하도록 조력하는 역할을 해야 한다고 주장한다.

우리는 그런 식의 주장이 잘못되었다고 믿는다. 우리는 삶을 계획하는 것이 삶 그 자체를 위한 준비의 일부라고 생각한다. 그리고 그것이 과거 미국교육의 목적으로 충분히 중요하게 받아들여지지 못했다고 주장한다. 일에 소요되는 시간이 점차 줄어들고 있다. 그러나 지금이나 또는 가까운 미래에 미국인의 대다수는 다른 어떤 활동보다 일을 찾고 일을 하는 데 보다 많은 시간을 보내게 될 것이다. 우리는 완전한 자기실현은 자기가 하는 일을 통해 자신과 다른 사람을 보다 잘 알게 되고 자신감을 갖게 될 때 이루어지는 것이며 일은 이러한 성취를 위한 가장 가치 있고 유용한 수단이 된다는 것을 안다.

만약 실행력 있는 직업윤리가 정립되어야 한다면 그것은 미국

의 교육체재에서, 특히 초등학교에서 생생하고 필수적인 역할을
담당해야 한다. 직업윤리는 개인의 삶에 의미와 방향을 제시할 수
있는 직업생활에 관련된 개인의 인생관의 일부이다. 가장 강력하
고 영구적인 개인의 가치관이 신체적인 성숙에 앞서 이루어진다
는 것은 이미 널리 알려진 사실이다. 초등학교는 개인의 가치관을
조성하는 데 강력한 힘을 발휘할 수 있는 교육제도이다. 오늘날
수백만의 초등학교 아동들은 직업윤리나 변화하는 일의 세계에
대해 무력하게 노출되어 있다. 그들이 개인적인 가치관을 발달시
키는 과정을 통해 자기 자신을 이해하도록 하는 교육의 기회가
전혀 주어지지 않고 있다는 것은 매우 심각한 문제이다. 진로교육
운동은 이런 면에 관심을 갖고 있으며 초등학교에서 아동들이 개
인의 가치관을 탐색할 수 있도록 하는 조건을 제공해 주고자 한
다. 왜 초등학교에서 진로교육이 필요하며 가장 기본적인 형태로
진로교육이 이루어져야 하느냐에 대한 이유가 여기에 있다.

위에 기술된 사회적, 교육적인 조건의 결합은 진로교육을 위한
최근의 요구에 부응하여 이루어져 왔다. 이와 같은 일련의 심각한
문제에 대답할 수 있는 새로운 개념은 무엇인가?

4. 진로교육의 정의

어떤 의미에서 보면 진로교육은 이미 교육개념의 일부로 정의
되어 왔다. 즉 그것은 학문적인 교육에서 사용하는 일반원리로부
터 도출된 구성요소로 구성된다. 그 개념은 또한 많은 비판점과
의심스러운 점을 갖고 있는데 특히 진로교육에서 말하는 소위

"지도자"라는 개념이 갖고 있는 정의 때문에 그러하다.

1971년 가을에 진로교육에 관계하는 사람들이 북 캐롤라이나 대학의 직업교육 센터에서 주관하는 전국적인 초청 간담회에 참석했다. 참가자들은 익명으로 "진로교육"의 개념을 정의해 달라는 부탁을 받았다. 다음의 예는 그때 간담회에 참석한 사람들이 그들의 다양한 관점을 바탕으로 해서 내린 정의이다.

(1) 진로교육은 성공적으로 직업을 선택하고 선택한 직업에 적응하며 직업적인 발전을 꾀하도록 하는 데 요구되는 지식과 탐색경험과 기능 들을 학생들에게 제공해 주는 전체 교육과정의 일부로 정의될 수 있다. 그것은 유치원에서 12학년까지에 이르는 교육 프로그램으로 모든 학생들에게 일의 세계에 대한 이해와 준비를 시키는 교육 프로그램으로 정의될 수 있다.

(2) 진로교육은 우리 사회의 구성원들이 만족스럽고 생산적인 일을 할 수 있는 사람으로 준비시키는 데 초점을 두는 포괄적인 교육 프로그램으로 정의될 수 있다.

(3) 진로교육은 개인이 일의 세계에 성공적으로 적응할 수 있도록 돕는 전체 교육과정의 한 부분으로 정의될 수 있다.

(4) 진로교육은 개인이 그의 삶에서 일을 통해 자신의 인간적인 힘을 발달시키도록 돕는 체계적인 프로그램이다. 그것은 신체적, 정서적, 정신적인 것을 포함하며 아동들의 의지와 지혜가 가족과 가족구성원의 사랑과 실천을 통해 육성되도록 위임하는 것을 포함한다.

(5) 진로교육은 개인이 그의 재능을 발견하고 발전시키며 그것

을 진로를 탐색하는 데 사용할 수 있도록 조력하는 학습경험의 일부라는 관점에서 모든 교육을 포괄하는 개념이다.

(6) 진로교육의 목표는 개인들이 일의 세계나 노동구조의 전반을 이해함으로써 개인적인 능력을 발휘하도록 돕는 데 있다. 즉 현대사회의 보수를 받고 일하는 사회경제적인 구조를 이해하고 근로자로서의 자기와 남자 또는 여자로서의 자기를 이해하고 능력 있는 근로자가 되도록 돕는 교육 프로그램이다.

이 몇 개의 예에서 진로교육에 대한 정의가 다음과 같은 관점에서 다르다는 것을 알 수 있다.

(1) 진로교육의 실시시기를 유치원에서 12학년, 유치원에서 성인, 또는 어린 아동기에서 은퇴 기까지로 보는 관점

(2) 진로교육의 목표를 일의 세계에 대한 준비로 보는 관점과 전체적으로 충족된 삶을 위한 준비로 보는 관점

(3) 진로교육을 교육의 전부로 보는 관점과 교육의 일부로 보는 관점

(4) 진로교육 프로그램을 교육 프로그램으로 보는 관점과 지역사회 프로그램으로 보는 관점

미국 교육성에서는 공식적인 개념정의를 피하고 대신 진로교육을 미국 전역에서 제기되는 논의의 관점에서 정의하였다. 위에 예로 든 정의들은 여러 가지 논의 점을 갖고 있다.

미국 교육성의 정책입안자들은 두 가지 관점에서 진로교육을

정의하고 있다. 그 하나는 1971년 11월 미국교육의 문제라는 보고서에서 교육위원인 시드니 말랜드 박사가 언급한 것이다. 그 보고서에서 말랜드 박사는 다음과 같이 말하고 있다.

　"진로교육"이라는 용어가 무엇을 의미하는가에 대해 나는 다음과 같은 세 가지 관점에서 그 개념을 본다: 첫째 진로교육은 일부의 학생들을 위한 것이 아니라 전체 학생들을 위한 교육과정의 한 부분이다. 둘째 진로교육은 초등학교 일학년에서부터 고등학교를 졸업할 때까지의 전 과정을 통해 실시되어야 하며 만약 학생이 원한다면 학교를 졸업한 후에도 실시되어야 한다. 셋째로 모든 학생들은 학교를 졸업하거나 학교를 졸업하지 못하고 중도에서 떠날 때에도 자기 자신과 가족을 위해 필요한 삶을 살 수 있도록 필수적인 기능을 익혀야 한다.

　또 하나는 1971년 5월 미국 교육성의 성인직업교육부에서 제출한 것으로 "진로교육: 실행을 위한 모델"로 여기에는 다음과 같이 진로교육의 개념이 정의되어있다: "진로교육은 초등학교 1학년 또는 그보다 앞선 시기에서부터 성인기에 걸쳐 이루어지며 일에 초점을 두고 실시되는 포괄적인 교육 프로그램이다.

　여기서 우리는 미국 교육성의 두 가지 개념정의를 인식하면서 초등학교에서부터 진로교육이 실시되어야 한다는 관점에 주목해야 한다. 이 점은 특히 강조할 가치가 있다.

　공식적인 정의는 아니지만 우리는 호이트(Kenneth B. Hoyt)가 "진로교육: 진로교육이란 무엇이며 어떻게 실시하는 것인가?"라는 책의 1면에서 기술한 정의를 살펴볼 필요가 있다.

진로교육은 개인으로 하여금 일 지향적인 사회의 가치에 친숙해지고 이와 같은 가치를 내면화시키며 그렇게 함으로써 일이 개인에게 의미 있고 가능하고 만족한 것이라는 느낌을 갖도록 돕는 공교육과 지역사회 교육의 모든 노력이다.

진로교육의 목적을 달성하는 방법으로서의 목표는 가급적이면 가장 간단하고 직접적인 형태로 진술되어야 하며 개인으로 하여금 다음과 같은 일을 하도록 도와야 한다.

(a) 일하려고 하는 이유를 알게 하고
(b) 일하는 데 필요한 기술을 익히게 하며
(c) 일할 기회를 얻는 방법을 알게 하고
(d) 일의 세계에 들어가 성공적이고 생산적인 기여를 하도록 하게 해야 한다.

이와 같은 목적과 목표를 분명히 마음속에 인식해야만 진로교육을 제대로 이해할 수 있다.
이와 같은 개념 중에 다음과 같은 것들이 기본적으로 특히 중요하다.

(1) "공교육"이라는 용어는 일반 대중과 그들이 선택한 것을 가능하게 해주는 교육이다. 따라서 진로교육은 유치원에서 12학년까지의 교육제도에만 국한되는 게 아니다. 오히려 그것은 공교육을 포함해서 고등학교를 졸업한 후인 대학과 직업교육기관(공립과 사립 모두) 그리고 대학졸업 후와 성인교육 모두를 포함한다.

(2) 진로교육은 공교육과 지역사회를 연결시키려고 노력한다. 그것은 학교가 독자적으로 할 수 있는 것이 아니다. 학교는 보다 넓은 지역사회의 대표자로서 형식적인 교육을 하는 곳이므로 지역사회의 생활에 맞추어 진로교육을 위한 학습 환경을 조성해 주어야 한다.

(3) 진로교육은 모든 개인들을 위해 이루어져야 한다─아주 어린 아동이나 지역사회의 성인들 그리고 똑똑한 아이들이나 정신지체아들, 남성이나 여성, 대학에 들어갈 학생들이나 그렇지 않은 학생들, 경제적으로 부유한 학생이나 가난한 학생들, 도시 학생이나 농촌 학생들 그 모두에게 실시되어야 한다.

(4) 진로교육은 개인으로 하여금 현대사회의 직업가치에 친숙해지도록 도우며 개인 각자에게 의미 있는 직업가치를 선택할 수 있도록 돕는다. 개인에게 의미 있는 직업가치에 어떤 일정한 형태는 없다. 진로교육은 개인에게 적합한 직업가치를 선택하도록 돕지만 그로 하여금 그렇게 하도록 강요하지는 않는다.

(5) 진로교육은 개인이 자신의 직업가치를 실행하도록 돕는다. 일을 하고 싶어 할 뿐 아니라 일에 필요한 기술을 익히고 그 일을 함으로써 개인은 그 일에서 의미와 만족을 발견해야 한다. 따라서 직업을 구하는 것이나 준비를 하는 것 그 자체가 근본적으로 진로교육의 목적은 아니다. 오히려 일을 개인적으로 의미 있고 생산적인 활동으로 보는 관점과 일을 통해 보람과 만족을 느끼게 하는 것이 진로교육의 궁극적인 목적이다.

5. 진로교육의 다섯 가지 구성요소

우리가 앞에서 언급한 진로교육의 정의는 진로교육의 실질적인 요소라기보다는 진로교육의 목표에 기여하는 요소이다. 형식교육의 과정 동안에 진로교육을 받은 아동들은 다음과 같은 다섯 가지 구성요소들을 거치게 될 것이다. 이 다섯 가지 요소들은 모두 필수적으로 똑같이 중요하지만 여기서는 초등학교 단계에서 보다 중요한 순으로 열거하였다.

(1) 가능한 모든 수업에서 진로를 이해하고 동기화하기
(2) 실제 작업을 통해 배우든 아니면 교실수업을 통해 배우거나 일상생활을 통해 배우거나 간에 궁극적으로 필요한 작업기술을 배우기
(3) 직업적인 대안의 탐색이나 직업윤리 또는 일의 가치를 발달시키는 진로발달 프로그램에 참여하여 다양한 일의 상황에서 개인은 자기 자신을 인식하고 선호하는 생애유형에 맞도록 진로의사결정을 내리기
(4) 학교보다 실제적으로 풍요한 학습 환경을 제공하는 훈련기관이나 고용기관 또는 노동기관과 접촉하기
(5) 개인의 기본적인 태도와 개념을 형성시키는 가족구조를 통해 일에 대한 태도와 개념을 형성하고 발전시키기

이 구성요소들은 다음과 같은 직업성숙의 네 단계에 다양하게 기여한다.

(1) 인식단계(주로 초등학교 단계)에서는 일의 세계에 대한 일반적인 본질과 일 지향적인 사회의 가치에 친숙해지도록 돕는다.

(2) 탐색단계(중학교 단계)에서는 다양한 일의 장면 속에서 학생들이 자기 자신을 인식하도록 도우며 생애유형을 이해하고 일의 가치가 다양하다는 것을 인식하고 그 의미를 검증하도록 돕는다.

(3) 직업선택의 단계(주로 고등학교나 또는 그 이후의 단계로 잠정적인 선택임)와

(4) 실행의 단계에서는 직업을 갖기 위한 준비와 직업정치 그리고 직업에서의 성공을 맛보도록 돕는다.

직업선택은 생의 어느 한 순간에 이루어지는 일회적인 것이 아니다. 늘 새로운 선택의 기회가 열려 있으며 개인은 이와 같은 단계를 그의 삶에서 여러 번 체험하며 진로발달을 꾀해 간다.

진로교육은 성공적인 진로를 위한 사전준비의 체계를 확인하고 그 같은 성취를 위해 기여하려고 노력 한다: 즉 훌륭한 심신의 건강과 인간관계 기술, 수입의 자원으로서의 정직한 일, 직업세계의 윤리를 기꺼이 받아들이려는 마음 그리고 성취를 하려는 마음 등을 길러 준다. 그것은 또한 직업시장에서 요구하는 팔릴 수 있는 직업적인 기술뿐 아니라 말하고 계산하는 기술과 과학과 기술공학적인 지식과 개념을 이해할 수 있는 기본적인 기능을 길러 준다. 비록 잠정적이기는 하지만 직업시장에서 필요로 하는 지식과 기술을 선택하고 의사결정기술을 익히는 일은 매우 중요하다. 이와 같이 어떤 기능을 사용할 수 있는 기회를 통해 개인은 노동시

장에서의 일을 실제적으로 이해하고 그 일을 성공적으로 수행할
수 있는 기술을 익히게 될 것이다.

진로교육의 과정에 실질적인 의미를 부여하기 위해 다섯 가지
구성요소들 각각을 좀더 상세히 논의할 필요가 있다. 다음 장에서
는 초등학교 교육에서 해야 할 일들에 대해 탐색하게 될 것이다.

가. 교육자들의 역할

교사의 훌륭한 수업이 진로교육의 중요한 구성요소가 된다고
볼 때 수업을 담당하는 교사들의 노력이 진로교육에서 강조된다.
이 구성요소는 아동들이 현재 공부하고 있는 것과 미래에 그들이
선택하게 될 직업간에 어떤 관계가 있다는 것을 이해하도록 돕는
것을 목적으로 한다. 따라서 교사들은 과거에 효과적으로 적용했
던 동기유발의 장치들을 활용하여 상호관련 적이고 의미 있는 수
업을 해야 한다.

진로교육에서는 교사들이 늘 써 오던 동기유발의 과정을 대치
하는 어떤 다른 장치를 찾지 않는다. 그러나 그와 같은 장치들을
학생들에게 적시적소에 제시해야 한다. 만약 동기를 유발시키는
다른 모든 방법들이 통합된다면 학생들은 보다 실질적인 내용을
배울 수 있을 것이다. 초등학교 교사들이 진로교육의 실제 내용
으로서 강조해야 할 것은 아동들이 공부하는 내용이 장래 일의
세계와 직접 관련된다는 것을 아동들이 알도록 돕는 것이다.

이런 형태의 교육적인 동기유발은 아동들이 실제적인 내용을
탐색하는 데 많은 시간을 할애한다. 동기유발에 사용되는 시간과
노력은 중요하다. 그리고 그와 같은 노력은 아동 각자에 의해 의

미 있게 통합되어야 한다.

나. 형식교육에서의 직업기술교육

이 구성요소의 목적은 학생들에게 성공적으로 일을 하기 위해
요구되는 직업기술을 제공하는 것이다. "직업교육" 보다는 "직업
기술훈련"이라는 말이 더 많이 쓰이는데 이것은 어떤 수업에서이
든 학생들에게 직업기술훈련을 시킬 수 있다는 것을 강조하기 위
함이다. 즉, 수학교과의 학습은 수학자나 엔지니어가 되는 데 필
요한 기본 지식을 제공해 주고 상업교과는 전망 있는 상인이 되
는 데 필요한 기본 기술을 제공해 준다. 부분적으로 이 단어는 직
업생활에 필요한 학문적인 지식이나 기능을 강조하는 개념이기도
하다. 가령 아동들이 읽기공부를 할 때 그는 장래 성인이 되어 하
게 될 일의 세계에서 요구되는 유용한 기술을 습득하는 것이라고
볼 수 있다.

우리는 학생들이 초등학교를 졸업할 때까지는 일에 대한 어떤
준비도 해서는 안 된다는 잘못된 개념을 불식시켜야 한다. 나아가
우리는 중등학교에서 "직업교육" 시간에만 진로교육을 시켜야 한
다는 생각은 불식시켜야 한다. 무엇보다 중요한 것은 대학교육을
성공적으로 이수할 능력이 결여된 학생에게만 초·중등학교에서
진로교육을 시켜야 한다는 우리의 관점을 불식시켜야 한다는 것
이다.

일을 위한 준비로서의 교육은 가르치는 모든 사람들과 배우는
모든 사람들을 위해 필요한 것이다. 이것을 강조하기 위해 다른
가치 있는 교육목적 속에 이러한 목적과 의미를 추가해야 한다.

초등학교에서의 직업기술훈련은 일차적으로 일의 세계와 초등학교 교육의 실질적인 내용의 인식에 있으므로 초등학교 교사에게 부과된 역할이 매우 중요하다.

다. 진로발달 프로그램

이 구성요소는 교육자들의 노력과 학교 밖의 사람들의 노력을 포함해서 모든 기관들이 학생들이 자신의 가치, 흥미, 능력, 성취 등을 통해 자신을 이해하도록 돕자는 것이다. 나아가 이것은 학생들이 자기에 대한 이해를 하고 그것을 가능한 진로에 연결시켜 이해할 수 있도록 돕자는 것이다. 결국 이 구성요소는 학생들이 자기이해에 바탕을 두고 진로선택이나 의사결정을 하도록 돕자는 것이다. 간단히 말하자면 이것은 개인은 각자 그의 삶을 이끌어 갈 천부적인 권리를 갖고 있고 또 자기 자신을 가치 있고 바람직한 존재로 볼 수 있다는 관점에 바탕을 두고 현명한 선택과 의사결정을 하도록 돕는 것이다.

초등학교 때 그러한 출발이 이루어져야 한다. 진로발달에서는 어떤 개인 한 사람에게만 독특한 직업적인 관계를 추구하지 않는다. 오히려 일의 세계에 관련해서 자기 자신을 보도록 도우며 일의 세계에 기여하는 구성원으로서 자기 자신을 그려보게 한다. 초등학교 단계는 이러한 과정에서 매우 핵심적이고 결정적인 역할을 한다.

라. 기업체 – 노동시장 – 산업사회의 노력들

이 구성요소는 학생들이나 교사들 모두 교육현장 밖의 실제 일의 세계로부터 자신들을 분리시켜서는 일이나 교육과 일의 관계에 대해 아무것도 배울 수 없을 것이라는 가정에 기초해 있다. 일의 세계를 관찰하거나 실제로 일을 해 보게 하기 위해 교사와 상담사, 교육 지도자, 학교행정가 들은 교육과정의 운영에 통합된 하나가 되어 협력해야 한다.

초등학교 아동들은 현장을 견학하거나 기업체나 산업기관의 대표들을 수업에 초청함으로써 이러한 경험을 할 수 있다. 초등학교 교사들은 학교 밖의 일의 세계를 관찰하거나 실제로 일을 해봄으로써 일의 세계에 대한 지식을 넓힐 수 있다. 학교로부터 일의 세계로 들어가려는 아동들에게 이와 같은 구성요소들이 도움을 주겠지만 실제로 일을 해 보게 하는 것이 이 구성요소의 주요 관심사는 아니다.

마. 가정과 가족의 역할

이 구성요소는 자녀들이 일과 교육에 대해 바람직한 태도를 갖도록 하며 일과 교육의 관계를 올바르게 이해하도록 돕는 부모의 권리와 책임에 관한 것이다. 이것은 가정을 일에 대한 가치와 권위를 심어주는 곳으로 인식한다. 나아가 학생들이 돈을 벌었다고 가정하고 그 돈을 어떻게 써야 하는지에 대한 교육과 올바른 소비자가 되기 위해 어떻게 해야 하는지를 가르치는 교육을 포함한다. 이 구성요소는 진로교육의 목적을 확장시켜 아동들의 진로발달을 긍정적으로 조력하는 측면을 강조한다.

결 론

진로교육의 성공 여부는 위의 다섯 가지 구성요소들을 어떻게 성공적으로 실행하느냐에 달려 있다. 이 구성요소들은 수년 전부터 미국의 교육에 대두되어 왔다. 진로교육은 이제 학생들에게 일을 할 수 있게 하고 일에서 의미를 찾으며 만족을 느낄 수 있도록 하는 포괄적인 일련의 과정으로 통합되어야 한다.

6. 초등학교 진로교육에서의 문제점

진로교육은 개인의 삶에서 수시로 그리고 여러 가지 방법으로 이루어질 것이다. 어떤 수준이나 상황에서이든 그것이 성공하려면 우선 개인에게 관심이 집중되어야 한다. 진로교육 운동을 주도해 가는 지도자들은 초등학교 단계에서 진로교육이 실시되기 시작해야 한다고 주장한다. 그러나 그런 주장을 하는 대다수의 사람들은 초등학교 교사들에게 요구되는 것이 무엇이며 어느 정도까지 실시해야 하는지에 대해 명확하게 이해하고 있지 못하다.

이 책의 나머지 부분에서 나는 이런 종류의 이해를 돕기 위해 이 문제를 구체화하고 명료화할 것이다. 이와 같은 문제를 연구하기 전에 우선 진로교육의 가장 행동적이고 긍정적인 기여자로서 초등학교 교사가 직면하는 문제에 대해 광범위한 형태로 그 개요를 기술하려고 한다.

가. 교육의 개별화

경험이 많은 초등학교 교사들은 언제 새로운 형태로 동기유발을 시켜야 할지를 알며 가능한 한 개별화된 형태로 수업을 해야 한다는 것을 충분히 알고 있다. 즉 그는 집단적으로 동기유발을 시키지 않고 개별적으로 동기유발을 시킨다. 30명이나 그 이상으로 된 학급에서 개별화된 수업목표를 달성하는 일이 그리 쉬운 일은 아니다. 우리는 대부분의 초등학교에서 한 학급이 35명 내지 그 이상의 아동들로 구성되어 있음을 안다. 우리는 진로교육 프로그램이 다른 교육 프로그램보다 긴 안목에서 본다면 그리 비싸지 않다는 것을 경험적으로 알 수 있다. 초등학교 교사들이 실질적인 내용의 진로교육을 하려면 상대적으로 작은 학급규모를 만들거나 조력자를 더 많이 써야 한다.

교사-학생의 이상적인 비율은 없다. 그러나 초등학교에서 진로교육이 효율적으로 이루어지려면 수업의 개별화가 이루어질 수 있는 조건으로 교사-학생의 비율이 감소되어야 한다.

나. 교사의 지식의 증가

모르는 것을 가르칠 수는 없다. 초등학교 교사들이 아동들로 하여금 일의 세계에 대해 인식하고 친숙해지도록 도우려면 교사 자신들이 일의 세계에 대해 잘 알아야 한다. 이것은 대리적이나 일시적인 방법으로 될 수는 없다. 초등학교의 교육에서 이런 점이 문제가 되는데 왜냐하면 아동들의 진로발달의 유형이 교사의 그것을 따르기 쉽기 때문이다. 대학을 다니기 위해 낮은 계층의 부

업이나 일시적인 부업 이외에는 다른 일을 해 보지 못한 교사들
이 많을 것이다. 진로교육은 초등학교 교사들로 하여금 다양한 일
의 세계에 교사들 자신이 직접 참여하여 체험해 보도록 요구한다.
그래서 방학을 이용해서 석 달 정도 워크샵이나 일의 경험을 쌓
을 수 있는 프로그램에 참여하도록 유도한다. 교사교육기관에서
초등학교 교사교육의 일환으로서 그러한 경험을 쌓도록 할 때까
지는 주정부의 교육국이나 지역사회의 공공기관에서 초등학교 교
사들의 현직훈련이란 형태로 그러한 교육을 제공해야 할 것이다.
물론 돈이 많이 들 것이다.

다. 협동적인 활동에 대한 요구

만약 진로교육을 하나의 발달적인 과정으로 본다면 발달적인
형태로 계획을 짜야 한다. 2학년에서 했던 방식을 3학년에서 반복
해서는 안 될 것이다. 진로교육을 다양하게 실시하기 위해 초등학
교 교사들은 어느 특정한 학년이나 계열에 소속되는 제한을 받아
서는 안 된다. 초등학교에서 진로교육의 계획을 세우는 교사들은
진로교육을 위한 학습경험을 선정할 때 서로 협력해야 하며 초등
학교에서의 활동이 중학교에서의 탐색활동에 연결될 수 있도록
계획을 짜야 한다. 이런 일은 지금까지는 각각 고립된 형태로 이
루어져 왔다.

라. 교사들의 협동에 대한 요구와 계획

초등학교에서의 진로교육은 개방된 공간에서 가장 잘 이루어지는 듯하다. 그러나 아직 대다수의 학교에서는 이런 풍토에서 작업하지 않고 있다. 이 책에서 논의될 수 있는 진로교육 활동은 여러 교사들의 협동적인 노력을 바탕으로 한 접근법이다. 그것들은 여러 가지 학습 보따리를 포함하고 있다. 이러한 작업은 교사의 시간과 노력을 요하는 것이다. 그것은 교사들이 "여가"시간에 심심풀이로 할 수 있는 것이 아니다. 그것은 진로교육의 첫 단계에서부터 직면하게 될 문제이다.

마. 특수한 교육 자료에 대한 요구

초등학교의 진로교육에 요구되는 두 가지 특수한 교육 자료들이 있다. 그 하나는 아동의 가치와 자기이해에 관한 자료이다. 최근의 진로교육 프로그램에서는 아동들이 자기이해를 하도록 조력하는 것보다 일의 세계를 인식하도록 조력하는 면에 초점을 두고 있다. 이 분야에 대해 잘 만들어져 판매되는 프로그램들이 있기는 하지만 가장 좋은 것은 교사가 지역사회 초등학교의 실정에 맞추어 만들어서 계속 수정해 가는 프로그램이다. 이런 일은 시간과 노력을 요구하는 일이며 상당한 양의 현직교육을 요구하는 일이다.

두 번째 것은 초등학교 교사가 산업체에서 사용하는 도구들을 갖고 직접 어떤 작업을 "시범적으로" 해 보이는 것이다. 이와 같은 모의학습을 위한 작업실을 갖고 있는 초등학교는 거의 없다. 가지고 다닐 수 있도록 만든 기구 세트들이 점점 많이 시판되고

있으므로 초등학교 아동들은 때때로 중학교의 작업실을 빌려서
공부를 할 수 있을 것이다.

바. 철학적인 문제들

초등학교 교사들은 대부분 진로교육에서 전통적인 학문적 가치
관을 보다 직업적이고 철학적인 가치관으로 대치하려고 한다는
점에 대해 별로 관심이 없을 것이다. 그들은 "자유교양" 교육을
이상적인 것으로 생각하고 직업교육은 비교양적인 것으로 보는
선입견을 갖고 있으며 진로교육을 모든 교육을 직업교육 화시키
려는 운동으로 보고 있다. 만약 이것들이 사실이라면 상당히 문제
가 되며 진로교육이란 말을 조심해서 사용해야 할 것이다. 그러나
교양교육이 개인으로 하여금 그가 살고 있는 세계에서 자신과 사
회를 이해하도록 돕고 그 사회의 가치를 재검토하도록 도우며 그
것들을 수정하거나 개조하도록 돕고 그가 사는 사회에서 성공적
으로 살도록 돕는 것이라면 진로교육 또한 교양교육의 일부로 간
주되어야 할 것이다. 형식교육의 일부로 진로교육의 개념과 역할
을 설명한다면 전체 학습과정에서 진로교육이 차지하는 위치는
다음 그림과 같다.

직업교육은 진로교육의 일부일 뿐이며 진로교육은 전체 교육체
제의 일부분이다. 그러나 진로교육은 학교라는 형식교육의 테두리
에서는 성공적으로 추진될 수 없으며 학교 밖의 가정과 사회의
협조 하에서 성공적으로 추진될 수 있다. 학교의 교육과정은 그
목표나 내용에서 늘 과중한 부담을 안겨 주었다. 진로교육을 주장
하고 계획을 짜는 사람들이 해야 할 가장 중요한 과제는 그 가치

와 내용과 목표를 일반 교양교육의 그것에 통합시키고 그것들을
교육과정에 통합시켜 교육하도록 하는 것이다.

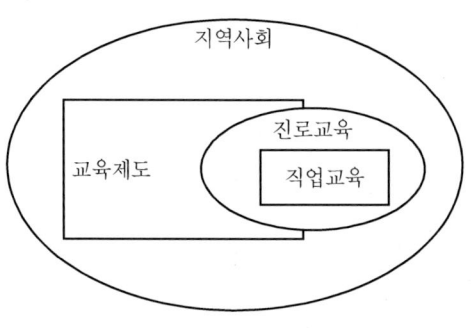

교육에서 진로교육이 차지하는 위치

　초등학교에서 해야 할 진로교육의 목표와 과제는 아동들이 전
인(全人)으로 발달하도록 조력하고 사회에서 요구하는 필수적인
삶의 기술을 습득하도록 조력하는 일이다. 진로에 대한 준비와 참
여는 진로발달과 기술습득에 필수적인 부분이다.

　이 문제들에 대해 다음 장에서 다룰 것이다. 여기서는 단지 개
념을 확인하고 인식하는 데 그 목적을 두고 기술하였다. 진로교육
이 미국의 교육에 대두되기 시작하면서부터 초등학교는 매우 결
정적인 역할을 담당하게 되었다. 진로교육은 분명하게 인식되고
이루어져야 한다. 모든 수준의 전문적인 교육자들은 진로교육이
필요하다는 것을 인식하고 다른 모든 가치 있는 교육목적과 목표
들이 손상되거나 왜곡되지 않는 방식으로 진로교육의 목적을 달
성시킬 수 있는 효율적인 프로그램을 짜고 시행하도록 해야 할
것이다.

보충 독서자료

Janne, Henri. "Teaching People to Adapt to Change." *The Fu- turist* IV(June 1970): 81.

Hoyt, Kenneth B.; Evans, Rupert N.; Mackin, Edward F.; and Mangum, Garth L. *Career Education: What it is and How to Do it.* Salt Lake City: Olympus Publishing Company, 1972.

U. S. Office of Education, Bureau of Adult, Vocational, and Technical Education. "Career Education: A Model for Implementation." 1971. Preliminary draft.

White House Conference on Youth: Recommendations and Resolutions. Washington, D. C.: U. S. Government Printing Office, 1971.

Ⅱ. 교과학습을 통한 진로인식과 진로탐색

진로교육의 핵심내용들은 교육의 각 수준에서 각 교과에 포함되어 있는 진로의 내용들을 교과담당 교사들이 가르칠 때 가장 효율적으로 학습될 수 있다. 이 장에서는 진로교육의 내용과 그 이론적 배경을 제시히고 기본 원리를 확인하며 실제의 예를 몇 가지 제시하고자 한다.

1. 이론적 배경

진로교육의 이론적 배경에는 두 가지 전제가 있다. 그 하나는 진로교육의 실질적 내용과 초등학교 교육의 핵심을 이루는 기본적인 교육기술들은 집단학습을 통해 가장 효율적으로 전달될 수 있다는 것이다. 또 하나는 진로교육의 내용을 독립된 다른 교과로 설정해서 가르쳐야 한다는 생각이 불식되어야 한다는 것이다.

진로교육은 원래 아동들이 학교에서 배운 것과 장차 접하게 될 직업세계 간에 어떤 연관을 맺을 수 있도록 조력하는 것이기 때문에 학습의 동기유발 면에서 이점을 갖고 있다. 교육적으로 동기 유발을 할 때 학생들로 하여금 자신들이 배우고 있는 교과의 학습이 진로에 주는 의미를 이해하게 하기 위해 초등학교 교사는 가급적 진로교육의 내용을 교과의 내용에 접맥시켜야 한다.

교과의 학습이 진로에 주는 의미를 이해하도록 돕는 것은 경험이 풍부한 교사들이 동기유발을 할 때 쓰는 여러 가지 다양한 방법 중의 하나일 뿐이다. 따라서 매일, 매시마다 그런 방법을 쓰는 것은 좋지 않으며 교과의 내용이 진로에 관계되는 것일 때 한해서 동기유발의 형태로 써야 한다. 그러나 이런 방법은 강력한 동기유발의 자원이므로 초등학교 교사들이 사용해 오던 다른 방법에 첨가해서 사용한다면 교과학습을 보다 촉진시킬 수 있다.

이와 같은 관점에서 본다면 진로교육의 목표와 초등학교 교육의 목표는 모두 학생들로 하여금 가능한 한 교과의 학습내용을 충실히 배우도록 하는 데 있다고 볼 수 있다. 아동들이 기본적인 언어교과나 사회교과 과학교과 또는 수학교과를 학습하는 데 진로교육이 방해가 되지 않을까 하여 걱정을 하는 교사들이 만약 이와 같은 진로교육의 이론적 배경을 이해한다면 걱정하지 않아도 될 것이다. 이와 동시에 학교의 일과 중에 조직적이고 의도적이며 지시적인 학습경험만 가졌던 청소년들은 교과시간에 진로에 대한 언급을 들음으로써 일의 세계에 대한 개념을 확인하고 내면화할 수 있다. 그와 같은 방법을 통해 교사들은 아동들이 직업관을 정립하고 장래진로를 결정하는 기저를 이해하도록 도울 수 있다.

진로교육과 초등학교의 일반교육 간의 조화를 이루는 작업이 우선적으로 필요하며 그리고 나서 진로교육의 학습경험을 선정하는 원리를 도출해야 한다. 그다음에야 그런 과정을 계획할 수 있다.

2. 초등학교의 교육목표와 진로교육의 기여

초등학교에서는 주로 읽기, 쓰기, 셈하기와 같은 기본적인 기술을 익히는 공식적인 교육과정을 운영하고 있다. 그것은 과거시대의 축적된 전통에서 유래된 것으로 동서고금에 공통된 방법이었다. 초등학교 교육의 목표가 아동으로 하여금 다음 단계의 교육상황, 즉 보다 높은 단계의 교육에 대처하기 위한 인간관계의 기술과 문제해결력을 기르도록 조력하는 것이라면 교육과정 속에 자기의 진로를 인식하도록 하는 내용을 포함시켜야 하며 장래에 종사하게 될 일의 역할에 관련해서 긍정적인 자아개념을 발달·유지시키도록 하는 내용을 포함해야 할 것이다. 교과목표와 진로목표를 동시에 만족시킬 수 있는 목적에 대해 그 가치를 논박할 사람은 아무도 없다. 그러나 초등학교 단계에서 신중하게 고안된 진로교육 프로그램에 접한 아동 중에서 관찰 가능한 변화의 변량을 지적해 내는 일이 중요하다. 신중하게 고안된 진로교육 프로그램에 접해 본 아동들은 다음과 같은 것을 할 수 있어야 한다.

(1) 일과 놀이 행동과 관련해서 자신의 흥미를 논의할 수 있어야 한다.
(2) 서로 다른 개념이나 다른 자료를 갖고 일하는 사람들의 차이점을 구별할 수 있어야 한다.
(3) 가족 간의 상호의존성과 학교나 산업사회에서 구성원간의 상호의존성을 인식할 수 있어야 한다.
(4) 학교에서 배우는 지식과 고용 가능한 기술과를 연결시킬 수 있어야 한다.

(5) 상품이나 서비스를 생산하는 근로자의 성격특성을 묘사하거나 그것을 역할연기로 나타낼 수 있어야 한다.

(6) 자기 자신과 가족, 학급 친구들 그리고 중요한 타인간의 차이점과 공통점을 이야기할 수 있어야 한다.

(7) 사람들이 왜 일을 하는지를 생각할 수 있어야 한다.

(8) 자신을 위해서 일하거나 남을 위해서 일하거나 간에 일하는 사람들을 모두 귀하게 여길 줄 알아야 한다.

(9) 다른 사람들과 함께 일할 때 직접적인 접촉을 자주 하며 인간관계의 길을 통해 자신에 대한 긍정적인 견해를 나타낼 줄 알아야 한다.

그렇게 함으로써 진로인식과 자기인식이라는 목표가 달성된다. 동시에 이와 같은 접근법을 통해 아동들은 다음과 같은 것들을 보다 잘 수행할 수 있게 되어야 한다.

(1) 수업시간에 수학 문제를 직접 풀 때처럼 설계를 하거나 물건을 만드는 상황에서도 기본적인 수학실력이 필요하다는 사실을 인식할 수 있다.

(2) 어떤 주어진 문제에 대해 논의할 때처럼 상대를 설득시키거나 고무하거나 상대의 비판에 방어할 때에도 대화의 기술이 유용함을 인식할 수 있다.

(3) 알고 있는 과학 공식을 검증할 때처럼 환경문제를 다루거나 환경을 조형할 때에도 기본적인 과학지식이 유용함을 인식할 수 있다.

(4) 세계문화의 종합(synthesis)에 대해 논의할 때처럼 사회적인

태도나 습관, 욕구 등에 대해 다른 때에도 사회과학의 원리
가 유용함을 인식할 수 있다.
(5) 주어진 신체적 장애를 극복할 때처럼 그런 기술들을 요구하
는 실행과제를 해결할 때에도 신체기능적인 원리가 유용함
을 인식할 수 있다.

그래서 진로교육은 (1) 수학교과의 학습에 중요한 기여를 할 수
있고 (2) 언어와 미술 그리고 음악교과의 학습이나 (3) 자연과학
이나 생물 그리고 물리교과의 학습이나 (4) 사회과 계통의 교과의
학습이나 (5) 체육이나 보건교과의 학습에 기여할 수 있다. 이 장
에서 우리는 교과의 학습이 진로교육의 구조에서 이루어질 때 보
다 효율적으로 학습될 수 있다는 가정을 다루게 될 것이다. 초등
학교 단계는 이와 같은 적용을 통해 많은 이익을 얻을 수 있는 단
계이다. 교과의 학습이 끝날 무렵에 교과의 학습에 관련시켜 진로
교육을 구체화시킬 수 있다.
초등학교 상황에서는 아동의 능력에 따라 어떤 개념이나 행위
또는 사람이나 문화에 대해 학습시키는 것이 좋을 것이다. 교사와
아동 간에 친밀감을 갖고 가급적 외부세계를 다룰 수 있는 교과의
지식이나 기능을 제시함으로써 한정된 교재에 국한되지 않고 자유
롭게 교육과정을 짤 수 있다. 아동들에게 그런 내용을 말해주는 것
만으로는 부족하다. 아동들로 하여금 정신적, 신체적인 활동을 통
해 그런 내용을 탐색하고 검증해 보도록 하는 것이 좋다.
그런 활동을 고안함에 있어서 교사들은 사람들이 하는 일을 중
심으로 해서 과제를 시작하고 끝내야 하며 상품이나 서비스의 생
산만큼이나 여가와 휴식의 필요성을 고려해야 한다. 아동들이 "내

가 알고 있는 흥미 있는 어른은…"이라는 식으로 보다 잘 표현할 수 있도록 교사들은 일하는 사람들의 모델을 많이 수집하여 그것으로부터 시뮬레이션이나 목표 지향적이고 과업지향적인 사회구조를 신뢰성 있게 투사할 수 있어야 한다. 교실수업은 그러한 활동의 출발점이 되며 교실수업에서 한걸음 더 나아가는 그와 같은 활동을 위한 공청회의 장소가 된다. 대부분의 연구들을 보면 아동들은 자율적인 환경에서 그들의 드라마를 연출할 수 있는 실제 작업현장에 참여해 봄으로써 직접적인 정보를 얻을 필요가 있다고 한다. 또 다른 연구에서 보면 산업체나 지역사회는 직접 학교현장에 관여하여 조언자로서 기여하여야 한다고 한다. 그와 같은 활동에서 교과의 기본적인 학습이 교사나 아동 모두에게 유용하다. 다음 활동들을 비교해 보고 어느 쪽이 효과적인지 비교해 보라.

성인 독자들에게는 "전통적"이라는 말로 표현되는 것들의 대부분이 논리적인 무게와 적절성을 지닌 것으로 느껴질 것이다. 진로인식의 성향과 결부시켜 볼 때 전통적이라는 말은 학습이 일어나는 바로 그 순간에 아동들에게 가장 생생한 경험을 제공해 주는 것을 의미한다. 자기가 학습한 것을 아는 즐거움을 갖게 하기 위해 교사들은 그와 같은 예시와 설명을 하는 것이다.

	전통적 접근법	진로인식적 접근법
기초 수학	• 한 자리 숫자를 6개 더하기	• 숫자를 헤아릴 수 있는 정보의 종류에 어떤 것이 있는지에 대해 아동들과 논의한다: 나이, 몸무게, 높이, 옷의 치수, 거리나 전화번호. 조사할 수 있는 것을 모두 찾아서 목록화해 보게 한다.
	• 한 자리 숫자의 곱하기	• 신체에 관해 기술하는 숫자와 사회적인 특성을 기술하는 데 쓰이는 숫자를 분류한다.
	• 한 자리 숫자의 빼기	• 다른 사람들과 대화할 때 또는 일상생활을 해 가기 위해 기억해야 할 새로운 상징들을 찾아서 차트로 만들어 하게 한다: 식사시간이나 취침시간; 집에서 학교까지의 거리(구역의 수 또는 마일); 보유하고 있는 학용품들; 키나 몸무게의 변화 등
	• 50까지 헤아려 보기	• 사람과 관계되는 다른 숫자들을 계속 탐색하기: 부모의 면허증 번호; 형제들의 주민등록증 번호 등
응용 수학	• 가방에 12개의 사과가 들어있다. 그 중에서 세 개를 버리면 몇 개의 사과가 남게 될까?	• 학생들에게 가까운 모텔의 주방에서 일하는 사람들을 대상으로 역할연기를 하게 한다. 그들에게 엔트리, 샐러드, 디저트를 만드는 가장 좋아하는 조리법을 제시해 준다. 자기나 다른 학생들의 부모에게도 드리기 위해 음식을 두 배로 만들게 한다.
	• 두 대의 기차가 서로 같은 속도로 마주 달려오고 있다. 만약 195마일 떨어진 곳에서 서로 출발했다면 두 기차가 서로 교차하면서 도시를 통과하는 지점은 어디일까?	• 어른들에게 팔 음식의 가격을 계산해 보게 한다. 이 때 고려해야 할 사항은 노동력, 공급과 수요, 음식을 만드는 데 쓰인 재료의 가격 그리고 이윤의 폭이다. • 이와 같은 활동 후에 추후 활동으로 근처의 레스토랑을 견학하고 논의하게 한다.

	전통적 접근법	진로인식적 접근법
기초 언어 기술	• 발음연습 • 듣고－보고－말하는 연습 • 새로운 알파벳을 발음 하는 연습 • 다른 학생들과 말하는 연	• 판사, 간호사, 요리사, 회계사, 배드민튼 선수 또는 목수 등을 대상으로 역할연기 를 해서 그들이 쓰는 언어의 특성을 이 해하게 한다. • 직업에 관련된 어휘를 찾아본다: 판사: 네／아니오; 옳은／그른 간호사: 아픈／건강한; 자다／놀다 요리사: 뜨거운／찬; 단／신 회계사: 셈하기; 더하기; 대차대조표 배드민튼 선수: 플레이; 점프; 네트 목수: 못; 망치; 해머
응용 언어 기술	• 내용이 유쾌하고 중산 층을 대상으로 한 단편 소설을 읽기 • 내용을 해석하는 연습 을 하기 • 대사 부분 연습하기: 쉴 곳, 띄어 읽을 곳 주의 • 혼자서 장면을 연기해 보기	• 아동들에서 1학년과 2학년 국어책을 읽 어 보게 한 후에 읽기 교재를 녹음기에 녹음해 보게 한다. • 일부 아동들에게는 읽기 교재를 베끼고 편집해 보게 하며 나머지 아동들에게는 책의 내용을 설명하게 한다. • 읽기 교재를 갖고 자기보다 어린 아동 들에게 효과적으로 설명하거나 가르쳐 보게 한다.
기초 과학	• 인간의 생활과 관련된 건강과 위생에 관한 연구	• 아동들에게 생활상식에 관한 컬럼을 모 아서 차트를 만들게 한다: 냉장법, 온장 법, 방부제 사용법 등. 박테리아의 증식 을 막기 위해 각 가정에서는 주로 어떤 방법(열 요리, 냉동, 어두운 곳에 보관, 방부제 사용 등)을 사용하는가? • 가정에서 하는 이와 같은 처리법과 병 원, 임상연구소, 레스토랑 등에서 하는 의학적이고 위생적인 처리법을 비교해 본다.

	전통적 접근법	진로인식적 접근법
응용 과학	• 생활환경, 무기물, 식물 및 일반생물학에 관한 연구	• 아동들에게 천연식품, 광물, 석유 그리고 인간이 만든 생산품이나 가공품인 자원(면, 모, 가죽)에 대해 비교하고 차트를 만들게 한다. • 농업, 제약업, 광업, 의류업 등에 종사하는 근로자들과 인터뷰하고 인간의 건강과 자연과의 균형에 관한 것으로서 기술공학이 가져다주는 손익에 대해 논의하게 한다.
기초 사회	• 기초사회 교과서에서 치역사회에서 일하는 근로자들에 관한 단원을 읽기 • 소방서나 경찰서를 방문하기	• 교사와 아동들은 미래의 발전을 위해 자연을 개발하는 사람들의 일하는 모습을 보기 위해 현장견학을 간다. • 교사는 개발지역을 지도에 표시한다. • 그와 같은 장소가 장래 어떤 용도(쇼핑센터, 거주지, 공원, 병원 등)로 쓰이는지 알아보게 한다. • 이와 같은 결정을 하고 실제로 개발을 하는 데 참여하는 사람들이 어떤 사람들인지 의논하게 한다. • 아동들이 선정한 대표를 초빙해서 그들에게 아동들이 의문을 갖고 있는 점에 대해 말해달라고 한다.
응용 사회	• 다른 지역과 그곳에 사는 사람들의 생활에 관해 교과서에서 배운다	• 비행기나 기차 또는 배로 여행하면서 어느 지역에서는 왜 전통직종이 자꾸 없어지고 새로운 직종이 등장하는지 그 이유를 알아보게 한다. 아동들에게 전통직종에 종사하는 사람들에 대해 의논하게 한 후 그들이 현대사회에서 아직도 자기 기술을 사용해서 어떻게 봉사할 수 있는지를 알아보게 한다. 또 장래 그의 기술이 쓸모없이 될 때 어떻게 직업을 바꿀지 대해 알아보게 한다.

	전통적 접근법	진로인식적 접근법
응용 사회	• 아동들에게 집에 있는 사진이나 여행안내서, 포스터 등을 준비하게 한 후 "보여주면서 말하도록"한다	• 아동들에게 고객들이 주로 어느 때, 어떤 목적과 형태의 여행을 하는지에 대해 여행사에 가서 조사하게 한다. 조사 결과를 토론하고 신문이나 잡지에서 이와 같은 기사들을 모아 보게 한다. • 족보를 갖고 있는 나라는 얼마나 될까? 아동들에게 대사관에 편지를 써서 정보를 얻고 그것을 목록화 하도록 한다. 먼 친척도 넣어서 자기 집의 족보를 만들어 보도록 한다.

3. 교과학습을 통한 진로인식의 예시

자율적인 학습이 제대로 이루어지는 초등학교의 교실수업에서는 자발적으로 추구되어야 할 많은 목표들이 추구된다. 진로교육을 구성하는 많은 요소들이 교과학습과 결부될 수 있다. 지금까지는 그와 같은 프로그램들이 몇 가지에 불과했지만 그것으로 족할 것이다. 가장 성공적인 예는 어떤 특정한 교사가 특정한 환경에서 특정 아동들을 대상으로 해서 개발하고 적용하는 그런 프로그램일 것이다. "그것을 어떻게 실시해야 하는가" 하는 방법이 이 장의 다음 부분의 주제로 다루어질 것이다.

조지아 주의 프로젝트에서는 건강, 수학, 영어교과의 학습과 그러한 교과를 통한 진로인식을 결합시키려고 하고 있다. 가령 아동들이 편도선 절제수술을 받는 환자를 치료하는 장면을 역할연기를 한다고 하자. 교실에 "병실상황"을 설정한 후에 아동들은 피검사를 하고 X레이를 찍는 흉내를 차트 화하고 처방을 하며 환자를 위로하고 수술준비를 하며 동료 "외과의"들과 수술에 대한 견해를 의논한다. 수술 후 환자가 회복되면 의사들은 환자의 부모와 인형이 있는 입원실로 옮긴다. 아동들은 역할극에서 각자 많은 역할이 있다. 어떤 아동은 드라마를 기획·연출하고 어떤 아동은 장면을 설정하며 어떤 아동은 소도구를 만든다. 그들은 다른 학급에서 촬영한 비디오테이프를 보면서 병원놀이 "자원팀"의 역할을 평가하고 타당성을 검증하는 평가회를 갖는다.[1]

매릴랜드 주 아나폴리스 교육위원회에서는 다음과 같은 프로그램을 제시하고 있다. 두 명이 한 조가 되어 학교에서라면 사무실이나 보일러실 또는 카페테리아에서 하는 일을 연출해 볼 수 있다. 또 가정에서라면 두 명이 한 조가 되어 거실을 칠하거나 카펫 물 까는 일 또는 월말의 세금을 지불하는 일 등을 해 볼 수 있다. 또 지역사회의 산입제나 은행, 도매상에 가 볼 수도 있다. 한 학생은 이미 배운 수학지식이나 개념이 실제 상황에서 어떻게 적용되고 있는지를 기록하고 다른 학생은 청사진이니 회계원장이니 은행의 대차대조표니 하는 직업적인 어휘들에 대해 기록한다. 각각의 직업에서 사용하고 있는 수학이나 언어의 지식을 요약해서 수업시간에 보고한다.[2]

은행에서 일하는 사람들을 관찰한 후에 아동들은 학교에 돌아와서 금전출납계원, 대부계원, 계리사, 은행지점장, 비서 등의 역할이 무엇인지 교대로 발표한다. 아동들은 과제의 완수에 따라 보상을 하는 "토큰"법을 구안하고 은행을 저축하는 곳으로 사용했

---

1) The Cobb County Career Development Project, Marietta, Georgia.
2) The Anne Arundel County Career Development Pro ject, County Board of Education, Annapolis, Maryland.

다. 아동들은 저축이나 인출을 기록할 수 있는 금전출납부를 쓰는
법을 배운다. 저축된 토큰은 독자적인 프로젝트의 개발이나 도서
실의 방문 또는 학교의 학생들이나 건물을 짓는 데 자발적으로
조력하는 희사금으로 제공하기로 계획한다. 저축된 토큰을 사용할
때 대부계원은 지점장의 사인을 받아야 하며 대부계원은 대부해
간 사람이 어떤 용도로 그들을 쓰려고 하는지 그리고 언제 갚을
것인지를 기록해 둔다.

언어와 수학, 미술, 연극 등에서 배운 지식과 기술이 진로인식
과 인간관계의 기술을 학습시키는 데 도움을 줄 수 있다. 아동들
에게 말하지 말고 각종 색이나 모양을 달리한 카드를 사용해서
선생님이나 급우들과 대화해 보도록 한다. 하루쯤 그런 활동을
시켜 본 후 다음날에 아동들에게 그들이 외국에서 말을 하지 못
하고 그들의 욕구를 팬터마임으로도 표현하지 못하는 상황에 놓
였다고 상상하게 한다. 상업적인 미술가, 각종 간판이나 네온사인
을 그리는 사람, 만화가, 초상화 작가 등을 초빙해서 아동들이 그
런 상황에서 대화하고 싶은 외국인을 만났을 때 어떻게 자기의
의사를 표현할 수 있겠는가에 대해 질문하도록 한다. 또 아동들
에게 하루 종일 침묵하게 하고 직접적인 신체적 표현이나 여러
가지 숫자와 색을 사용하는 표현기법 또는 자유로운 표현기법을
사용해 보도록 한다. 활동한 결과를 기록하고 그것을 복사하여
병원이나 오락기관, 모텔, 신문사 등에 보내도록 한다.

아이오와 주에서는 학교생활과 직업활동 그리고 기능이라는 측
면에서 가족과의 생활을 고려하도록 하고 있다.3) 5~6학년이 되

---

3) The Models for Career Education in Iowa; Elemen tary, Iowa State
university and Iowa Departmant of Public Instruction, Ames, Iowa.

면 3~6명씩 한 가족이 되어 가족들의 6개월간의 활동과 수입을 평가하도록 한다. 가족 각자에게는 각각 고정지출(예를 들면 집 관리비, 세금, 생활비, 보험금, 저축 등)과 변동지출(이사비나, 차 구입비, 식비, 레크레이션 운용비, 의류구입비) 등이 있을 것이다. 아동들을 소집단으로 구성한 뒤 각각 자신이 가족 내에서 맡은 역할에 따라 지출항목과 지출비를 결정하게 한다. 네 명 정도의 학생들은 두 달 간격으로 학급의 "은행원"이 되어 자금을 관리하 게 한다. 급료를 받은 후 지출이 결정되면 학생들로 구성된 가족 들은 변동지출을 어떻게 쓸지, 초과지출이나 임시수입을 어떻게 쓸지에 대해 의논해서 결정한다. 학교에서 바람직한 행동을 하면 그 보상으로 급여금을 올려준다.

적자재정은 다음과 같은 상황에서 발생된다. 기본수입을 초과해 서 지출하는 경우나 교사가 부과한 어떤 위기나 병원입원, 긴급한 수선 등을 요하는 상황에서 빚어진다. 그렇게 되면 가족들은 수입 을 올리기 위해 상품을 생산하든지 다른 가족을 위해 봉사를 하 든지 아니면 보상을 받을 수 있는 활동을 해야 한다.

전 교과에 이와 같은 활동주제를 직접 결합시켜서 장래의 사회 와 경제현실에 대한 이해를 도울 수 있으며 생존을 위한 최소한 의 생활비와 여가와 레크레이션을 위한 지출에 대해 이해하게 할 수 있다. 학생들로 조직된 "가족들"이 가정경제가 "파산"된 위기 에 처했을 때 그것을 타개하기 위해 새로운 서비스나 상품을 만 들어 이웃에게 도움을 청하는 활동에서 아동들은 뜻하지 않은 학 습을 할 수 있다. 이때 거절하거나 바꾸어주거나 동정을 하거나 하는 이웃들의 반응을 통해 아동들은 삶의 여러 양상에 대한 통 찰과 학습을 보다 확장시킬 수 있다.

 직업의 세계에 대해 알고 일을 가치로운 것으로 생각하며 상황
을 변화시키는 지식과 기능을 습득시키고자 하는 프로그램이 매
릴랜드 주에서 개발되었다.4) 이 프로그램은 농촌의 초등학교 아
동들을 대상으로 개발된 것으로 교사와 학생들에게 유용한 프로
그램이다. 하기방학을 이용해서 교사들은 개방학교를 운영하는데
이 때 교사들은 새로운 아동들을 맞아 새로운 워크샵을 갖는다.
교사들은 아동들이 그 부모들로부터 물려받은 한정된 직업-예외
도 있지만-인 농업계통의 직종을 어쩔 수 없이 물려받아야 한다
고 생각한다는 것을 알게 된다. 교사들은 또한 개방학교에 알맞도
록 교수방법을 전면적으로 바꾸어야 함을 배우게 된다. 전체 교육
과정 속에서 진로교육이 차지하는 의미를 탐색하고 이것을 교육
과정에 통합시키기 위해 그들은 개방학교를 운영할 때 이론적인
수업뿐 아니라 신체적인 면도 고려해야 한다.
 학교의 뒤로 개울이 흐르고 있었는데 그 둑이 급속도로 무너지
려고 하였다. 아동들의 안전을 위해서 뿐 아니라 자연환경을 보호
한다는 의미에서 "개울 둑"이라는 프로젝트를 구안했는데 학생들
의 모토는 "안전, 개선, 그리고 자연으로부터 배우기"였다. 이 계획
은 교사, 학생, 지역사회와 기업체의 대표들, 공무원, 환경보호를
위해 일하는 단체 등이 협력하여 추진되었다. 처음부터 학생들은
생태계 연구소를 찾아가서 그동안 누적되어 온 기록들을 조사하여
계획을 짜기도 했다. 어떤 학생들은 지역사회 교육청에서 얻어 온
청사진을 연구했고 어떤 학생들은 회사에 가서 기술을 배웠으며
어린 학생들은 가을학기에 예정된 사친회(PTA) 모임에 제시할 슬

---

4) The Potomac Heights Elementary School's Stream Bank Project, Hagerstown, Maryland.

라이드 필름을 찍기 위해 다각도로 자료를 수집하였다.

그러는 동안에 주정부의 토양개발기관의 대표가 개울둑의 안전을 위해 우선적으로 해야 할 행동에 대해 조언해 주었다. 모든 활동은 각 집단의 교과 면에서의 성취능력뿐 아니라 집단의 성숙수준도 고려해서 선정하고 분배하였다. 수학, 과학, 언어, 대화기술, 사회, 체육, 보건, 미술, 음악 등 교과의 지식과 기술을 환경문제의 프로젝트에 결합시켰다. 진로인식과 인간관계의 기술 역시 강조되었다.

이 활동은 교사와 학생 모두에게 발전을 가져다주었다. 해가 거듭됨에 따라 이러한 프로그램은 점점 더 발전되었고 환경의 변화가 가져다주는 중요성이 깊이 인식되어 갔다. 또 학교 주변의 물리적인 환경이 놀랄 만큼 개선되었음을 방문객들이 지적하고 있다. 이러한 활동에 참여하고 활동한 보상을 직접 보고 실감한 학생들은 미래에 신택하게 될 직업에서 자기들이 맡을 역할의 모습을 직접 상상해 보는 것 이상의 확장된 안목을 얻게 되었다. 아동들에게 이와 같은 개방학교의 문을 열어 준 모든 학교와 교사들은 일부 학생들이 뒤처지는 결과도 또한 고려해야 할 것이다.

이런 접근법들은 아동들에게는 매우 유익할지 모르지만 교사들에게는 교육과정을 수정해야 한다는 부담을 안겨 준다. 현재의 교육과정 지침을 새로이 수정하거나 편집한다는 것이 어떤 교사들에게는 무리일 수도 있다. 또 아동들의 흥미와 욕구를 존중하는 교육과정이 아동들에게 교과의 기본적인 지식과 기술을 우선적으로 교수해야 할 교사들에게 갈등을 안겨 줄 수도 있다. 그러나 교과교육을 진로교육과 결합시키는 것은 교사들 자신의 일이고 계획이며 도전이다. 그러기 위해서는 진로교육을 위한 교육과정을 짜는 방법이 탐색되어야 할 것이다.

가. 진로교육을 위한 학습경험을 계획하고 선정하는 원리

이 장에서 기술된 일반적인 접근법들을 "진로교육을 위한 학습경험"이라고 불러도 좋을 것이다. 어떤 사람들은 이것을 "학습 보따리" 또는 "시뮬레이션 모델"이라고 부르고 또 다른 사람들은 각각 다른 방법으로 표현할지도 모른다. 용어가 어떻든 간에 이런 활동적인 접근법이 교수-학습 시에 논의되어야 함은 명백하다. 이런 접근법들은 초등학교 교사들에게는 전혀 새롭거나 낯설지도 않을 것이다. 초등학교 진로교육 프로그램을 짤 때 이 접근법을 사용하려면 본질적이고 실제적인 원리들을 참고하면 될 것이다.

제일 먼저 고려해야 할 것은 어떤 교재가 실질적으로 가능한가이다. 이와 같은 접근법을 사용하는 목적은 초등학교에서 하고 있는 교과학습의 실제 내용과 진로교육의 실제 내용을 결합시키려는 것이다. 초등학교 교사들이 이와 같은 접근법을 실제로 활용하려고 할 때 생기는 적용상의 문제는 그들이 진로교육의 실질적인 내용을 잘 모른다는 것이다.

진로교육의 실질적 내용은 직업과 일의 세계, 진로발달, 일의 성질에 대한 기본적인 정보이다. 부분적으로 그것은 아동들이 초등학교를 졸업한 후에 통합시켜야 할 진로교육의 개념이다. 그런 개념들은 앞서 언급한 기본적인 정보를 통해 학습된다. 일, 직업, 진로, 진로발달과 같은 용어들을 일반화시키는 일은 교사들의 몫이다. 그런 개념들은 다양한 영역의 교과와 일의 세계를 통해 발달된다. 다음 목록들은 포괄적이지는 못하지만 초등학교에서 형성시켜 주어야 할 진로교육의 개념들을 열거한 것이다.

나. 일의 역할에 관련된 개념들

(1) 사회가 유지·존속되려면 누군가는 일을 해야 한다.

(2) 사회는 많은 사람들이 하는 일에 의존한다.

(3) 사회에서 요구되는 모든 일들은 모두 존중되어야 한다.

(4) 숙련된 근로자나 생산적인 근로자는 미숙련자나 비생산적인 근로자보다 사회에 유용하며 보다 많이 요구된다.

(5) 개인이 하는 일이 그의 삶의 질을 결정해 준다.

(6) 일은 개인에게 그의 존엄성과 가치를 향상시킬 수 있는 기회를 제공해 준다.

(7) 교육과 일 그리고 생산성과 여가 간에는 상관이 있다.

(8) 개인이 다른 사람을 지각하는 방식은 협동적으로 일하는 면에 영향을 준다.

(9) 직업에 대한 만족은 근로자와 그의 환경과의 조화로운 관계에 달려 있다.

(10) 경제체제는 개인에게 일하려는 유인가를 제공해 준다.

(11) 우리의 경제구조는 취업구조에 영향을 준다.

(12) 직업의 전문화는 직업간의 상호의존성을 창출한다.

다. 일의 세계의 성질에 관련된 개념들

(1) 어떤 사람은 물건을 생산하고 어떤 사람들은 서비스를 생산한다.

(2) 우리 사회에는 다양한 방법으로 분류될 수 있는 다양한 직업들이 있다.

(3) 직업간의 영역뿐 아니라 같은 직업영역 내에도 직업군이 있다.

(4) 어떤 직업의 영역이든 그 책임의 질과 수준이 다르다.

(5) 사회는 법으로써 생산자나 소비자를 보호한다.

(6) 사회의 관습, 제도, 그 사회구성원의 태도들은 일의 세계에 영향을 미친다.

(7) 기술공학의 발달로 인해 어떤 직종은 없어지고 어떤 직종은 새로 생기는 등 직업의 변화가 끊임없이 일어난다.

(8) 기술발달의 정도가 최근에 들어서서 매우 가속화되고 있다.

(9) 개인은 자기가 하는 일에서 발달된 기술을 쓰는 법을 배워야 한다.

라. 일의 가치에 대한 개념들

(1) 사람들은 보상과 만족을 얻기 위해 일한다.

(2) 어떤 사람들이 선호하는 직업을 또 다른 사람들은 싫어하기도 한다.

(3) 일은 서로 다른 사람들에게 각기 서로 다른 의미를 준다.

(4) 숙련되고 경험이 많고 생산적인 근로자들은 자기가 하는 일 자체에서 만족을 느낀다.

(5) 직업과 생애주기는 상호 관련 적이다.

(6) 일하는 사람들은 모두 가치롭고 존엄하게 인식되어야 한다.

(7) 환경에 대한 개인의 지각은 일에 대한 그의 태도에 영향을 준다.

마. 교육과 직업에 관련된 개념들

(1) 교육과 일은 상호 관련적이다.

(2) 각각의 일은 각기 다른 수준과 각기 다른 유형의 교육과 훈련을 요구한다.

(3) 기초교육을 통해 작업능력이 향상된다.

(4) 각각의 직종에는 특수지식과 일반지식을 요하는 영역이 있다.

(5) 취업을 하기 위해 직업훈련을 받는 데에는 여러 가지 통로가 있다.

(6) 개인은 생애 중 여러 번 직업훈련을 다시 받아야 한다.

(7) 각기 다른 직업에서 역할을 수행하기 위해서는 각기 다른 교과의 지식과 기술이 요구된다.

바. 진로발달과 의사결정에 관련된 개념들

(1) 모든 개인들은 각각 의미 있고 보람된 직업을 가질 수 있다.

(2) 사람들은 각기 다른 흥미, 적성, 능력, 가치관 그리고 태도를 갖고 있다. 각각의 직업은 각기 다른 요구수준과 관점을 갖고 있다.

(3) 사람들은 자신의 진로를 계획해야 할 권리와 책임을 갖고 있다.

(4) 자기(self)를 이해하고 수용하고 발달시키는 일은 전 생애에 걸친 일이며 그런 것들은 삶의 경험에 의해 변화되고 영향을 받는다.

(5) 개인의 환경과 잠재력은 진로발달에 영향을 준다.

(6) 취미나 관심이 개인의 진로를 결정지을 수도 있다.

(7) 직업에서의 수요·공급의 구조는 개인의 진로계획에 영향을 준다.

(8) 일에 대한 경험은 의사결정에 도움을 준다.

(9) 개인은 다양한 직업들을 적절히 실행할 수 있도록 배울 수 있다.

(10) 모든 직업은 각기 어떤 특정한 준비와 훈련을 요구한다.

(11) 직업특성과 개인은 변화하는 사회에서 신축성이 있어야 한다.

(12) 다른 사람과의 관계나 사회나 고용주와의 관계는 다른 사람의 직업뿐 아니라 자신의 진로에도 영향을 미친다.

사. 일의 습관에 관련된 개념들

위와 같은 일련의 개념들로부터 초등학교 교사들은 학생들이 교재를 통해 보다 많은 것을 배우도록 하기 위해 이 개념들을 갖고 문제에 직면하도록 유도해야 한다. 진로교육을 위한 학습경험은 바로 이러한 활동을 위한 견인차의 역할을 한다. 여기에는 세 가지 핵심요소가 관련된다.

(1) 교재
(2) 진로교육의 개념
(3) 진로교육을 위한 학습경험을 쌓기 위해 해야 하는 활동들

위의 세 가지 요소 중, 어느 것 하나라도 좋으니 위의 요소들을 갖고 학습경험을 쌓도록 격려한다면 효과적일 것이다. 교재를 갖고 시작하든지 개념을 갖고 시작하든지 또는 준비된 흥미 있는

활동을 갖고 시작하든지 간에 아무 상관이 없다. 그러나 진로교육을 위한 학습경험을 완성시키는 시점에서는 위의 세 가지 요소들이 모두 실현되어야만 한다.

초등학교 교사들에게 가장 낯선 요소는 진로교육에 대한 개념들일 것이다. 그래서 우선 그런 개념들을 교사들은 자신에게 의미 있는 방식으로 이해하고 적용해 보아야 한다. 제Ⅵ장에 기술한 것처럼 대부분의 학교에서는 현직교육을 통해 그러한 개념들을 제시해 준다. 그런 중요한 개념들이 교사들에 의해 진로교육 프로그램에 통합되면 교사들은 진로교육의 유용한 하위 개념들을 자신에게 의미 있고 쉽게 통합시킬 수 있다. 이것은 교사들이 해야 할 가장 중요하고 바람직한 과제이다. 진로교육의 개념들은 자동적으로 교사들에게 어떤 의미를 주지는 않는다. 그러나 교사가 아동들에게 의미 있는 학습경험을 주려면 그와 같은 개념들을 학습시켜야 한다.

진로교육의 개념들을 접하면 교사들은 일반적으로 (a) 모든 개념들은 각 학년 수준에 적합해야 하며 (b) 각 개념들은 각 학년에 맞게 가르칠 수 있도록 분류되어야 한다고 생각한다. 그러나 꼭 그럴 필요는 없다. 교사들이 자기가 담당하고 있는 아동들에게 적합하다고 생각하는 개념들을 임의로 골라 쓰면 된다. 시간이 지남에 따라 아동들의 학습경험이 진전되면 교사들은 모든 개념들이 각 학년수준에 맞게 그리고 반복적으로 제시되어 있다는 것을 알게 될 것이다. 프로그램 초기부터 모든 개념을 학습시키는 것보다는 아동들에게 의미 있고 중요한 개념들을 그때그때 알게 하여 학습경험을 발달시켜 주는 것이 바람직하다.

진로교육을 위한 학습경험을 발달시키기 위해 고안된 프로그램과 교사가 만든 프로그램의 차이점은 산업현장에서의 활동에서 나타난다. 이에 대한 논의는 제4장에서 다루어질 것이다.

진로교육을 위한 학습경험을 개발시키기 위한 개념들을 살펴보면, 어떤 한 가지 교과의 지식이나 기능 이상의 것을 포함시키고 있다. 물론 가장 핵심적이고 중요한 것은 각 영역에서 발달시켜야 할 교과의 기능이 각각 다르며 그것은 활자화된 교재를 통해 학습되어야 한다는 것이다. 진로교육을 위한 이러한 경험을 발달시키려는 많은 노력들이 갖고 있는 약점의 하나는 초등학교 교사들이 여러 가지 교과의 영역을 진로교육의 학습경험에 통합시킬 수 있는 기회를 무시하거나 충분히 주지 않는다는 것이다. 이와 같은 현상은 교사들은 프로그램을 실시할 때부터 아동들에게 어떤 개념을 외우게 하거나 직접적으로 진로교육의 용어들이 갖는 의미를 설명하려고 하는 데에서 빚어지기도 한다.

진로교육 프로그램을 실시하는 동안에 학습되어야 할 교과의 내용에 대한 지식과 기능을 고려하지 않고 진로교육의 학습경험만 발달시키려고 하는 것이 진로교육의 전체 과정을 실패로 돌아가게 하는 중요한 원인의 하나이다. 다음과 같은 두 가지 원리를 늘 염두에 두고 실시해야 할 것이다.

(a) 진로교육의 학습경험을 교과의 교재와 분리시켜 다루지 말 것.
(b) 진로교육 프로그램의 효율성을 평가하기 위한 준거로써 학생들의 성취도를 평가하도록 할 것.

아동들로 하여금 교과의 학습이 진로교육에 주는 의미를 충분히 인식하게 하기 위해 가장 효과적인 방법은 교사들이 각기 수업시간을 통해 의미 있는 학습경험을 개발시키는 것이다. 이런 관점은 아무리 강조해도 지나침이 없는데 그 이유는 다음과 같다.

(1) 교사들은 학생들의 학업성취도가 어느 정도인지 가장 잘 평가할 수 있으며 각 학생이 도달한 교과의 지식과 기능의 특성과 기준을 진로교육의 학습경험에 어떻게 통합시켜야할지를 가장 잘 평가할 수 있다.

(2) 특정한 학습경험을 통해 일의 세계에 접할 수 있는 기회들은 학교에 따라 매우 다르다.

(3) 진로교육을 위한 학습경험의 핵심을 짜는 활동들은 그것을 직접 개발한 교사들이 가장 열정적으로 수행해 낼 수 있다.

만약 교사들이 각자 학습경험을 개발할 수 있다면 학생들은 큰 이익을 보게 될 것이다. 교사들은 다른 사람들이 개발한 프로그램들을 봄으로써 더 좋은 학습경험들을 개발할 수 있다. 물론 진실로 역동적인 프로그램은 교사들이 각기 자기가 교육하고 있는 아동들 개개인의 특성과 가정환경, 교육수준을 고려해서 개발한 것들이다. 그러나 다른 팀들이 개발한 학습경험을 참고하는 것이 도움이 될 것이다. 이러한 과정은 Ⅵ장에 기술하고자 한다.

끝으로 진로교육의 학습경험의 통합된 측면으로서 일에 대한 좋은 습관을 가르치기 위해서는 그러한 기회를 많이 주어야 한다. 진정한 의미에서의 프로그램이 달성하고자 하는 활동의 목적은 바로 이와 같은 생산적인 활동일지도 모른다. 좋은 일 습관을 몸에 붙일 때 학생들은 보다 좋은 결과를 얻게 됨을 배우게 된다. 이것은 진로교육의 학습경험을 쌓기 위한 교육과정에서 "잠재적으로 얻어지는 이득"인데 대부분의 교사들은 이런 점을 간과하고 있는 것 같다.

위와 같은 일반적인 원리를 알면 이제 우리는 초등학교의 각 학년 수준에서 발달시켜야 할 학습경험의 예를 열거해 보아야 할 것이다. 이와 같은 예들은 교사와 학생 모두의 욕구가 합치되는 곳이라면 어디서든지 채택될 수 있다. 그러나 교사들은 이런 프로그램 이상의 것들을 개발하도록 노력해야 할 것이다. 이것들은 교사들이 자신의 경험을 확장하도록 자극하며 자기 나름대로 교과의 교수법을 통합시키도록 자극할 때 매우 희망적일 것이다. 각 예들은 "교육과정의 어떤 영역들이 진로교육의 학습경험에 어떻게 통합될 수 있는가?" 라는 질문으로 구성된다. 교사들은 이런 제언들을 자신이 개발해야 할 학습경험 속으로 통합시키도록 해야 할 것이다.

4. 유치원에서 할 수 있는 학습경험

가. 고속도로 순찰대원을 방문하기

1. 주요 개념: 모든 직업은 다 사회에 봉사한다.
2. 어떤 교과가 이러한 일과 관련된 학습경험으로 통합될 수 있는가? 어떻게 통합될 수 있는가?
   (a) 언어 영역-남의 말을 듣고 토론하는 기술
   (b) 건강과 안전의 영역-오토바이의 안전에 대한 논의
   (c) 사회 영역-직업사회가 만들어내는 여러 가지 현상에 대한 학습

3. 활동의 목표

(a) 아동들의 아버지 중에서 이와 같은 일을 하시는 분을 초청하여 그가 어떻게 살고 어떻게 일하는지에 대해 알게 하며 그가 일하는 것은 가족이나 사회를 위해서 뿐 아니라 자기 자신을 위해서도 중요한 의미를 갖는다는 것을 인식시키도록 한다.

(b) 이와 같은 직종이 사회의 법을 준수하게 하는 데 어떻게 기여하는지 보여 준다.

(c) 사람의 안전이나 차의 안전을 위해 고속도로 순찰대원들이 어떤 일을 하는지 이해하도록 한다.

(d) 순찰대원이 그의 직무를 수행하기 위해 가져야 하는 기술 중에서 한 가지 예를 들어보게 한다.

4. 요구되는 활동

(a) 고속도로 순찰대원인 학부모를 만나 학교를 방문해 줄 것을 부탁하고 시간계획을 짠다.

(b) 모든 직업들이 다 사회에서 중요한 역할을 담당한다는 논의를 하며 아동들이 보다 많은 직업을 탐색해 보도록 호기심을 자극시킨다.

5. 경험을 기술하기

고속도로 순찰대원으로 학교에 초청된 학부형에게 그의 직업에서 그가 가장 좋다고 생각되는 점을 말씀해 달라고 하면 그는 그의 유니폼, 의무, 교육정도 그리고 사람과 차의 안전에 대해 이야기할 것이다. 팜플렛이나 소책자도 가져올 것이다. 그리고 그는 고속도로 순찰대원이 갖추어야 할 장비에 대한 아동들의 질문에 대답할 것이다.

6. 기타 활용할 수 있는 인적 자원

(a) 고속도로 순찰대에서 일하는 사무원

(b) 진로교육의 전문가

7. 이 경험에 통합시킬 수 있는 다른 개념들은 무엇인가?

(a) 발전된 자기인식과 증가원 일의 세계에 대한 지식

(b) 학습에 필요한 교육적 준비

나. 치과의사를 방문하기

1. 주요 개념: 모든 직업들은 모두 그 나름대로 사회에 기여한다.

2. 어떤 교과의 지식이 이런 직업과 관련된 학습경험으로 통합될 수 있는가? 어떻게 통합될 수 있는가?

(a) 질문과 토론의 기술－치과의사와 이야기하기

(b) 자르고 만드는 기술－책을 만들기

(c) 언어－역할연기의 기법

(d) 치과 건강－이를 보호하고 이를 닦기, 가벼운 식사나 다이어트나 과식이 치과의 건강에 미치는 영향

3. 활동의 목표

(a) 치과의사가 되고 싶어 하는 이유를 한 가지나 또는 그 이상 이야기 할 수 있다.

(b) 치과의사가 되기 위해 해야 하는 학습이 무엇인지 알 수 있다.

(c) 치아를 돌보아야 하는 이유를 이해할 수 있다.

(d) 치과에 갈 때 생기는 두려움을 감소시킬 수 있다.

(e) 치아를 썩게 하는 음식물의 이름 세 가지를 들 수 있다.

(f) 치아를 건강하게 하는 음식물의 이름 세 가지를 들 수 있다.

4. 요구되는 활동

(a) "하얀 이, 깨끗한 이"

"치과의사를 방문하기"

(b) 미국치과의학협회에서 발행되는 책과 칫솔, 치약을 준비하기

(c) 역할연기를 하기 위해 커다랗고 신기한 칫솔과 의치 그리고 의사인형을 준비하기

5. 경험을 기술하기

치과의사와 조수가 두 개의 가방을 들고 교실에 들어온다. 하나의 가방에는 치아를 썩게 하는 음식들이 들어 있고 다른 가방에는 치아를 건강하게 하는 음식들이 있다. 그들은 아동들에게 가방에서 꺼낸 음식늘 중에서 좋아하는 것을 고르게 한다. 그리고 왜 그것을 선택했는지 토론한다. 치과의사는 자기 직업에 대해 이야기하고 조수는 자기가 하는 일을 말한다. 그들은 팜플렛을 아동들에게 준다. 일주일 후에 네 명의 아동들이 학급에서 만든 책자를 가지고 의사의 병원으로 간다. 그는 아동들에게 그가 환자를 치료하는 모습을 보여 주거나 이야기해 준다. 그리고 나서 조수가 다른 방으로 데리고 가서 치과의 치료에 쓰이는 기구들을 보여 주면서 아동들에게 그것들을 조작해 보도록 허용한다.

6. 활용할 수 있는 인적 자원

(a) 인형놀이를 통해 치과의 일을 보여 줄 수 있는 사람

(b) 치과의 조수

(c) 치과의사

7. 이 경험에 통합시킬 수 있는 다른 개념들은 무엇인가?

(a) 발전된 자기인식과 증가된 일의 세계에 대한 지식

(b) 이와 같은 직업을 구하기 위해 요구되는 훈련과 교육

(c) 직업이 사회에 하는 기여를 인식하기

(d) 자기가 좋아하거나 싫어하는 직업의 명칭을 말하기

5. 초등학교 1학년에서 할 수 있는 학습경험

가. 도자기 공장을 방문하기

1. 주요 개념: 자기 자신과 일의 세계에 대해 배우는 것은 중요한 일이다.
2. 어떤 교과의 지식이 이런 직업과 관련된 학습경험으로 통합될 수 있는가? 어떻게 통합될 수 있는가?
   (a) 만드는 방법에 대해 질문하고 상대의 말을 경청하는 기술
   (b) 언어-자기가 본 것을 이야기로 꾸미기
   (c) 수학-광택을 내고 불에 굽고 하는 공정의 과정에서 수학적인 사고가 필요하다는 것을 이해하고 수업시간에 해결할 문제를 제시해 주기
3. 활동의 목표
   (a) 시각과 촉각을 이용해서 도자기 만드는 공장에 가서 도자기들을 살펴본다.
   (b) 도자기를 만드는 두 가지 방법에 대해 말할 수 있다.
   (c) 도자기를 완성하기 위해 필요한 공정에 대해 말할 수 있다.
   (d) 공정을 지켜보면서 어떤 도자기가 버려지는지에 대해 말

할 수 있다.

4. 요구되는 활동

   (a) 이와 같은 학습경험은 학급에서 진흙으로 작은 항아리를 만들어 본 경험과 연관지어 계획한다.

   (b) 전문대학의 요업과에서 하는 활동에 대해 토론한다.─여가활동을 통해 손으로 빚는 방법과 바퀴를 돌려서 빚는 방법의 차이를 살펴본다.

   (c) 보다 발전된 단계의 작업을 보기 위해 교사가 이전의 학습경험을 정리해 준다.

5. 학습경험을 기술하기

아동들은 전문대학 요업과의 상급반을 방문하여서 도자기가 버려지는 광경을 보고 그 이유를 물었다. 그들은 진흙과 도자기를 보았다. 도자기는 만들어지는 단계에 따라 달랐다. 그리고 진흙과 도자기를 만드는 도구들을 만져 보고 돌려 보았다. 교사는 몇몇 아동들에게 바퀴를 돌려 보도록 했다. 교사는 가마의 기능에 대해 설명하고 가마에 어떻게 불이 지펴지는지를 설명하였다.

6. 활용할 수 있는 인적 자원: 전문대학의 요업과 교수

7. 이와 같은 학습경험에 통합시킬 수 있는 다른 개념들은 무엇인가?

직업으로 도자기를 만드는 일과 여가활동으로 도자기를 만드는 일과의 차이점을 식별한다. 이와 같은 일을 해봄으로써 점점 이 일을 잘 할 수 있고 재미도 느끼게 될 것임을 이해한다.

나. 연장을 가지고 아버지를 방문하기

1. 주요 개념: 자기 자신과 직업의 세계에 대해 배우는 것은 중
   요한 일이다.
2. 어떤 교과의 지식이 이런 직업과 관련된 학습경험으로 통합
   될 수 있는가? 어떻게 통합될 수 있는가?
   (a) 공작기술-손으로 물건을 만드는 일
   (b) 어휘력-도구의 명칭과 사용에 대한 어휘를 이해하기
   (c) 수학-거리를 재고 직경을 가늠하기
   (d) 언어-추후활동으로 학습경험을 이야기 차트로 만들기
3. 활동의 목표
   (a) 작업에 쓰는 다섯 가지 공구의 명칭을 말할 수 있다.
   (b) 두 가지 도구에 대해 말하고 그것들을 사용하는 방법을
       말할 수 있다.
   (c) 도구를 사용해 볼 기회를 갖고 그것을 시범적으로 보여
       줄 수 있다.
4. 요구되는 활동
   (a) 이 경험은 자기인식과 일의 세계에 대한 인식을 확장시
       키기 위한 일련의 활동이다.
   (b) 역사와 지리 교과의 일환으로 서로 다른 거주지의 형태
       와 건물의 건축기법이 논의된다. 그리고 이와 관련지어
       건축에 사용된 도구의 형태가 어떠한지를 알아본다.
   (c) 건축설계가 얼마나 중요한지를 설명하기 위해 건축기사
       가 청사진을 가지고 학교를 방문한다.

5. 학습경험을 기술하기

아동의 부친 중 한 분을 초청해서 그가 작업을 할 때 사용하는 도구를 소개하고 실제로 사용하는 방법을 보여주었다. 그 부친은 치수와 모양이 다양한 나뭇조각을 준비하여 오셨으며 해머와 줄, 대패, 드릴, 스크류드라이버, 줄자 등을 사용해서 아동들에게 실제적인 학습경험을 갖도록 허용하였다.

6. 활용할 수 있는 인적 자원: 목수, 건축기사

7. 이와 같은 학습경험에 통합시킬 수 있는 다른 개념들은 무엇인가?

   (a) 발전된 자기인식과 증가된 일의 세계에 대한 지식

   (b) 이와 같은 직업을 갖는 데 필요한 교과의 지식이나 기능

6. 초등학교 2학년에서 할 수 있는 학습경험

가. 개 조련사 – 학부모를 방문하기

1. 주요 개념: 여가활동은 개인생활에 만족을 줄 뿐 아니라 때로는 직업으로 발전될 수도 있다.

2. 어떤 교과의 지식이 이런 직업과 관련된 학습경험으로 통합될 수 있는가? 어떻게 통합될 수 있는가?

   (a) 질문하고 논의하는 기술

   (b) 쓰기 – 감사의 편지쓰기

   (c) 수학 – 숫자를 헤아리기

3. 활동의 목표

(a) 사람들이 취미를 갖는 이유를 두 가지 정도 말할 수 있다.

(b) 사람들이 동물을 키우는 이유를 두 가지 정도 말할 수 있다.—유익함, 흥미, 돈, 시간 등등

(c) 개를 기르는 데 따르는 좋은 점을 말할 수 있다.

(d) 개를 기르는 데 따르는 나쁜 점을 말할 수 있다.

4. 요구되는 활동

(a) 아동들은 전에 가 본 적이 있는 애완용 동물을 파는 곳을 방문한다.

(b) 교사는 아동들과 함께 취미의 종류를 알아보고 그러한 취미활동을 통해 얻을 수 있는 이점을 논의한다.

(c) 아동들은 그들이 묻고 싶은 점을 질문한다.

(d) 아동들은 동물을 기르는 방법에 대해 논의한다.

(e) 교사와 아동들은 학부모나 조련사가 동물을 데리고 수업에 참여할 수 있도록 준비를 한다.

5. 학습경험을 기술하기

어떤 부인이 성장과정과 성장단계가 다른 개를 세 마리 수업시간에 데리고 왔다. 그녀는 가족들이 어떻게 개에 대해 관심을 갖게 되었는지를 이야기하고 개를 보여주면서 취미로써 시작한 것이 어느덧 사업이 되었다고 설명하였다. 그녀는 또한 개의 유형, 개를 돌보는 법 그리고 그러한 취미를 갖는 유익함 등에 대해서도 이야기해 주었다. 그녀는 그림과 전시회에서 받은 트로피를 보여 주고 아동들의 질문에 대답하였다.

6. 활용할 수 있는 인적 자원: 개 조련사

7. 이와 같은 학습경험에 통합시킬 수 있는 다른 개념들은 무엇

인가?

(a) 자기가 하는 일을 즐겁게 하는 것이 중요하다.

(b) 여가활동은 개인의 생활을 풍요롭게 한다.

(c) 개인의 만족은 진로발달에 중요하다.

8. 추후활동

학급의 아동들은 그들이 배운 것을 정리하고 그들이 현재 갖고 있는 취미와 미래에 갖고 싶은 취미에 대해 논의하고 강사에게 감사의 편지를 쓴다.

7. 초등학교 3학년에서 할 수 있는 학습경험

가. 선기공사를 방문하기

1. 주요개념: 개인은 변화하는 사회에 적응해야 한다.
2. 어떤 교과의 지식이 이런 직업과 관련된 학습경험으로 통합 될 수 있는가? 어떻게 통합될 수 있는가?

   (a) 상대의 말을 경청하는 기술과 자료를 조사하는 기술

   (b) 독서-팜플렛의 내용을 읽기

   (c) 과학과 수학-전기의 원리를 이해하기

3. 활동의 목표

   (a) 전력의 자원 세 가지를 말할 수 있다.

   (b) 가스와 전기회사에서 취급하는 일 세 가지를 말할 수 있다.

   (c) 가정에서 활용하는 전기장치를 열 가지 정도 말할 수 있다.

   (d) 전기가 없으면 안 되는 직종을 다섯 가지 정도 말할 수

있다.

(e) 가스와 전기회사에서 하는 일이 변천해 온 경로와 근로
자들이 이와 같은 변화에 어떻게 대처해 왔는지를 말할
수 있다.

4. 요구되는 준비활동

학부모 중에서 가스나 전기회사에 근무하는 분을 수업에 초빙
하여 직업에 대한 이야기를 듣는다. 트럭과 장비를 운송하고 직원
들을 초빙하기 위해 회사의 대표와 접촉한다. 회사의 기술자가 학
교에 와서 장비를 보여주고 그 기능을 설명하며 자기의 직업에
대해 이야기해 준다.

5. 학습경험을 기술하기

세 명의 기술자가 회사의 트럭에 장비를 싣고 와서 보여 주고 작
업기술 몇 가지를 설명해 주었다. 아동들은 자발적으로 질문하였다.
장비의 일부를 보여주면서 기술자 중에서 한 사람이 거리를 측정하
기 위해 측정자를 사용했다. 그러면서 수학적인 지식과 기능이 이와
같은 직종에 어떻게 사용되는지를 설명해 주었다. 다음주에 회사의
대표가 필름과 팜플렛을 가지고 와서 전기에 대한 기본 원리를 설
명하고 전기조작에 관련된 여러 유형의 직업에 관해 가르쳐 주었다.
그는 유능한 근로자가 되기 위해서는 학교의 교육을 충실히 받아야
한다는 점을 강조하고 아동들의 질문에 대답했다.

6. 활용할 수 있는 인적 자원

전기공사에 근무하는 사람이나 가스나 전기를 취급하는 회사의
기술자

7. 이와 같은 학습경험에 통합시킬 수 있는 다른 개념들은 무엇
인가?

(a) 개인은 사회변화에 적응해야 한다.

(b) 전에는 대학교육이 그렇게 필요하지는 않았지만 지금은 고도의 숙련된 지식과 기능을 요하는 직업이 새로 생겨나기 때문에 대학교육이 필요한 분야가 있다.

(c) 자연과학의 개념을 파악하는 것이 중요하다.

8. 추후활동

아동들은 공공기관에서 하는 일에 대한 팜플렛을 읽고 지역사회에서 공공기관이 하는 역할에 대해 서로 논의한다.

나. 우체국을 방문하기

1. 주요개념: 직업간에는 상호관련성이 있다.

2. 어떤 교과의 지식이 이런 직업과 관련된 학습경험으로 통합될 수 있는가? 어떻게 통합될 수 있는가?

(a) 언어-글씨쓰기, 편지쓰기, 질문할 요점을 정리하여 쓰기

(b) 미술-눈에 띄는 기계를 그리거나 우표의 그림을 그리기

(c) 사회-독일에 대해 공부하기

(d) 질문과 논의의 기술

3. 활동의 목표

(a) 우체국에서 하는 일을 세 가지 정도 말할 수 있다.

(b) 우체국에서 하는 세 가지 일과 그 관계를 기술할 수 있다.

(c) 두 가지의 일을 말하고 그와 같은 일을 수행하는 데 필요한 훈련과 교육에 대해 기술할 수 있다.

(d) 두 가지 기계에 대해 말하고 그 기능을 기술할 수 있다.

(e) 우체국의 주요한 기능 두 가지를 말할 수 있다.

4. 요구되는 활동

(a) 독일사회에 대해 공부하면서 아동들은 독일에서 초등학
    교 3학년에 다니는 미국 아동에게 편지를 쓴다.

(b) 수업시간에 우체국의 중요성과 그 기능에 대해 논의한다.

(c) 우체국에서 하는 일의 종류와 그와 같은 일에 요구되는
    교육 및 훈련에 대한 아동들의 지각(인식)을 논의한다.

(d) 20년 전에 비해 현대적인 통신기계가 하는 역할을 논의
    한다.

(e) 질문을 준비한다.

5. 활용할 수 있는 인적 자원

(a) 여행안내소나 우체국 직원

(b) 진로교육 전문가

6. 이와 같은 학습경험에 통합시킬 수 있는 다른 개념들은 무엇
   인가?

(a) 직업에 대한 인식이 증가되면 진로에 대한 흥미가 생기
    고 발전이 이루어진다.

(b) 직업구조의 상호관련성과 사회에의 기여

(c) 증가된 자기인식과 진로인식

8. 초등학교 4학년에서 할 수 있는 학습경험

가. 자연을 인식하기

1. 주요 개념: 개인의 흥미는 직업이나 취미를 선택하는 데 영향을 미친다.
2. 어떤 교과의 지식이 이런 직업과 관련된 학습경험으로 통합될 수 있는가? 어떻게 통합될 수 있는가?
   (a) 자연과학－새나 곤충을 분류하기
   (b) 생태학－관찰을 통해 생태계의 생애주기를 보다 잘 이해하기
   (c) 자연과학－관찰을 통해 식물과 동물간의 상호관련성의 유부를 보다 잘 이해하기
   (d) 읽기, 쓰기, 철자법－수집된 정보를 노트에 기록하기
3. 활동의 목표
   (a) 그 지역에 있는 나무를 네 가지 정도 말하고 그 나무들의 성장조건을 말할 수 있다.
   (b) 새의 종류를 세 가지 정도 말하고 식별할 수 있다.
   (c) 곤충의 종류를 세 가지 정도 말하고 식별할 수 있다.
4. 요구되는 활동
   자연시간에 4학년 학생들은 옥외활동 프로그램에 참가한다. 수업과 활동은 이 분야에 대해 많은 지식을 갖고 있는 교사가 담당하며 동물과 식물의 생태와 생애주기를 알기 위해 여러 번 자연관찰을 한다. 자연계의 생물들 간의 상호의존성에 대한 연구도 하며 환경에 미치는 인간의 영향과 책임에 대해서도 공부한다.

5. 학습경험을 기술하기

한 학급 정도의 학습 집단이 자연을 탐색하면서 식물과 동물의 생태에 대해 얻은 정보를 관찰하고 기록하고 논의하였다. 조교 한 명이 학습 집단 중의 하나를 따라가서 자연을 탐사하는 도중에 만나는 자연환경의 생태학적인 연구를 하는 데 도움을 주었다. 아동들은 다양한 상황을 관찰하고 그들이 본 것들에 대해 결론을 도출하였다. 시청각적인 방법이 생태계의 생애주기를 인식하는 데 도움을 주었다. 특이한 식물군과 동물군도 확인하였다.

6. 활용할 수 있는 인적 자원

(a) 4학년 교사, 수족관에 근무하는 사람, 동물학을 공부한 선배

(b) 옥외활동 프로그램을 운영하는 사람

(c) 새를 관리하는 사람이나 야외활동에 잘 훈련된 사람

(d) 진로교육전문가

7. 이와 같은 학습경험에 통합시킬 수 있는 다른 개념들은 무엇인가?

야외교육 프로그램을 통해 아동들은 자연에 접할 수 있는 기회를 갖게 되며 그와 같은 활동을 통해 필요한 정보를 얻는다. 어떤 아동들에게는 이와 같은 학습경험을 통해 얻은 지식을 보다 확장시킬 수 있는 흥미와 호기심이 유발될는지도 모른다. 그리고 학교의 수업이나 야외활동을 통해 자연과학적인 성향이 습관화되어 그런 계통의 직업이나 취업을 하게 될지도 모른다. 여가활동에서 만족을 얻음으로써 새로운 흥미가 창출될 수도 있다.

나. 우편 주문 카다로그

1. 주요개념: 어떤 기술은 여러 가지 직업에 모두 중요하다.
2. 어떤 교과의 지식이 이런 직업과 관련된 학습경험에 통합될 수 있는가? 어떻게 통합될 수 있는가?
    (a) 수학－계산기를 사용하여 가격과 무게를 계산하기
    (b) 읽기－카다로그에 있는 물품의 명칭을 읽기
    (c) 언어－편지를 쓰고 우표를 써 붙이기
3. 활동의 목표
    (a) 주문서의 형식에 맞추어 주문서를 쓰는 방법을 배운다.
    (b) 전자계산기를 사용하는 법을 배운다.
    (c) 대차대조표를 사용하는 방법을 배운다.
    (d) 주문정보를 해독하는 방법을 배운다. 즉 주문된 정보가 무엇인가를 안다.
    (e) 주문된 물건의 가격을 정확히 계산할 수 있다.
    (f) 주문된 상품의 총 중량을 계산할 수 있다.
    (g) 감사의 편지를 쓸 수 있다.
4. 요구되는 활동
    (a) 수학시간에 ‘시어즈’ 백화점의 카다로그를 준비한다.
    (b) 카타로그 중에서 필요한 주문서를 복사한다.
    (c) 가격표를 본다.
    (d) 시어즈 백화점에 방문할 계획을 세우고 계약을 한다.
    (e) 상품의 운송 방법을 알아본다.

5. 학습경험을 기술하기

수업시간에 아동복 판매점에서 시어즈 백화점의 카다로그 하나를 가져왔다. 아동들은 사고 싶은 옷을 고른 후에 크기, 색깔, 무게 등을 결정했다. 주문서의 각 항목에 기재한 후 전자계산기를 사용하여 가격을 계산하였다. 학급에서의 학습이 끝난 후에 그들은 카다로그로 주문을 받는 백화점이 어떻게 운영되는지를 알기 위해 시어즈 백화점을 방문하기로 하였다.

6. 활용할 수 있는 인적 자원

우편 주문제를 실시하고 있는 백화점의 경영인

7. 이와 같은 학습경험에 통합될 수 있는 다른 개념들은 무엇인가?

물건을 주문하는 방법이 바뀌고 있으며 왜 그럴 필요가 있는지를 백화점 경영자가 설명한다. 기술공학은 직업의 변화에 영향을 준다. 우편으로 주문서를 작성하는 기술은 전화로 주문을 하는 직종에서도 마찬가지로 활용된다. 이와 같은 기술들은 여러 가지 직업에 두루 필요한 기술이다.

9. 초등학교 5학년에서 할 수 있는 학습경험

가. 상업미술가

1. 주요 개념: 개인의 흥미와 능력은 직업이나 취미를 선택하는 데 영향을 미친다.

2. 어떤 교과의 지식이 이런 직업과 관련된 학습경험에 통합될 수 있는가? 어떻게 통합될 수 있는가?

    (a) 미술-도안하기, 자료 도형의 형태를 그리기

    (b) 수학-도안할 때 치수를 재고 구도를 맞추기

    (c) 듣고 논의하는 기술

  3. 활동의 목표

    (a) 상업미술가가 아이디어를 얻는 데 사용하는 자원을 세 가지 정도 말할 수 있다.

    (b) 상업미술가가 정보를 얻는 데 사용하는 매체를 네 가지 정도 말할 수 있다.

    (c) 미술은 취미활동도 되고 직업에도 연결되며 노력하면 보람과 만족을 얻을 수 있음을 이해한다.

    (d) 자로 도형의 형태를 그릴 수 있다.

  4. 학습경험을 기술하기

어떤 상업미술가가 5학년 학급을 방문하였다. 그는 자기가 완성한 그림을 몇 가지 가지고 왔으며 작품이 만들어지기까지의 과정도 보여주었다. 그는 정보를 얻기 위해 활용하는 몇 가지 전문지와 몇 가지 기법 그리고 아이디어의 자원에 대해 설명하였다. 그는 시간과 노력 그리고 기대에 따른 개인적인 만족감에 대해서 말해주었다. 학생들은 질문을 하였다. 그는 아동들을 위해 스케치를 몇 장 그렸다. "물건을 만드는 사람들"이라는 영화를 보았는데 거기에는 자기가 선택한 분야에서 흥미와 만족을 느끼며 노력하는 세 사람이 등장하였다.

  5. 활용할 수 있는 인적 자원

    (a) 상업미술가

    (b) 필름-"물건을 만드는 사람들"

  6. 이와 같은 학습경험에 통합시킬 수 있는 다른 경험에는 어떤

것들이 있는가?

    (a) 개인의 흥미나 적성에 따라 직업선택이나 취미생활이 이루어진다.

    (b) 일의 세계에 대한 지식을 늘릴 수 있다.

    (c) 개인의 일은 그의 생애유형을 결정한다.

 7. 추후활동

학급에서 그리고자 하는 도안을 설정해서 그 특징을 잡아 자로 그렸다. 이와 같은 활동은 자를 사용하고 특이한 형태를 측정하는 수학적 기술을 요구한다.

나. 로켓을 만드는 일

1. 주요 개념: 기술공학은 작업의 능률화에 영향을 미친다.
2. 어떤 교과의 지식이 이런 직업과 관련된 학습경험에 통합될 수 있는가? 어떻게 통합될 수 있는가?

    (a) 사회과학-바이킹호의 모델에 관한 연구와 기타 다른 탐사기에 대해 연구하기

    (b) 자연과학-비행기, 나침판, 별, 중력, 로켓, 지구, 대기의 흐름 등에 관해 연구하기

    (c) 언어기술-수집된 정보를 기술하기

    (d) 수학-크기, 시간, 거리를 측정하고 셈하기

    (e) 미술-여러 가지 모델을 만들기

3. 활동의 목표

   (a) 로켓에 쓰이는 연료의 두 가지 형태를 말할 수 있다.

   (b) 운송수단에서 사용해 온 동력(인간동력, 스팀동력 등)의 종류를 다섯 가지 정도 말할 수 있다.

   (c) 인간이 탐사를 위해 사용해 온 운송의 형태 여섯 가지를 목록화할 수 있다.

   (d) 인간이 새로운 세계를 탐색하는 활동을 하는 데 있어 두 가지 중요한 요소가 호기심과 상상이라는 것을 이해할 수 있다.

4. 요구되는 활동

   (a) 책과 영화를 통해 비행기와 로켓에 대해 공부한다.

   (b) 과거와 현재의 탐사활동의 양상에 대해 연구하고 논의한다.(우주선 발사 프로그램, 해양 환경)

   (c) 전화를 걸어서 이 방면의 기술과학자를 초빙해서 로켓에 대해 이야기해 달라고 부탁한다.

   (d) 공군대령과 함께 진로교육 프로그램과 아동들이 관심을 갖고 있는 정보에 대해 논의한다.

5. 학습경험을 기술하기

   (a) 두 명의 아동이 이산화탄소를 이용하는 로켓을 만들었다.

   (b) 교사가 그 로켓이 어떤 방식으로 동력을 갖게 되는지에 대해 설명하였다.

   (c) 아동들은 그 로켓을 전시하였다.

   (d) 대령이 필름을 가지고 와서 이런 계통의 직업에 대해 설명하고 아동들의 질문에 대답하였다.

6. 활용할 수 있는 인적 자원

  (a) 국방관계의 일에 종사하는 공무원

  (b) 두 명의 학생-로켓을 만듦.

7. 이와 같은 학습경험에 통합시킬 수 있는 다른 개념에는 어떤
   것이 있는가?

  (a) 여러 탐사가들에 대해 공부하고 그들이 인간의 삶에 영
      향을 미치는 사람으로서 성공한 점과 실패한 점 그리고
      결정 등에 대해 논의한다.

  (b) 변화의 관점에서 미지의 세계에 대한 탐사가 인간의 삶
      의 방식에 어떤 영향을 미쳤으며 그들이 수행한 일이 무
      엇인지에 대해 공부한다. 또 기술공학의 발전에 대해 공
      부한다.

  (c) 일의 세계에 대한 지식을 증대시킨다.

8. 추후활동

로켓을 만들었던 아동들은 자기들의 활동을 보고 서로 작성한다.

10. 초등학교 6학년에서 할 수 있는 학습경험

가. 시멘트 공장의 작업

  1. 주요개념: 개인은 흥미와 적성이 각각 다르다. 그리고 그것
들은 직업선택에 영향을 미친다.

  2. 어떤 교과의 지식이 이런 종류의 학습경험에 통합될 수 있는
가? 어떻게 통합될 수 있는가?

(a) 수학-시멘트를 바를 공간의 길이와 직경 등을 계산하고 필요한 시멘트의 양을 계산하기

(b) 수학-각자 계산한 것을 합해서 전체 수치를 내고 각 집단의 평균치를 계산하기

(c) 언어-수업시간에 자신들이 활동한 것을 구두로 보고하기

3. 활동의 목표

(a) 콘크리트 혼합물을 만드는 데 쓰이는 네 가지 재료를 말할 수 있다.

(b) 콘크리트를 만들 때 요구되는 두 가지 상태를 말할 수 있다.

(c) 모래가 준설기에 의해 채취되어 시멘트가 되기까지의 과정을 기술할 수 있다.

(d) 공장에 취업하기 위해 요구되는 조건을 두 가지 정도 말할 수 있다.

(e) 공장에서 일하기 좋아하는 이유를 한 가지 정도 말할 수 있다.

(f) 공장에서 일하기 싫어하는 이유를 한 가지 정도 말할 수 있다.

(g) 직업이 사회에 기여하는 방법에 대해 두 가지 정도 말할 수 있다.

4. 요구되는 활동

(a) 수학시간에 입방체의 면적을 계산하는 한편 일부 아동들은 콘크리트가 어떻게 측정되는지에 대해 논의한다.

(b) 열 명의 아동들은 콘크리트 공장을 방문하고 싶어 한다.

(c) 교사는 콘크리트 공장과 방문계약을 맺고 아동들이 의아해 하는 점에 대해 관리자와 논의한다. 그들은 또한 학생

들의 이해수준과 이 분야에서의 관련지식을 어떻게 아동들이 확실하게 파악할 수 있는지에 대해 논의한다.

5. 학습경험을 기술하기

이와 같은 공장에서 하는 일에 대해 관심을 가진 아동들은 작업에 대해 구체적으로 설명해 줄 수 있는 관리자와 만났다. 아동들은 그와 함께 작업이 시작되는 공장으로 갔다. 아동들은 모래와 자갈을 채취하는 곳으로 안내되었다. 모래와 자갈이 물 밑 오십 피트 아래서 크레인에 의해 채취되어 각기 그 용도에 따라 분리되어 깨끗한 물에 씻겨졌다. 관리자는 계속해서 작업과정을 설명하였으며 무게와 면적을 계산하는 방법이 어떻게 변해 왔는지를 설명하였다. 또 입방체의 면적과 무게를 계산하는 법과 특수한 측정이 필요한 경우에 대해서도 말해주었다. 그는 공장에서 하는 작업과 보수정도 그리고 요구되는 훈련의 종류에 대해서 설명하였다. 채취된 모래와 자갈이 분리되고 세척되는 과정을 본 후에 아동들은 공장으로 돌아와서 모래와 자갈이 저장된 곳과 일정한 비율로 섞이는 곳 그리고 물과 섞여서 시멘트가 만들어지는 곳들을 두루 구경하였다. 아동들은 특수한 자를 선물 받았는데 이 자는 일정한 면적을 채우는 데 필요한 콘크리트 혼합물의 분량을 측정하는 데 쓰이는 것이었다. 이와 같은 수학적인 측정 개념을 기억하고 학교의 수업에 돌아와 다른 아동들을 위해 면적을 측정하는 법을 보여주고 견학한 내용을 보고하였다. 이와 같은 경험을 통해 아동들은 여러 가지 질문거리를 만들었다.

6. 활용할 수 있는 인적 자원

(a) 콘크리트 공장의 관리자

(b) 진로교육 전문가

7. 이와 같은 학습경험에 통합시킬 수 있는 다른 개념에는 어떤
것이 있는가?

    (a) 개인은 각기 그 흥미가 다르다-모든 직업에는 각기 장
        점과 단점이 있다.

    (b) 직업이 사회와 어떻게 관련되어 있으며 어떻게 기여하는
        지에 대한 개념

    (c) 직업에서 요구되는 교육 및 훈련

나. 사람들이 살아가는 곳

1. 주요 개념: 직업의 유형과 거주지의 유형 간에는 어떤 관계
가 있다.

2. 이떤 교과의 시식이 이런 종류의 학습경험에 통합될 수 있는
가? 어떻게 통합될 수 있는가?

    (a) 영어-논의, 인터뷰, 대화의 기술

    (b) 철자쓰기-직업의 유형으로부터 새로운 단어를 배우고
        직업의 특성을 기술하기

    (c) 사회학습-수집된 정보에서 직업의 유형과 거주지와의
        관계를 인식하기

3. 활동의 목표

    (a) 인터뷰 대상자를 찾아서 ⓐ 직업의 종류와 특성 ⓑ 교육,
        훈련 및 의무 ⓒ 주소 등에 대해 알아본다.

    (b) 각 직업들을 범주화할 수 있다.

    (c) 직업의 유형과 근로자들의 거주지와는 어떤 관련이 있는
        가를 이해할 수 있다.

(d) 직업과 거주지와의 관계에서 서로 관계되는 두 가지의 관련요인을 말할 수 있다. 예를 들면 봉급과 집의 가격, 거주지와 출근시의 편리함 등.

(e) 직업이 사회에 기여하는 방법을 두 가지 정도 말할 수 있다.

(f) 각 직업군에서 세 가지의 직업을 골라서 그 직업간의 관계와 유사성을 말할 수 있다. 비교를 하기 위해서 직업군을 사용할 수 있다.

4. 요구되는 활동

(a) 교사는 그 지역의 대형 지도를 구하며 아동들은 그것을 교실의 칠판에 붙여 놓는다.

(b) 교사는 각 지역을 서로 다르게 표시해 놓은 색칠된 지도를 여러 장 구한다.

(c) 정신노동자와 육체노동자를 구분하는 근거에 대해 논의한다. 정신노동자는 경영직이나 전문직을 포함시키고 육체노동자는 기술직을 포함시킨다. 세 번째 직업군을 서비스 업종으로 한다.

(d) 직업과 거주지간의 관계에서 서로 관련되는 두 가지 요인을 이해한다. 즉 봉급과 집의 가격, 거주지와 출근시의 편리함 등.

(e) 기업이 사회에 기여하는 방법을 두 가지 말한다.

(f) 각 직업군에서 세 가지 직업을 골라 그 직업간의 공통점과 관계를 말한다.

5. 학습경험을 기술하기

학습경험을 얻기 위해 우선 아동들은 부모의 직업에 대해 알아보고 부모의 직업을 직업군에 맞추어 넣어 보았다. 어떤 부모들은 자기의 직업에 대해 설명해 주기 위해 학교에 왔다. 아동들은 소집단으로 나뉘어 직업분류작업을 했다. 아동들은 부모의 직업을 해당 영역에 나타내기 위해 세 가지 색을 추가로 정했다. 아동들은 각자 자기의 거주지에 색칠을 했다. 각 직업의 유사성과 차이점에 대한 논의가 뒤따랐다. 초청 인사들에게 학생들은 그의 직업 특성, 봉급, 교육 및 훈련, 의무 그리고 주소 등을 물어보았다. 그런 후에 아동들은 적절한 위치에 색칠을 하고 직업군을 분류하였다. 지도가 완성되고 학기가 끝날 무렵이 되어서 아동들은 직업유형과 봉급 그리고 근로자의 거주지 간에 어떤 관련성이 있는가를 논의했나.

6. 활용할 수 있는 인적 자원

   (a) 수업에 와서 이야기를 해 줄 수 있는 진로교육 전문가

   (b) 직업의 종류와 그 분류방법을 알 수 있는 직업사전 (Occupational Outlook Handbook)

   (c) 부모를 포함해서 다양한 기업인과 지역사회 주민들

7. 이와 같은 학습경험에 통합시킬 수 있는 다른 개념에는 어떤 것이 있는가?

   (a) 진로발달에 영향을 주는 환경과 개인간의 상호관계

   (b) 다양한 일을 수행하는 데 관련된 서로 다른 교과의 지식과 기능

   (c) 다양한 방법으로 분류될 수 있는 직업들

   (d) 일의 특성과 구조에 영향을 미치는 사회적인 기대

이러한 프로그램들이 캘리포니아 소노마 군에서는 한 해에 약 300편정도 개발되고 있다. 그 프로그램들은 진로교육에 대해 상세히 언급하지 않고 다만 교사들이 초등학교에서 교과교육과 진로교육을 어떻게 시행해야 할지에 대해 간략히 언급하고 있다. 그 프로그램들이 의도하는 바는 교사들로 하여금 자기들이 가르쳐야 할 프로그램을 개발하도록 자극하는 데 있다.

교과교육을 통해 진로교육을 시키는 과정에서 교사들은 그러한 학습경험을 창조적이고 통합적으로 개발해야 한다.

11. 결론: 초등학교 교육에 대한 진로교육의 기여

아동들로 하여금 진로에 대해 인식하도록 조력하는 교과교육에서 강조점은 아동이 학습하는 방법의 혁신이 아니라 교사가 가르치는 방법의 혁신에 주어진다. 아동들은 학교에 들어가기 전에 이미 학습을 시작하며 교실수업보다 방과 후의 일상생활 속에서 보다 많은 것을 배운다. 학교에 입학하여 학습을 하기 전에 그들은 어떻게 배우는가? 그들은 신체적인 활동을 통해 직접 배운다. 그들이 한 행동과 느낀 것들의 대부분은 다른 사람의 몸과 자신의 몸을 비교하고 그 관계를 표현하고 해석하는 능력에 따라 다르다.

아동들이 유치원에 들어갈 시기가 되면 급격한 변화를 겪으면서 인간에 대한 관점이 보다 폭넓고 구체적으로 된다. 친구와의 관계에서의 이와 같은 변화와 상호교류를 통해 아동은 개인적인 삶의 방식에서 벗어나서 뜻하지 않은 사람과 사귀는 것을 배우며 낯선 대상을 수용하는 것을 배워야 한다. 그의 에너지는 사람과 사귀는 일에서 개념을 이해하는 방향으로 전환된다. 개인과 개인 간의 대화의 수단으로만 인식하던 언어가 이젠 개념과 행동의 통제수단으로 인식된다. 교육적인 언어들은 행동을 통제하고 지시할 뿐 아니라 학교생활 전반을 통해 그의 생활을 지배한다. 따라서 그는 과거의 그의 응답 패턴을 바꾸고 교육적인 과제에 접근하기 위해 새로운 응답 패턴을 배우게 된다. 학습은 교재를 통해 대리적으로 진행되며 교사의 종합하는 기술에 의해 일상생활의 경험과 통합되어 간다.

초등학교의 교사는 아동에게 교육적인 인간으로의 갑옷을 입혀 주는 사람이며 아동을 전인(全人)으로 대해 주는 사람이다. 학교 사회의 다른 전문가들은 모든 아동을 자기의 관점에서 보려는 경향을 갖고 있다. 상담자 교육에서는 최근 행동수정과 개인적, 사회적 발달을 상담자 자신들의 관점에서 보는 학습과정에 관심을 보이고 있다. 기본적인 운동능력은 체육교사들이 담당하고 미학의 영역은 미술이나 음악교사들이 담당하는 것이다. 아동들을 각기 나름대로 전문가의 시각에서 보는 것은 당연하다. 그러나 초등학교의 교사가 아동들을 어떤 교재의 내용을 다음 단계의 학습을 위해 옮겨 담는 그릇으로 인식하는 것은 잘못된 일이다. 대부분의 아동들은 어른들을 권위로 지각하기 보다는 어른들을 기쁘게 하고 싶어 하기 때문에 교사들이 그들에게 주는 간추려진 학습경험을 기꺼이 받아들인다. 그러나 실제 사회는 그들이 학교에서 구조화한 이론에 맞지 않을 때도 있다.

아동은 침묵 속에서 과제를 수행하면서 자신과의 내적인 대화를 시작한다. 이와 같은 내적 대화는 2년 내지 4년 정도 계속되며 자기 자신이 누구이며 무엇을 할 수 있는지에 대해 생각하게 된다. 그는 자기 자신에 대해 많은 질문을 하게 된다: 즉 나는 무엇을 좋아하는가? 나는 어떻게 변화하고 있는가? 나는 어떤 사람이 될 것인가? 이 세상에 나 같은 사람이 또 있을까? 그들은 자랄 때 어떤 행동을 했을까? 하고 싶다고 생각하는 것을 알고 하기 위해 어떻게 해야 하는가? 학교 이외의 세계를 이해하기 위해 학교에서 무엇을 해야 하는가? 등.

이런 의문들은 아동기에는 대부분 잠정적이고 일시적이기 때문에 거의 해결되지 않는다. 대다수의 아동들은 사실적인 것에서 어떤 결론을 내리는 것을 좋아한다. 또 다른 어떤 아동들은 일찍이 정서불안이니 정신지체니 하는 부류로 구별 지어져서 공격행동이나 고립경향을 보이기도 한다.

진로교육에서 교사의 기본적인 교수기술을 강조하는 이유는 무엇일까? 진로교육은 직업현장에서 필요한 지식과 기술만을 얻도록 고안된 수업이 아니며 생산적이고 순종적인 근로자의 태도를 갖도록 하는 수단도 아니다. 그것은 학문적인 교육의 내용과 목표를 성취시키는 데 간접적으로 기여하는 교육이다. 진로교육은 교육과정에 부가된 교재가 아니다. 그것은 교과의 학습을 위해 새로운 동기를 유발시키는 교수기법이다. 진로교육은 실제의 일의 구조에서 필요로 하는 기술을 즉각 적용하고 검증하는 순환적인 과정을 통해 추상적인 학문에 구체성을 부여해서 학문의 폭을 확장시키는 교육인 것이다. 동시에 아동들에게 장래 그들이 어떤 사람이 될 것인가 하는 자기 이미지를 갖게 해 주는 교육이다.

아이러니컬하게도 전통적인 교육은 진로교육보다 직업선택의 위치에 대해 보다 정확히 묘사하고 있다. 아동이 그의 미래의 자아정체감을 확립하기 위해 두 가지 대안을 제시하는 것보다 더 특수한 것이 있을까? 이 대안이 처음 학년에서 주어지면 그는 자기가 주변에서 학습한 전문적인 직업을 선택한다. 그는 전문직을 선택하거나 이등시민의 길을 선택할 것이며 이 같은 선택은 그의 삶의 후반부에 큰 영향을 미칠 것이다.

인간주의적인 접근에 따라 진로교육은 도전을 받게 되었다. 아동들의 초기모델로 교사들을 선택하는 일이 감소되었다. 진로교육에서는 초등학교 교사의 기능이 아동들을 자신의 복사판으로 주조해서는 안 된다고 주장한다. 그 대신에 교사들은 아동들이 보다 많은 사람들과 접촉해서 경험의 세계를 넓혀가도록 조력하는 기능을 담당해야 해야 한다. 아동들의 소망과 흥미는 자꾸 변화하므로 그들의 잠정적인 진로선택을 존중하고 경청하며 진로탐색을 위해 고안된 교육과정을 통해 그런 능력을 배양해 주어야 한다. 이와 같은 철학은 아주 명확하고 매력적이다. 이런 문제들이 여기저기서 제기되고 있다.

장래 일의 세계에 대한 적응과 학문적인 영역을 어떻게 결합시켜 줄 것인가 하는 결정은 초등학교 아동들이 지역사회의 조력을 얻어 자신들의 결정을 충분히 검토하고 논의하는 광범위한 접근법들의 효능을 폭넓게 검토함으로써 이루어질 수 있을 것이다. 자기 학급에서 진로인식을 위한 수업을 전개해 나가는 실천적인 초등학교 교사들은 각 접근법들을 모델로 인식하고 적절히 시행해 보아야 한다. 열정과 창의성이 교사 개인에 의해 이루어진다면 지역과 주정부의 교육성에서는 진로교육을 실험하고 시행하는 일에 교사의 참여와 협력을 구해야 한다.

많은 주에서 진로교육이라는 주제로 주나 지역 단위의 간담회를 통해 효과적인 교수기술을 개발해 왔다. 이런 방법으로 개개의 학교나 개인 그리고 지역사회는 그들이 생각하는 바를 전문적인 동료와 나눌 수 있다. 현직훈련을 통한 성장과 발달로 인해 지역 사회는 한 지붕 아래 함께 교육사회를 이루게 되었다. 그러나 진로교육 프로그램의 개발과 실시를 위한 사회적 지원에 대한 요구는 계속적으로 증대되기 때문에 다음 장에서 논의될 학교와 지역 사회의 연계성은 점차 중시될 것이다.

보충 독서자료

"An Environmental and Career Oriented Science Curriculum." Write: William A. Dwyer, Superintendent Blue Ridge Re- gional Technical School Canton, Massachusetts

Bruner, Jerome S. "Some Theorems on Instruction(Illustrated, with Reference to Mathematics)." *Theories of Learning and Instruction.* Edited by Ernest R. Hilgard, Chicago: Univer- sity of Chicago Press, 1964.

Dwyer, J. *Teaching Children through Natural Mathematics.* New York: Parker Publishing Co., 1970.

Kratwohl, David R. "Stating Objectives Appropriately for Program, for Curriculum, and for Instructional Materials Development." *Journal of Teacher Education* 16(March 1965): 83-92.

Moss, Jerome. "The Prevocational Effectiveness of Industrial Arts." *Vocational Guidance Quarterly* 17: 1(September 1968): 21-26.

O'Hara, Robert P. "The Roots of Career." *The Elementary School Journal* 5(February 1962): 277-80.

Phillips, Murray G. "Learning Materials and Their Implemen- tation.": *Review of Education Research* 36 : 3(June 1966): 373-79.

Tennyson, W. W.; and Monnens, L. R. "The World through Elementary Readers,: *Vocational Guidance Quarterly* 12(1963): 85-88.

Tiedt, Sidney W.; and Tiedt, Eric. *Elementary Teacher's Com-plete Ideas Handbook.* Englewood Clifts, New Jersey: Pren- tice-Hall, Inc., 1965.

Tyler, L. E. "The Development of Vocational Interests: The Origin of Likes and Dislikes in Ten Year Old Children." *Journal of*

Genetic Psychology 86(1955): 33-44.

Tyler, "The Report of Interests and Abilities and Reputation among First Grade Children." *Educational and Psycholo- gical Measurement* 11(1951): 255-64.

Ⅲ. 초등학교에서의 진로발달

　진로발달에 대해 우리가 알고 있는 것은 무엇일까? 초등학교에
서의 진로발달이 중요하니까 아동들로 하여금 성인이 된 후에 그
들이 갖고 싶은 어떤 직업을 미리 선택해 보도록 해야 할까? 부모
나 교사들 모두 이런 질문이나 이와 유사한 질문을 할 것이다. 그
리고 초등학교에서 진로교육 프로그램을 실시하려고 할 때 부모
나 교사들은 진로발달의 어떤 측면을 시작해야 할까 하는 질문이
나 어떤 측면을 피해야 할까 하는 질문을 하게 될 것이다. 이 장
에서 우리는 이런 질문에 대한 해답을 탐색하게 될 것이다.

　Ⅰ장에서 우리는 진로교육의 다섯 가지 중요한 부분의 하나로
서 진로발달에 대해 언급한 바 있다. 그러나 진로발달은 그것이
포괄하고 있는 범위나 정도가 다른 것들과 다르다. 그것은 진실로
모든 진로교육의 제1차적 목적이라고 할 수 있는데 왜냐하면 진
로교육의 궁극적인 목표는 개인이 자기 자신과 일의 세계를 스스
로 이해하고 일을 가치 있고 의미 있는 것으로 인식하며 일에서
보람과 행복을 느끼도록 노력하는 데 있기 때문이다.

　초등학교에서는 진로교육의 목적으로서 진로발달의 역할을 주
의 깊게 설정하는 일이 중요하다. 간단히 말하자면 초등학교를 졸

업할 즈음에 아동들은 다음과 같은 것들을 알게 되어야 한다.

(1) 일의 세계와 본질에 대한 일반적인 인식
(2) 사람들이 왜 일을 해야 하는가에 대한 이유가 되는 일의 가치에 대한 일반적인 인식
(3) 미래에 근로자가 될 개인으로서 가져야 하는 긍정적인 자아개념을 갖게 하는 일련의 일에 대한 가치인식
(4) 장래 자기가 선택하게 될 일에 대한 장점적인 열망에서 오는 개인적인 준거체제에서 일의 세계를 보는 관점을 배우는 일 등이다. 이러한 목적들은 결코 누군가의 강요에 의해 이루어져서는 안 되며 어떤 특정 직업에 대해서만 확정되어서도 안 된다.

이 장에서 우리는 진로발달의 과정에서 야기되는 여러 가지 장애들을 명료히 해 나갈 것이며 전장에서 논의한 것처럼 부분적인 실행보다 포괄적인 발달 프로그램을 기술함으로써 이와 같은 과정을 보다 상세히 설명하게 될 것이다. 진로발달의 기본 개념을 이해하고 구체적인 활동 프로그램을 짜서 실제로 어떤 선택된 활동을 하려면 이론에 근거한 명료화 작업이 매우 중요하다.

혼란을 피하기 위해 다음과 같은 세 가지 측면의 진로발달의 개념을 조작적인 용어로 명료화하도록 하자.

(1) "진로발달"은 진로교육의 목적이다.
(2) "진로발달 과정"은 개인이 진로발달을 해 나갈 때 개인에게서 일어나는 변화의 역동성을 의미한다.

(3) "진로발달 프로그램"은 진로발달 과정을 촉진하기 위해 사용되는 특수한 방법과 절차이다.

그래서 진로발달 프로그램은 진로교육의 구성요소의 하나이며 다섯 가지 구성요소들은 진로발달 과정의 부분으로 진로발달에 기여한다. 다른 장에 있는 모든 예들은 다 이 진로발달 과정의 부분들로 간주될 수 있다.

초등학교에서 일어날 것으로 기대할 수 있는 진로발달의 과정을 논의하는 문제에서 중요한 것은 이런 것들이 인간의 성장과 발달의 구조 안에서 다루어져야 한다는 것이다. 초등학교의 교사들은 진로교육의 이와 같은 부분과 기본 원리간의 관계를 이해해야 할 것이다.

1. 인간의 성장과 발달의 일부로서의 진로발달

대부분의 초등학교 교사들은 인간의 성장과 발달에 관한 다량의 문헌에 접해 왔다. 그들은 이 분야의 실체를 상당히 깊이 알고 있으며 진로발달이 개인의 인간적인 발달의 한 부분이라는 것을 이미 이해하고 있다. 개인의 성장이나 발달의 다른 측면처럼 진로발달도 어떤 외적인 강요나 프로그램의 일시적인 투입으로 이루어지는 것은 아니다. 진로발달은 어떤 면에서 또는 어느 정도까지는 우리 사회의 대다수 개인들에게서 기대될 수 있는 자연적인 성장 패턴을 대표한다.

진로발달이 초등학교 과정에서 완전히 이루어져야 한다는 논의는 여기서 하지 않을 것이다. 왜냐하면 진로발달은 개인의 생을 통해 연속적으로 이루어지는 일련의 과정이기 때문이다. 그러나 인간발달의 다른 측면에서 초등학교 단계가 중요한 시기인 것처럼 진로발달에서도 이 시기가 중요한 영향을 미친다는 점만은 확실하게 말해 두고 싶다.

그것이 신체적인 성장이든, 지적인 성장이든, 또는 진로발달에 관한 것이든 간에 인간발달에 적용할 수 있는 어떤 기본적인 원리가 있다. 각각의 원리들은 개인의 발달을 돕기 위해 고안된 프로그램을 효율적으로 운영하는 데 기여한다. 진로발달 프로그램을 만들고 그것을 실행에 옮기고자 하는 초등학교 교사들은 이 원리들을 잘 알고 있어야 한다. 이와 같은 원리들은 다음과 같은 발달과제에 적용될 수 있다.

(1) 개인의 성숙을 조력하는 활동
(2) 유전과 환경
(3) 지적인 발달을 조력하는 활동
(4) 중재전략
(5) 치료적인 조력활동
(6) 발달을 저해하는 요인의 제거

발달은 개인의 전 생애에 걸쳐 일어난다. 그것은 어린 시절의 미성숙으로부터 성인이 된 후의 완전한 성숙에 이르는 시기까지의 성숙에 관한 용어로 기술될 수 있다.

인간의 성숙은 흔히 성숙을 개인이 사회적으로 소망스런 존재가 되는 것이라고 보는 것처럼 그렇게 쉽게 이루어지는 것은 아

니다. 우리는 초등학교 과정에서 아동들이 직업적인 성숙을 이룰
수 있다거나 또는 초등학교를 마친 후에 그런 성숙을 이룰 수 있
다고 기대할 수 없다. 또 신체적 성숙의 목적보다 진로 면에서의
성숙은 좋은 결과를 일시에 기대하기 어려운지도 모른다.

초등학교 아동들과 함께 일할 때 우리는 이 단계에서의 직업적
인 발달과정이 인생의 다른 단계에서의 그것보다 덜 중요하다고
생각하는 경향이 있다. 그러나 실은 이 단계에서의 진로발달은 성
인기에서의 발달보다 더욱 중요한데 특히 매개변수가 이미 설정
되었거나 그것이 개인에게 영향을 미치고 있을 때 더욱 그러하다.
만약 학교에서 진로발달의 과정에 동참하지 않는다면 그 과정은
지속되지 못하거나 비효율적으로 되거나 바람직하지 못한 환경의
영향을 받게 될 것이다.

인간발달의 다른 측면에서처럼 삶의 어떤 시기에 일어난 외상
적인 체험은 그의 진로발달 면에도 결정적인 영향을 미치게 된다.
정서적인 면에서의 외상체험이 성인으로 하여금 그의 삶에서 정
서생활의 전체 패턴을 바꾸어 놓듯이 선호하는 직업에 참여해 볼
기회를 상실하면 아동의 진로발달의 전체 패턴은 변화하게 된다.
그러나 이 양자의 경우에서 아동기에 발달의 경험을 상실하는 것
이 후기의 상실보다 더 치명적이다.

인간발달의 전체적인 패턴에서처럼 진로발달의 전체 패턴도 개
인의 일생을 통해 변화한다. 진로발달의 경우 은퇴한 사람들도
은퇴한 후에 다른 직업을 갖는 것을 보면 이런 사실을 잘 이해할
수 있다. 진로발달은 개인의 일생에서 어떤 특수한 시기에 끝나
는 것이 아니라 그의 삶의 일부로서 지속된다.

성숙이란 의미에서 본다면 직업적인 발달은 인간발달의 다른

측면과 비교해 볼 때 그 과정이 삶을 통해 반복된다는 점에서 다른 것들과 다르다. 이런 점은 성인 근로자에게 있어서 더욱 그러한데 성인 근로자들은 사회가 변함에 따라 사회에서 요구하는 기술이 바뀌면 과거의 직업이 사라지기 때문에 직업을 선택하고 준비하고 취업하는 전체 과정을 다시 새롭게 시작해야 한다.

가. 개인의 발달은 유전과 환경의 영향을 받는다.

발달에 영향을 주는 중요한 환경요인에는 신체적, 심리적, 사회적, 교육적, 경제적 요인들이 포함된다. 이런 요인들은 인간의 성장과 발달에 영향을 끼치는 것들로서 학교나 가정에서 중재전략을 세워서 효율적으로 실행하면 개인발달을 촉진시킬 수 있는 것들이다. 인간발달에 영향을 미치는 이 같은 원리들을 진로발달에도 적용시킬 수 있다.

오랜 동안 대부분의 사람들은 진로발달을 생의 어느 한 시기에 일어나는 "우연적인" 것으로 간주해 왔다. 그들은 "그저 일어날 일은 일어날 것"이라는 식으로 생각했다. 그런 반면에 개인의 신체적, 사회적, 지적 발달을 촉진시키기 위해 체계적이고 계획적으로 고안된 프로그램을 초등학교 단계에서 실시해 왔다. 따라서 진로발달을 촉진시키기 위해 고안된 중재전략들을 초등학교 단계에 투입해서는 안 된다는 주장은 타당성이 없는 것이다.

시간이 흐르면서 초등학교 교사들은 그들이 해야 할 일을 명료하게 인식하지는 못하지만 진로발달에 영향을 미치기 시작했다. 그들은 초등학교 교재의 내용을 검토하면서 발달이론에 관심을 갖게 되었다. 그러나 그들은 전문직종에 대해서는 상당히 관심을 가졌지만 기능직이나 서기직은 거의 다루지 않았다.

수년 전에 발표된 한 연구에 의하면 학교에서 자주 언급되고 있는 직업의 종류와 실제 일의 세계에서 자주 언급되고 있는 직업의 종류 간에 큰 차이가 있는 것으로 나타났다. 보다 최근의 연구를 보면 교과서에서는 전형적인 틀에 맞추어 여성의 직업을 간호사, 교사, 비서, 타이피스트, 가정주부 등으로 국한시켜 놓고 있음을 알 수 있다. 만약 초등학교에서 아동들에게 대학의 학위를 직업에서의 성공을 보장하는 가장 확실한 증명서로 인식하게 하거나 여성들을 몇 가지 서비스 직종에 국한시켜 인식시킨다면 그것은 실제 일의 세계가 지니고 있는 정확하고 현실적인 모습을 왜곡하는 것이다. 여러 연구에서 학생들이 중학교에 입학하기 전에 합리적인 직업선택을 하지 못하는 것으로 나타났는데 그 이유의 하나는 초등학교에 다닐 때 긍정적인 진로발달을 촉진시키는 중재전략을 배우지 못한데서 기인하는 것이라고 한다.

나. 진로교육에서는 학생들의 진로발달을 촉진하기 위해 극적인 조력을 하면 지적 발달도 증대된다고 가정한다.

산업사회에서는 일과 교육 간에 밀접한 관계성이 점점 더 증가하므로 비록 그 타당성이 입증된 것은 아니지만 위의 가정은 신뢰롭다고 할 수 있다. 인간발달에서 어느 한 면만 강조하면 다른 면의 발달이 박탈되므로 인간발달을 촉진시키는 최적의 교육 프로그램은 그 본질상 포괄적이고 상보적이어야 하며 결코 어느 일면에 국한된 것이어서는 안 된다. 우리는 초등학교에서 인간발달의 기본 원리가 진로발달의 중요한 자원이 된다는 것을 알며 특히 진로발달과 지적인 능력의 발달간의 관계에서 상관성이 높음을 본다. 물질적인 지원을 하는 경제구조와 생산과 성취를 가져다주는 노동시장에 대해 이해하지 못하는 사람은 없을 것이다. 개인의 정서적인 안정감은 자신이 가치 있는 존재라는 느낌에 의해 좌우되며 역으로 자기 가치감은 생산성과 성취에 의해 좌우된다. 신체적인 발달도 정서적인 안정성에서 비롯된다. 초등학교 교사로서 아동들의 지적 수월성에 높은 가치를 부여하는 사람은 학급활동에서 진로발달의 원리를 잘 활용하려고 노력한다면 자신의 목적에 보다 잘 도달할 수 있을 것이다.

다. 개인의 발달은 아동 초기에 시작되어 인생 전체의 과정을 통해 그 깊이와 수준이 계속적으로 발전하므로 적절한 중재전략을 통해 촉진될 수 있다.

  삶의 어느 한 단계나 어느 한 시점에서만 적용될 수 있도록 고안된 프로그램은 극히 제한된 효율성만 지닌다. 아동기에서 성인기에 이르는 인간의 성장과 발달의 원리를 진로발달 프로그램에 체계적으로 투입시키는 것을 미국 교육에서는 충분히 인식하지 못했었다. 아직까지도 많은 부모와 교사들은 직업선택은 미래의 어떤 시기에 우연히 이루어지는 것이므로 그 시기가 되기까지는 그런 문제에 대해 별로 걱정할 것이 없다고 생각하고 있다.(이러한 가정은 앞에서 언급된 인간의 성장과 발달에 대한 잘 검증된 원리에 맞지 않는 것이다. 이러한 가정은 불식되어야 한다.)
  장차 어떤 직업을 선택할까에 대해 전혀 아무런 생각 없이 초등학교에 입학하는 아동은 드물다. 비록 피상적일 망정 부모들은 아이가 태어날 때 이미 자녀에 대해 어떤 기대와 포부를 갖는다. 장래의 직업선택에 관한 문제는 주로 "너는 자라서 선생이 되고 싶니?(또는 의사, 간호원, 엔지니어 등)"라는 질문이나 "너는 자라면 너의 삼촌처럼 건축가(또는 치과의사)가 되고 싶니?"라는 식으로 이루어져서 대학에 진학해서 공부하는 것이 마치 이상적인 직업을 갖기 위한 통로인 것처럼 오인되게 만들기도 한다.

초등학교 아동들도 어떤 식으로든 직업에 대해 생각해 보려고 하므로 초등학교에서는 일련의 계획적인 중재전략을 짜서 아동들의 진로발달을 도와야 한다. 아동들에게 영구적이고 완성된 형태로 진로선택을 하도록 강요하지 말고 교사나 상담교사들은 잠정적인 선택을 하도록 조력해야 한다. 그리고 그러한 선택을 하게 된 동기와 그러한 일의 세계에 대해 알아보도록 한다. 예를 들면 "네가 의사가 되고 싶다고 말했는데 그러면 이제 반의 친구들에게 그것에 대해 알도록 얘기해 줄래? 그리고 왜 그런 선택을 했는지도……" 등과 같은 질문을 한다. 아동은 성장하면서 여러 번 마음을 바꾸지만 잠정적으로 진로를 선택해 보게 하면 다음과 같은 이익을 얻을 수 있다. 즉 목적을 갖게 됨으로써 동기를 유발할 수 있고 의사결정 기술을 학습할 수 있게 된다.

라. 인간의 성장과 발달의 단계에서 정상적인 성숙을 조력하기 위해 고안된 전략은 발달이 지체된 개인을 조력하기 위해 고안된 전략보다 인간의 성장과 발달에 더 효율적으로 기여할 수 있다.

이제 다시 우리는 인간의 성장과 발달의 기본 원리가 진로발달을 위해 이론적인 배경을 제공해 준다는 사실을 알게 되었다. 지난 10년간 연방정부에서 실시한 인력개발 프로그램들은 학교를 중도에 탈락한 청소년들이나 미숙련자, 실직자 또는 가출한 학생들을 돕기 위해 고안된 것들이었다. 그러한 사람들이 일의 가치를 인식하고 유용한 기술을 익혀 실제로 취업하도록 많은 도움을 주었다. 또 많은 사람들이 보다 좋은 고용조건과 보다 높은 수입을 보장해 주는 직장으로 옮겨가는 데 도움을 주었다. 오직 일부의 사람들만이 취업을 하지 못했는데 그 이유는 이와 같은 프로그램에 적응하지 못해서 유용한, 팔릴 수 있는 직업기술을 습득하지 못했기 때문이다. 치료적인 프로그램도 필요하지만 그것은 장기적인 해결책을 제공해 주지는 못한다. 보호소에 있는 사람들을 위한 프로그램은 그 상황에서만 유효할 뿐이며 직장을 찾거나 취업하는 데 장애를 느끼는 사람들을 위한 교정적 프로그램으로 진로발달을 성공적으로 도울 수는 없다. 장기적으로 볼 때 진로발달은 가정과 초등학교에서 정상적인 학생들을 대상으로 종단적이고 발달적인 기본원리들을 기저로 해서 시작되어야 한다.

마. 경제적, 사회적, 신체적, 교육적, 심리적 측면에서의 박탈(실조)은 개인의 진로발달을 지연시키거나 손상시킨다.

이러한 박탈로 인해 고통을 받는 사람들은 특수하고 집중적인 도움을 필요로 하기 때문에 일반적인 진로발달 프로그램은 적용할 수 없다. 사회경제적으로 불이익을 당하는 사람들의 진로발달을 돕는 문제는 너무 어려운 문제라 아직 제대로 이해받지 못하고 있다. 그러나 우리는 그러한 계층들을 위한 진로발달 프로그램이 개발되고 시행되어야 한다는 것을 충분히 자각해야 한다. 만약 그런 일이 이루어지지 않으면 부자와 빈자와의 격차는 점점 커질 것이다. 따라서 인간의 성장과 발달의 다른 측면에서처럼 진로 발달이 목표도 모든 학생들에게 똑같은 기회를 주는 평등성이 아니다. 그것보다는 오히려 그 목표는 학생들 개개인에게 알맞은 기회를 주는 평등성이다. 이 양자의 문제를 초등학교의 진로발달 프로그램에서 신중히 다루어야 할 것이다.

가령 지역사회의 초등학교에서 진로발달 프로그램을 실시한다면 그때 상식적인 직업으로 등장하는 것은 이웃들이 종사하는 직업이 될 것이며 아동들은 그 직업에 대해 공부할 것이다. 그러나 도시지역의 빈민층에 있는 학교에서라면 이 "상식적인" 직업이란 마약밀매나 매춘, "소매치기" 또는 사기나 "도박"을 의미한다.

초등학교 교사들을 위해 또 하나 제언하고 싶은 것은 아동들로 하여금 부모들의 취업에 대해 공부함으로써 일의 세계에 대한 공부를 시작하도록 격려하라는 것이다. 어떤 의미에서 보면 가장 상식적인 직업이 성공가능성이 가장 높은 직업일는지도 모른다. "생활주변을 관찰하게 하는" 접근법을 포함해서 가까운 이웃 사람들이 일하고 있는 직장을 방문해 보고 유망한 직업이 무엇인지 그리고 사람들이 서로 어떻게 돕고 있는지 알아보게 함으로써 아동들이 긍정적인 직업관을 기르고 일의 세계에 대해 보다 넓은 전망을 얻도록 도와야 한다. 또 이런 활동을 하는 아동들에게 약간의 경비를 지원해 줌으로써 보다 좋은 결과를 산출할지도 모른다.

2. 인간성숙의 일부로서의 직업성숙

성숙한 사람이란 자기가 한 결정에 대해 책임을 질 수 있는 사람으로서 "나에게 중요한 것은 무엇인가?", "내가 할 수 있는 일은 무엇인가?", "나에게 알맞은 일은 무엇인가?"에 대해 합리적이고 현명한 답변을 할 수 있는 사람을 말한다. 이와 같은 질문은 직업선택에도 그대로 적용될 수 있다. 초등학교 아동들은 그들이 6년 과정을 마칠 때까지는 아마 이 세 가지 기본적인 질문들 중 어느 하나에도 "성숙한" 답변을 할 수 없을 것이다. 그러나 이것은 이 같은 질문들에 대해 아동들이 현명한 답을 찾도록 조력하는 일이 초등학교의 단계에서는 별 효과가 없다는 것을 의미하는 말은 아니다.

첫 번째 질문, 즉 "나에게 중요한 일은 무엇인가?"라는 질문은 개인의 직업성숙의 측면에서 보면 일에 대한 가치관을 의미하는 개념이다. 이 장의 뒷부분에서 우리는 인생관의 일부로서 직업관을 생각해 보게 될 것이다. 여기서 중요한 것은 인간은 왜 일을 하는가라는 기본적인 문제를 생각해 보아야 한다는 것이다. 장래의 일꾼으로서 아동들이 긍정적인 직업관을 갖도록 하기 위해 이와 같은 생각을 해 보게 하는 것은 매우 중요한 일이다. 초등학교 아동에게 일이란 최소한 다음 두 가지 모습으로 비추어질 것이다. 첫째로 일이란 사회를 유지ㆍ존속하기 위한 수단으로 인식된다. 사회생활을 영위해 나가기 위해 일을 해야 할 때 그 일은 개인이 소망하는 것과는 무관한 일일 것이다. 사람들이 일을 하지 않는다면 그 사회는 통합되지 못할 것이다. 누군가는 음식과 집을 제공해 주어야 하며 또 누군가는 그들이 과거에 배웠던 문화유산을 새로운 세대에게 전수해 주어야 한다. 기술공학이 발전됨에 따라 먹고 살기 위해 일을 해야 하는 인구가 줄어들게 되고 일을 위해 그렇게 많은 시간을 허비할 필요도 없게 되었다. 육체적인 노동도 이미 많이 감소되었다. 그러나 아무리 탁월한 기술공학이라도 성인의 세계에서 사회의 유지·존속을 위한 일의 필요성을 제거해 주지는 못한다. 아무리 머리를 써서 기계를 만든다고 해도 누군가는 그런 기계들을 디자인해야 하고 만들어야 하며 수선해야 한다. 우리 사회가 고도로 발달할수록 생존을 위해 고도로 숙련된 기술자가 더욱 필요해질 것이다.

둘째로 인간이 생존해 가기 위해 일을 해야 한다고 인식될 것이다. 정년후의 생활에 대한 준비가 없이 은퇴를 하는 사람들을 보면 그들이 빨리 늙거나 죽는 것을 우리는 많이 보아 왔다. 그것이 왜 그런지 정확히 알 수는 없지만 그런 사람들에게 있어서 일이란 건강과 생존을 위한 필수요소인 것 같다. 일이란 우리가 사회의 성원으로 자부심을 느끼고 자기 존중감을 갖게 해 주는 가장 좋은 수단이다. 이유여하를 막론하고 일이란 개인의 복지와 생존을 위해 필수적인 것이다.

어떤 특정한 직업에 관련된 경제적 보상이나 이익, 장애와 같은 것들은 그 일이 경제에 미치는 영향으로써 나타낼 수 있다. 경제적 관점에서 일을 이해함으로써 직업에 대한 성숙도를 높일 수 있다. 진로발달을 위한 모든 프로그램에서는 일을 사회적인 관점에서 이해시킬 뿐 아니라 개인적인 관점에서도 이해시키도록 해야 한다. 사회적인 가치나 개인적인 가치 중에서 어느 한 면만 강조하는 것은 공정하지 못하고 비현실적이다. 우리 사회가 다양한 일에 대해 부여하는 다양한 가치와 서로 다른 가치를 지닌 일들이 상호 역동적으로 작용하는 양상을 주시해야 할 것이다.

심리적인 관점에서 보면 일은 개인이 갖고 있고 그리고 발달시켜 가는 흥미, 적성, 기술 그리고 가치들로 나타낼 수 있다. 초등학교 아동들은 선택 가능한 직업이라는 이름으로 이와 같은 주제를 생각해 볼 수 있을 것이겠지만 적성이나 기능의 발달이 아직 미숙하기 때문에 이런 주제들을 생각하는 데 제한을 받을 것이다. 개인이 자기 자신에 대해 생각하고 배우는 것을 조력하는 일은 그것 자체로 진로인식을 돕는 중요한 일이다.

두 번째 물음 즉 "내가 할 수 있는 일은 무엇인가?"하는 물음은 일 자체에 대한 심리학적 관점에 밀접히 관련되어 있다. 초등학교 단계에서는 이 질문에 대답하려고 할 때 진로 면에서 아직 미성숙한 상태에 있기 때문에 합리적인 대답은 하지 못할 것이다. 우리는 초등학교시기에 직업적성이 그리 다양하게 발달되지 못한다는 것을 알고 있으며 초등학교 아동들의 직업적성을 측정하는 데 한계를 느끼고 있다. 그러나 아동들에게 적성이란 개인에 따라 매우 다양하다는 개념을 이해시킬 기회를 충분히 갖지 못하는 그런 수업상황은 없다. 어떤 아동은 어떤 과제에 능숙한 데 비해 다른 아동은 다른 과제에 능숙하다. 모든 아동들이 이런 차이점을 잘 관찰하게 되면 그들은 자기가 제일 잘 할 수 있는 과제가 무엇이고 제일 높은 적성은 무엇이며 어떤 과제를 상대적으로 잘 해결하지 못할 것인가를 알게 된다. 그렇게 함으로써 그들은 직업성숙으로 한 걸음씩 다가간다. 이 단계에서 교사는 특히 학교 학습에 유용한 적성에만 높은 가치를 부여하지 않도록 주의해야 한다.

세 번째 물음, 즉 "나에게 알맞은 일은 무엇인가?"라는 질문은 특정한 시점에서 직업사회의 본질을 충분히 그리고 명료하게 이해한 연후에 대답할 수 있는 질문이다. 현대와 같이 급속도로 변화하는 사회에서는 초등학교 아동들이 실제로 노동시장에 들어가게 될 시기에 어떤 직업이 개인에게 부합되는 타당한 것일지를 예측하기가 그리 쉽지 않다. 그래서 초등학교 아동들에게는 현재의 직업사회의 기본적인 본질을 이해시키는 방법이 적합할지도 모른다. 그러나 사회가 급속도로 변화하기는 하지만 미래의 직업세계의 일부는 오늘의 그것과 비슷하고 일부는 달라질 것이다. 따라서 아동들에게 직업세계의 광범위한 규모와 현재 존재하는 직업군에 고루 접하도록 조력하고 직업의 전문화와 직업변화에 대해 이해하도록 도와야 할 것이다. 교사들은 미교육성(U. S. O. E)에서 분류한 15가지 직업군을 모델로 해서 아동들에게 직업세계에 대한 유용한 구조를 제시하여 진로인식을 증진시켜야 할 것이다. 직업의 세세는 끊임없이 변화하므로 늘 재평가되어야 한다는 사실과 이러한 질문의 중요성을 인식시킴으로써 초등학교 아동들의 직업성숙을 발달시킬 수 있다.

비록 초등학교 아동들이 직업세계에 대해 미숙하다고 할지라도 진로발달의 첫 단계인 이 시기에 진로성숙을 촉진시키기 위해 의미 있는 조력을 해야 한다.

3. 인생관의 일부로서의 직업관

만약 초등학교 교사들이 아동들이 개인적으로 일에 대한 가치를 인식하고 발달시키도록 도우려고 한다면 그들은 일의 가치가 변화한다는 것과 그러한 변화는 "일" 자체의 본질에 따라 다르다

는 것 그리고 "진로"라는 낱말이 의미하는 모든 일들은 다같이 중
요한 가치를 지니고 있다는 것을 명료하게 인식하고 있어야 한다.

　진로발달이 인간발달의 일부로 인식되어야 하는 것처럼 직업관
도 인생관의 일부로 인식되어야 한다. 직업관은 개인이 살고 있는
특정한 사회의 가치체계에 의해 영향을 받으며 그것은 특히 부모
나 동료 그리고 사회구성원들의 영향을 민감하게 받는다. 직업관
을 포함해서 인생관이 어린시절 중요한 타인과의 관계에서 형성
된다는 사실이 그 좋은 예가 된다. 그것은 또 보다 광범위한 사회
인 학교생활에 의해 변화되며 일생을 통해 몇 번이고 바뀌는데
그 변화는 주로 개인이 사는 사회적 환경에 기인한다.

　일반적으로 개인이 그의 삶에서 의미를 찾고 방향과 목적을 발
견하는 것은 그러한 가치들을 통해서 이루어진다. 개인이 일에 대
한 개념이나 또는 그가 하는 일에서 의미와 목적과 방향을 발견
하기도 하고 발견하지 못하기도 하는 것은 그의 일에 대한 가치
관에서 기인된다. 그래서 일에 대한 가치관을 형성하는 것은 개인
의 직업발달에서 매우 중요한 과제가 된다. 사회를 변화시키는 도
구로서의 역할을 하는 학교에서는 학생들이 일에 대해 올바른 관
점을 갖도록 조력해왔다. 진로교육에서는 이러한 직업관을 학교에
서 배우는 다른 가치체계에 통합시키도록 도와야 한다.

　일 자체의 본질이 그런 것처럼 일의 가치도 급격한 사회변동에
의해 영향을 받는다. 오늘날, 젊은이들은 교사나 그가 속한 사회
의 여러 어른들로부터 서로 다른 직업관을 배운다. 만약 젊은이들
이 일 지향적인 사회의 가치관을 올바르게 이해하고 받아들이도
록 도우려고 한다면 우리는 그들 스스로 발달시킨 직업관을 무시
하거나 평가절하해서는 안 된다. 어른들이 "처음에 실패하더라도

자꾸자꾸 다시 노력하라”고 하는 말보다 청소년들은 “만약 실패하면 그 일을 깨끗이 잊어라”는 말을 더 좋아할 것이다. 그런 경우 어른들은 자기의 신념은 옳고 청년들의 신념은 잘못된 것이라고 생각하겠지만 어른들의 그런 신념이 청소년들의 직업관의 체계를 발달시키는 데 강력한 힘이 될 수는 없다.

사회의 각 계층에 따라 각기 다른 직업윤리가 있다면 그 본질을 알기 쉽게 기술해 주어야 한다. 어떤 경우에는 사거나 팔거나 바꾸는 그런 일을 하지 않고 빈둥거리며 인생을 잘 살아가는 사람도 있고 또 어떤 경우에는 자기 스스로 음식과 살 집을 구하지 않으면 생존할 수 없는 사람도 있다. 일이란 생존을 위해 필수적인 것이고 일하지 않는 사람은 일하는 사람의 짐이 되기도 한다. 역사적으로 사람들은 이와 같은 모델을 적용해 왔고 지금도 또한 그러하다. 그러나 아직 정확한 모델을 기술하지는 못하고 있다.

웨버(Weber)는 그의 저서 “프로테스탄트의 윤리와 자본주의의 정신”에서 자본주의의 초기단계에서 프로테스탄트의 정신이 직업윤리를 형성하는 데 기여했다고 쓰고 있다. 초기 자본주의의 직업윤리는 “왕이나 신부들을 위해 물건을 만들지 말고 네가 쓸 물건을 생산하라”였다. 자본주의는 많은 사람들에게 그들이 쓰는 것보다 더 많은 물건을 만들고 인간의 생산성을 향상시키기 위해 보다 많은 자본을 축적하라고 요구한다. 과거의 종교적 관점에서 보면 인간은 신의 의지대로 사회적 지위와 부를 가졌다. 그러나 루터(Luther)는 인간은 신부의 중재 없이 직접 신을 만날 수 있다고 주장했으며 칼빈파에서는 물질적인 부를 추구하는 것이 정당하다는 이론적 근거를 제시해 주었다. 구제는 그가 할 수 있는 만큼의 부를 축적한 사람에게 부여되는 것이었다. 그러나 축적된 부를 즐기는 데 쓰는 일은 금지되었다. 그것은 자금의 축적을 위해 완전히 저축되어야 했다. 초기 자본주의 시대에는 일은 검소와 절약과 투자를 의미했으며 그런 것들이 직업윤리의 준거였다. 웨버는 근로자들이 새로운 직업윤리를 지키기보다는 예전의 직업윤리를 그대로 지녔으면 한 것 같다. 그러나 곧 "진취" 정신이 과거의 직업윤리를 대체하게 되었다.

초기 자본주의에서는 힘든 노동과 근검절약을 직업윤리로 설정했지만 과학기술의 발달로 인해 기계가 신체적인 일을 대신하게 되었으며 기계바퀴를 계속 돌아가게 하기 위해 낭비성향이 있는 소비자가 필요하게 되었다. 산업혁명 이후의 직업윤리에서는 근검절약의 가치를 낮게 평가하였으며 신체노동을 기계로 대치하고 인간의 서비스와 지적 기술을 중시하였다. 물자가 풍족해지면서 재정적인 보상이 없이도 많은 것들을 할 수 있게 되었다. 후기 산업사회에서는 봉사정신이 직업윤리로 대두되었다. 그러나 그때도 역시 사회적 필요와 개인적 필요에서 생산과 근로가 이루어졌다.

우리가 살고 있는 현대 사회는 과거의 모든 단계의 요소들이 혼합되어 있기 때문에 어떤 단순한 직업윤리를 설정할 수는 없다. 현대사회의 대다수 사람들이 공언하는 바는 "프로테스탄트의 직업윤리"는 죽었다는 것이다. 단순화시키기에는 너무 많은 윤리들이 있지만 몇 가지로 단순화시키는 것이 유익한 듯하다. 첫째로 "고전적인 프로테스탄트의 직업윤리"라는 용어가 의미하는 바가 무엇인지를 정확히 아는 사람이 거의 없는 것 같다. 둘째로 가장 기본적인 형태인 직업관이라는 개념은 프로테스탄트의 직업윤리를 어느 정도 포함하고 있으며 문명이 지속되는 한 죽지 않고 계속 존재할 것이다. 셋째로 사회의 서로 다른 구성원들이 주장하는

다양한 직업윤리를 단일화시키는 것이 어떤 단일한 형태의 직업
윤리가 "죽었다"고 하는 말과 같은 것은 아니다. 우리는 보다 주
의 깊게 직업관의 전체개념을 살펴 볼 필요가 있다.

　사업주는 피고용자의 생산성을 고양시키기 위해 직업윤리를 갖
도록 격려할 필요가 있다. 고객들은 기업가나 생산자들로부터 좋
은 상품과 서비스를 기대한다. 각 개인들은 자기의 직업윤리를 정
립해야 한다. 학교에서 개인에게 사회적인 보상으로 일의 가치를
다양화시키지 않는다면 학교의 진로교육은 실패할 것이다. 친교집
단에서는 자기가 번 돈을 쓰지 않고 저축하는 사람을 인색하다고
싫어할지 모르지만 은행에서는 똑같은 행위를 권장할 것이다. 또
어떤 일을 잘 해 내면 상사로부터는 칭찬을 받겠지만 동료들로부
터는 경원시될지도 모른다.

　고용주가 받아들이지 않는 직업관을 가진 청소년들은 직업을
구할 때 장애를 겪을 것을 각오해야 할 것이다. 직장에서 승진을
하려고 애쓰는 사람은 동료를 잃을지도 모른다. 생산지향적인 직
업윤리를 인간 존재의 의미를 인식하지 못한 사람들에게 부과하
는 것은 현명하지도 옳지도 않다. 일을 하는 이유는 여러 가지이
며 각각의 일은 그 직업사회의 구성원들에게 어떤 개인적인 만족
을 준다. 그런 이유들에는 삶을 어느 정도 풍요롭게 살기 위한 것
도 있고 안전감을 얻기 위한 것도 있으며 동료나 주변 환경을 살
기 좋게 만들기 위한 것도 있고 자기 존중 감을 얻기 위한 것도
있으며 또는 단순히 집에서 벗어나거나 지루함을 피하기 위해 일
을 하는 것도 포함된다. 또 일의 본질을 배우기 위해 또는 자신이
어느 정도까지 할 수 있는가를 알기 위해 해 볼 수 있는 모든 일
을 하려고 하는 경우도 있다.

후기 산업사회로 갈수록 서비스업과 정보를 처리하고 전송하는 일이 각광을 받게 되며 동료의 서비스를 받는 경우가 점차 늘게 된다. 결국 서비스업에 관계되는 직업윤리가 앞으로는 대다수 사람들에게 가장 적절한 직업윤리가 될 것이다.

4. 진로의 의미

"진로"라는 용어는 개인이 그의 일생을 통해 하게 될 "일"의 총체를 의미하는 개념이다. 이 말은 "진로발달과정"이라는 말로 쉽게 이해될 수 있으며 개인의 심리적, 사회적, 교육적, 신체적, 경제적 위상을 총칭하는 개념이다.

"진로"라는 말이 의미는 "일"이라는 말의 의미와 직접 관련되는 것 같다.

농경사회에서 광범위하게 정의된 "일"이란 개념은 개인이 자기 자신과 가족을 위해 해야 했던 모든 활동의 총화를 의미했다. 현대사회에서 "일"은 돈이나 물건 또는 기타 다른 외적인 보상이 주어지는 활동이나 또는 그런 경제적인 보상이 주어지지 않는 모든 활동을 포함하는 개념이다.

이상적인 진로는 일련의 일의 경험을 통해 선택될 수 있으며 그것은 개인이 성취하는 것 이상의 만족을 가져다준다. 진로발달은 직업성숙을 인도하며 인간적인 성숙과 만족을 유도한다. 한때 만족을 주었던 일이 후에 불만스러울 수도 있으며 이런 요인으로 인해 개인은 이상적인 진로를 발견할 때까지 여러 번 진로를 바꾸기도 한다. 진로성숙이 증대될수록 자기가 하는 일이 동료에게 큰 도움을 줄 것이라는 보다 고양된 감정이 생기며 동시에 자신에게도 이익이 될 것이라는 느낌이 든다. 이 두 가지의 총화는 개인이 일로부터 얻는 만족감을 측정하는 지표가 된다.

어떤 사람들에게는 이상적인 진로란 보다 큰 책임과 보수와 만족을 가져다주는 직업위계의 상승을 의미한다. 또 다른 사람들에게는 이상적 진로란 끊임없이 만족을 줄 수 있는 높은 수준으로의 지위상승을 의미한다. 또 다른 사람들은 이상적인 진로를 관련 직업에서의 승진이나 보다 큰 만족을 약속해 주는 새로운 직종으로의 취업이라고 생각하기도 한다.

모든 사람들이 다 이상적인 진로를 택할 수 있는 것은 아니다. 종족이나 성 또는 종교나 나이와 같은 것들이 이상적인 진로를 선택하는 것을 방해하기도 한다. 부모나 동료들이 어떤 개인이 이상적인 직업을 갖는 것을 방해할지도 모른다. 돈이나 영향력 있는 친구가 없다는 것도 이상적인 직업을 택하는 데 있어 일시적인 장애가 될지도 모른다. 기회가 없거나 야망이 없거나 지혜나 자신감이 없거나 기회를 이용할 줄 모르거나 하는 것들이 이상적인 진로를 선택하는 데 장애요소가 될지 모른다. 만약 우리가 똑같은 직업윤리를 모든 학생들에게 주입시키려고 하거나 대학교육을 직업세계에서 성공하기 위한 수단으로 인식시킨다면 청소년들의 장래 직업발달을 방해하게 될 것이다.

초등학교 교사들은 아동들이 "일"의 개념을 생각해보도록 하고 또 "진로"를 개인이 자기 존중 감을 느끼기 위해 하는 "일"이라는 생각을 하도록 격려하는 것이 좋을 것이다. 자기 자신이 가치 있는 존재라고 생각하는 긍정적인 자기인식은 모든 사람들이 갖고 싶은 기본적인 욕구이다. 개인이 자기의 환경을 극복할 수 있다는 확신을 갖지 못하면 그는 자기 존중 감을 느낄 수 없다. 개인이 올바른 직업관과 판매가치가 있는 기술을 익히게 되면 그는 자기 환경을 보다 잘 통제할 수 있게 된다. 이제 그는 더 이상 어떤 하나의 직업에 묶여 있을 필요가 없어지며 자유롭고 편안하며 경제력도 갖게 될 것이다.

대다수의 중산층의 사람들은 자기 존중 감의 욕구를 성취욕으로 나타낸다. 무엇을 하고 싶고 이루고 싶고 물질적인 면에서 성공하고 싶다는 욕구도 나타낸다. 또 다른 사람들은 물질적인 성취와는 반대로 사회적으로 존중받는 일을 함으로써 자기 존중 감을 느끼려고 한다. 자기 존중감이 성취될 수 없다면 개인은 죽거나 삶을 무의미하게 느낄 것이다. 성취나 또는 성취를 위한 노력의 대상이 물질적인 것이든 비물질적인 것이든 간에 어떤 사람이 자기 자신이나 다른 사람을 이해하는 가장 좋은 방법은 일의 역할과 그 진정한 의미를 그가 얼마나 잘 이해하고 있는가를 알아보는 것이다. "포부"니 "성취"니 하는 것들은 개인차가 심하다. 포부나 성취는 개인이 중요하고 올바르고 훌륭하다고 생각하는 가치체계들을 총체적으로 고려해서 개인을 이해하는 데 유용한 개념들이다.

과거 우리의 역사의 한 시기에 "일"은 "소명"이라는 말로 언급된 적이 있었다. 이 말은 그 사람이 하는 일이 어떤 것이든 그것은 하느님이 주신 과제를 수행하는 것이라는 개념이다. 그것은 천당이라는 궁극적인 그곳에 가기 위해 일생동안 자기에게 주어진 능력대로 최선을 다해 일해야 한다는 것으로 포부와 적성과 성취가 혼합된 직업윤리를 포함하는 개념이다. 우리는 그 시절에 왜 그와 같은 개념이 생겼는지 그리고 왜 그렇게나 강력한 유인가를 가졌었는지에 대한 이유를 쉽게 찾을 수 있다. 그리고 오늘날의 문화권에서도 어떤 사람들에게는 그런 개념이 충분히 제 기능을 하고 있다. 오늘날에도 일부의 사람들에게 있어서는 일에 대한 기본적인 동기가 개인적인 의미를 갖고 있지 않은 경우도 있다. 이같이 일을 하는 면에 있어 다양한 이유가 우리 사회에 깊숙이 스며 있다.

직업사회 전체가 점차 보다 서비스 지향적으로 변해가기 때문에 "진로"라는 말은 개인이 다른 사람에게 어떤 형태의 편의를 제공함으로써 자기가 맡은 과제를 수행하려는 개인적인 노력의 총화라는 의미에서 점점 확산되어 쓰이게 되었다. "생산성"이나 "서비스"의 개념은 일의 진짜 의미를 생각하면 같은 개념이 된다. 즉 생산성이라는 측면에서 "일"과 "놀이"를 구별하는 것이 생산적이듯이 생산성이나 서비스는 둘 다 사회적인 생존을 위해 필수적인 것이다. 그래서 "진로"라는 말은 개인이 자신의 성취욕을 충족시키기 위해 하는 모든 일의 총화보다 좁게 정의되어야 한다. 우리의 관점에서 보면 취미활동이나 리크레이션과 같은 여가선용 활동은 우리가 말하는 엄밀한 의미의 "일"과는 구별되어야 한다.

이런 의미에서 어떤 개인에게 있어 "일"이란 것은 "취미"와는 다른 것일지도 모른다. 여기서 우리는 그 이유를 찾거나 아니면 왜 개인이 특별한 활동을 하려고 하는가 하는 이유를 찾아야 할 것이다. 만약 개인이 단지 즐거움을 위해 활동한다면 자기 자신이나 다른 사람들에 대한 이익에는 별 관심이 없게 되므로 우리는 그런 활동을 "일"이라고 부를 수 없을 것이다. 이와 반대로 그가 하는 활동이 자기 자신이나 다른 사람을 위해 또는 오직 자기 자신만을 위해 어떤 이익을 취하려고 한다고 인식된다면 우리는

"그가 일한다"고 말할 것이다. 이런 의미에서 "일"은 반드시 개인의 취향과 관계되는 것은 아니다. 그러나 자기가 하는 일을 스스로 즐긴다고 해서 그가 일하지 않는다는 뜻은 아니다. 오히려 소위 생산적인 "일"이나 "놀이"라고 하는 활동은 그가 그 활동을 스스로 계획하고 그 활동에 동기화되어 즐거운 마음으로 하는 활동이다. 우리가 총체적으로 "일의 가치"라고 부르는 것은 이러한 일련의 동기화를 일컫는 것이다. 초등학교 재학 중에 아동들에게 왜 이와 같은 교육을 시켜야 하는지에 대한 이유가 분명해졌으리라고 생각한다.

5. 진로발달 프로그램에의 접근

초등학교에서 적용하는 진로발달 프로그램의 구성요소는 무엇인가? 초등학교 교사들에게 요구되는 새롭고 꼭 필요한 활동에는 어떤 것들이 있을까? 진로발달 프로그램의 목표가 초등학교의 다른 가치 있는 목표들을 희생시키는 것이 아니라고 말할 수 있는가? 초등학교 상황에서 어떻게 진로발달 과정을 특별한 방법과 절차로 시행할 수 있을까? 이 장의 끝부분에서 진로발달을 위한 학습경험의 몇 가지 범주에 대해 논의하려고 한다.

여기에 포함되는 가장 기본적이고 실제적인 내용은 (a) 일의 세계 (b) 일의 가치 (c) 유망한 근로자로서의 아동이다.

이와 같은 내용이 전에는 초등학교에서 무시되어 왔지만 이것은 초등학교에서 수행해야 할 중요한 학습과제임을 인식해야 한다. 학문적인 기능을 습득하도록 할당된 시간에 이와 같은 과제를 처음부터 강조하면서 수행할 필요는 없다. 그것보다는 오히려 적절한 시간을 보아서 아동들에게 언어나 수학, 사회, 과학, 체육, 음악, 미술 교과의 기본 지식과 기능을 익히는 것이 장래 진로를 위해 어떻게 유익한가를 이해하도록 하는 게 좋다. 이렇게 교과의 학습을 조력하는 의미에서 진로교육을 언급하는 게 좋다.

이와 동시에 진로발달이라는 목적도 초등학교에서 다루어야 할 중요한 과제이다. 진로발달은 인간의 성장과 발달의 중요한 부분이다. 인간의 성장과 발달을 촉진하는 일은 미국의 초등학교 교육의 중요한 목적이다. 따라서 진로발달에 관심을 기울이는 것이 단지 교육적인 동기화라는 문제에서만 정당화되어서는 안 된다. 진로발달을 위한 학습활동이 학습동기를 유발하는 기능을 한다는 사실은 교과학습과 통합될 수 있는 방법을 제공해 주는 것이다. 설사 그것이 그렇게 용이하지는 않다고 하더라도 아동의 발달과 성장을 돕는다는 측면에서 진로발달이라는 목적은 초등학교 교육에서 필수적이다.

초등학교에서 쉽게 이용할 수 있는 진로발달을 위한 활동은 제한되어 있다. 관찰활동으로 현장견학을 간다든지 초청인사에게 강연을 듣는다든지 제4장에서 논의되는 것과 같이 모의학습을 한다든지 하는 것이다. 그런 활동들은 진로발달에 도움을 줄 것이다. 이 장에서는 앞서 언급한 진로발달의 목적에 관련해서 직접적인 수업활동을 통해 진로교육의 개념을 가르치고 아동들이 일의 가치에 대한 관점을 기르도록 조력하는 것이 그 목적이므로 진로발달을 위한 활동에 대해서는 언급하지 않는다.

가. 직접적인 수업을 통해 진로발달의 개념을 가르치기

아동들에게 가르칠 진로발달의 기본개념을 만든 후에 학교에서는 그런 교재의 내용을 다룰 수 있는 학습 보따리를 개발한다. 진로발달의 개념을 직접적으로 가르치려면 교과수업을 통해 체계적으로 시도하는 것이 좋다.

이러한 접근법의 예로 플로리다 대학에서 개발한 "The Fusion of Applied and Intellectual Skills"라는 프로그램이 있다. 이 프로젝트는 초등학교 아동들이 일의 가치와 일의 세계의 기본적 본질을 이해하도록 조력하는 체계적 접근방법이다. 이것은 진로발달의 지적인 접근방법과 정의적인 접근법을 통합시킨 프로그램이다. 65개의 단원으로 구성된 이 프로그램은 세 가지 요소로 구성된다. 투입, 활동 그리고 반영이라는 세 요소를 통해 가치명료화를 진진시키는 활동 프로그램이다. 이 프로그램은 매우 신중하게 만들어졌다. 이 프로그램의 일차적인 평가는 상당히 긍정적이다.

다른 학교에서도 역시 이와 같은 학습 보따리를 사용했는데 정규적인 교과학습 영역에 맞추어 진로발달 프로그램을 만들려고 하였다. 그러나 프로그램들마다 달라서 궁극적인 직업가치가 무엇인지를 판단하기가 아직 어려운 실정이다.

나. 아동들이 일의 가치에 대해 개인적인 체계를
발달시키도록 돕기

아동들이 일의 본질에 대한 정보나, 일반적인 직업구조나 일의 가치 등의 정보에 접하게 될 때, 언제 어디서나 그들은 자신의 가치체계에 의해 영향을 받게 마련이다. 일련의 의미 있는 가치체계를 개인적으로 발달시킴으로써 아동은 자기 자신을 잠재력이 있는 일꾼으로 인식하게 되며 이것은 초등학교 진로교육의 주요목표가 된다. 이것은 우연히 또는 자동적으로 일어난다고 보기에는 너무도 중요한 일이다.

직업가치에 대한 의문은 아동들이 다음과 같은 질문에 접할 때 자연적으로 일어난다: 즉 "나는 어른이 되면 어떤 종류의 일을 갖고 싶어 할까?"라는 질문에 접할 때 발생한다. 우리는 초등학교 시절에 어떤 아동에게도 그와 같은 질문에 대한 해답을 확고하게 또는 궁극적으로 말하게 해서는 안 된다고 강조해 왔다. 그러나 그와 같은 관점은 초등학교 아동에게 그와 같은 의문이 일어나서는 안 된다는 말이 아니다. 오히려 그와 같은 의문이 일어나면 상담관계처럼 사연스럽고 친숙한 관계에서 논의하는 것이 아동의 자아개념을 기르는 데 효과적이다. 어떤 아동이 자기에게 맞는 직업이 어떤 유형일 것이라고 생각한다는 것은 이미 그 아동은 자기 자신이 어떤 종류의 사람인지 인식한다는 것을 의미한다. 아동이 어떤 직업을 확실히 선택했다고 생각될 때 그는 단지 직업만을 선택한 것이 아니라 삶의 기준, 거주지, 친구, 취미 등을 포함한 삶의 유형을 선택한 것이라고 보아야 한다.

이와 같은 자아개념의 문제는 진로발달 프로그램을 실시할 때 교사와 아동이 몇 번이고 상호 논의해야 할 중요한 문제이다. 그러나 우리가 좀더 생각해야 할 것은 자아개념을 일상적인 교수-학습 상황에서는 적절한 형태로 개발하기 어렵다는 점을 알아야 한다. 그것은 상담상황에서 보다 적절히 개발되는 성질을 가졌기 때문에 아동들과 학교상담자가 서로 협력하여 집단 또는 개인상담을 해야 할 것이다.

여기에는 두 가지 문제가 따른다. 첫째는 초등학교에는 학교상담자가 거의 없고 또 있다고 하더라도 학교상담자와 아동의 비율이 너무 높아서 밀도 있는 상담을 하기 어려운 상황이다. 둘째는 초등학교 상담자들이 이제 막 상담자 교육 프로그램을 마치고 고용되었기 때문에 진로발달이라는 문제를 기술적이고 의미 있는 방법으로 다루기 어렵다.

운영상의 이러한 문제 때문에 진로지도 분야에서는 초등학교 상담자들에게 이런 일을 맡기지 말라고 한다. 그러나 우리의 견해는 그와 반대이다. 우리는 초등학교 상담자를 늘리고 그들에게 일반적인 진로교육과 특수한 진로발달에 관한 지식과 기능을 가르쳐야 한다고 생각한다. 초등학교 상담자들은 진로교육에 덧붙여 다른 여러 가지 중요한 임무를 받고 있다. 그들은 아동들이 직업가치를 발달시키고 잠정적으로 의사결정을 하도록 도와야 할 것이다.

보충 독서자료

Arbuckle, Dugald S. "Occupational Information in the Elementary School." *Vocational Guidance Quarterly* 12(1963): 77-84.

Bailey, J. A. "Career Development Concepts: Significance and Utility." *Personnel and Guidance Journal* 47(September 19-68): 24-28.

California State Department of Education. "Career Guidance." A Model for Career Development, Kindergarten through adult(December 1971).

Cottingham, Harold F. *Guidance in Elementary Schools*. New York: Mcknight and Mcknight Co., 1956.

Creason, Frank; and Schilson, Donald L. "Occupa tional Con- cerns of Sixth Grade Children." *Vocational Guidance Quar- terly* 18 : 3(March 1970).

Crites, John O. *Vocational Psychology*. New York: McGraw-Hill Book Company, 1969.

Davis, Donald A.: Hagan, Nellie; and Strouf, Judie. "Occupational Choices of Twelve Year Olds." *Personnel and Guidance Journal* 40 : 7(1962) : 628-29.

Dodson, Anna G. An Occupational Exploration Program for Inner City Elementary Pupils. *Vocational Guidance Quarterly* 20 (1971): 59-60.

Gantty, Walter V. "Occupational Preparation in the Elementary School." *Educational Leadership* 28(January 1971): 359-63.

Goff, William H. "Vocational Guidance in Elementary Schools: A Report of Project P. A. G. E." Paper presented at the Ame- rican Vocational Association Convention, Cleveland, Ohio, December 6, 1967.

Green, Thomas. *Work, Leisure, and the American School*. New York: Langmans, Green & Co.

Grell, C. A. "How Much Occupational Information in the Elementary School?" *Vocational Guidance Quarterly* 9(1961): 48-55.

Gribbons, W. C.; and Lohnes, P.R. *Emerging Careers*. New York: Teachers College Press, Columbia University, 1968.

Gunn, Beverly. "Children's Conception of Occupational Prestige." *Personnel and Guidance Journal* 42(1972): 558-63.

Hales, Loyde W.; and Fenner, B. "Work Values of 5th, 8th, and 11th Grade Students." *Vocational Guidance Quarterly* 20(1972): 199-203.

Hammond, James J. "Proposal for Occupational Teams." *Compact* 4(August 1970): 29-31.

Havighurst, R. J. *Human Development and Education*. New York: Longmans, Green & Co., 1953.

Havighurst, "Youth in Exploration and Man Emergént." *Man in a World of Work*. Edited by Henry Borow. Boston: Houghton Mifllin Co., 1964.

Herr, Edwin L. *Review and Synthesis of Foundations for Ca- reer Education*. Columbus, Ohio: Center for Vocational and Technical Education, Ohio State University, 1972.

Herr, "Unifying an Entire System of Education around a Career Development Theme." University Park, Pennsylvania: Penn State University, 1969. Working paper.

Hill, George E,; and Luckey, Eleanor B. *Guidance for Children in Elementary School*. Appleton-Century-Grofts, 1969.

Hoyt, Kenneth B.; Evans, Rupert N.; Mackin, Edward F.; and Mangum, Garth L. *Career Education: What It Is and How to Do it*. Salt Lake City: Olympus Publishing Company, 1972.

Kabach, Goldie R. "Occupational Information for Groups of Elementary School Children." *Vocational Guidance Quarterly* 14 : 3(Spring 1966): 163-68.

Leonard, George E. "Career Guidance in the Elementary School." *Elementary School Guidance and Counseling* 6(1972): 198-201.

Lifton. Walter M. "Vocational Guidance in the Elementary School." *Vocational Guidance Quarterly* 8(1959): 79-81.

Lockwood, Ozelma: Smith, David B.; and Trezise, Robert. "Four Worlds: An Approach to Vocational Guidance. *Personnel and Guidance Journal* 46 : 7(1968): 641-43.

McDaniels, C. "Youth: Too Young to Choose?" *Vocational* Guidance *Journal* 16(1968): 242-49.

Norwich, Anthony L. "A Career Development Program in the Chicago Public Schools." *Elementary School Journal* 71(April 1971): 391-99.

O'Hara, Robert P. "A Theoretical Foundation for the Use of Occupational Information in Guidance." *Personnel and Guidance Journal* 45 : 7(1968): 636-40.

Osipow, Samuel H. "Implications for Career Education of Research and Theory on Career Development." Columbus, Ohio: Center for Vocational and Technical Education, Ohio State University, 1972. Paper prepared for the National Conference on Career Education for professors of educational administration.

Osipow, *Theories of Career Development.* New York: Appleton Century-Crofts, 1968.

Reinherz, Helen; and Griffin, Carol. "The Second Time Around." *The School Counselor* 17(January 1970): 213-18.

Roberts, Nick J. "Establishing a Need for a Vocational Guidance Program at the Elementary and Middle School Level." *Elementary School Guidance and Counseling* 6(1972): 252-57.

Smith, Edward D. "Vocational Aspects of Elementary School Guidance Programs: Objectives and Activities." *Vocational Guidance Quarterly* 18(1970): 273-79.

Super, Donald E.; Stariskevsky, Reuben; Mattin, Norman; and Jordan, Jean-Piere. *Career Development: Self-Concept Theory.* New York: College Entrance Examination Board, 1963.

Thnnyson, W. W.; and Monnens, L.P. "The World of Work through Elementary Readers." *Vocational Guidance Quarterly* 12(1963): 85-88.

Tiedman, David V.; and O'hara, Robert P. *Career Development: Choice and Adjustment.* New York: College Entrance Examination Board, 1963.

Tyler, L. E. "The Development of Vocational Interests: The Origin of Likes and Dislikes in Ten Year Old Children." *Journal of Genetic Psychology* 86(March 1955): 33-44.

Weber, Max. *The Protestant Ethic and the Spirit of Capitalism.* New York: Scribner & Sons, 1958.

Wellington, J. A.; and Olechowski, V. "Attitudes toward the World of Work in Elementary School." *Vocational Guidance Quarterly* 14 : 3(Spring 1966): 160-62.

Whitley, John M.; and Resnikoff, A., Editors. *Perspectives on Vocational Development.* Washington, D. C.: American Personnel and Guidance Association, 1972.

Zaccharia, Joseph S. "Developmental Tasks: Implications for the Goals of Guidance." *Personnel and Guidance Journal* 44 : 4(December 1965): 372-75.

IV. 학교와 지역사회 그리고 산업시장의 연계

　청소년들을 사회에 적응하도록 준비시키려는 우리가 실은 사회를 구성하고 있는 실제 사회와의 연계성에서 가능한 한 청소년들을 멀리 분리시키려고 하고 있다는 사실은 매우 역설적인 일이다. 사면이 벽으로 가려진 교실에서 한 명의 교사와 35명의 학생들이 생활하고 있는데 이런 환경으로는 실제로 학습해야 할 사회 환경을 인식시키기 어렵다. 추상적인 지식을 다량 주입시키는 대신에 학생들을 좀더 자유롭게 분리시킨다면 오히려 효율적일 것이다. 학교에서 배우는 것이 학교 울타리를 넘어서 외부의 일의 세계에 적용될 수 있다는 것을 이해시키는 학습목표를 갖고 교육을 한다면 학교교육은 보다 효과적일 것이다.

　사람과 사람이 만나 서로 대화하고 학교에서 배운 수학을 적용하고 음악이나 예술을 보고 듣는 곳은 사회 속이다. 그러한 사회를 통해 우리는 실제생활의 문제를 접하게 되고 과학이나 기술공학을 적용하는 산교육을 할 수 있다. 그러나 불행하게도 현재 우리의 교육은 교재나 교과서를 통해 가르치는 것보다 더 의미 있는 방법으로 경험을 하게 할 수 있는 방법을 아직 제대로 개발하지 못하고 있는 실정이다.

개인들과 사회제도와 노동시장을 연계시켜 활동하게 하는 것은 결코 단순한 과제는 아니나 사회와 학교를 연결시킬 수 있는 방법들이 있다. 그와 같은 방법들 중에서 현장견학은 학생들로 하여금 일의 세계에 접하게 할 수 있는 가장 간단한 방법이다. 산업체의 근로자들이 학교를 방문할 수도 있다. 아동이나 청소년들, 특히 나이를 먹은 청소년들은 현장견학이나 고용주들과의 협력을 통해 일의 세계를 경험하고 주변세계에서 일어나는 문제를 해결할 수 있다. 현장에서 익힌 경험들을 학교 수업에서 논의하고 모의하고 다룰 수 있다.

비록 각 노동시장이나 지역사회의 조직들이 자기이익을 추구하기는 하지만 교육에 관심을 가진 조직들이 많고 학교에 투자하는 데 있어 그 투입과 산출에 대해 관심을 갖고 있다. 고용주들은 노동의 질을 높이는 문제에 대해 오래전부터 관심을 가졌다. 그들은 일에 대해 높은 동기를 가진 노동력에 관심을 가져 왔고 사회의 의존성을 감소시키기 위해 세금을 내었으며 고객들에게 풍요로운 서비스를 제공하고자 했다. 공무원들도 역시 시민들의 지원이 필요함을 인식하였다. 빈곤을 추방하는 직종이나 환경보존에 관한 직종 또는 특수한 직종에 종사하는 사람들도 그들이 하고 있는 일을 시민들이 이해해 주기 바라고 있다. 노동조합에서는 청소년들이 산업사회에서 조직의 일원으로서 요구되는 역할에 대해 제대로 배우지 못했다고 탄식한다. 정치가들은 소외될 가능성이 있는 사람들을 구제하려는 의향이 별로 없는 것 같다. 그러나 제도가 지닌 병폐를 진실하고 합리적으로 고쳐나간다면 구성원간의 협동과 참여를 유도할 수 있을 것이다.

　개인 사업주들은 기업을 경영하는 대표들보다 학교와 협력하여 진로교육을 실시하기에 좋은 사람들이다. 그들은 청소년들을 교육하는 면에서 학교와 공동보조를 취해야 할 부모들이고 납세자이며 지역사회의 이웃들이다. 그러나 기업경영인들보다 지역사회를 위하는 행사나 일에 초대받는 일이 적은 듯하다. 그들은 아동들의 역할모델로도 적합한데 왜냐하면 기업경영인이나 정치인 또는 행정가들보다 그들이 하는 역할이 보다 가시화하기 쉽기 때문이다. 그들 자신도 자녀나 동료의 자녀들 앞에서 거울의 역할을 하는 면에서 어떤 자부심을 가질 수도 있을 것이다.

　그러나 가장 협동적이고 진취적인 기업이나 개인도 산학협동이 적절하게 시도되지 않거나 그들의 협력이 쓸모없다고 판단되면 협동관계를 "중단할" 것이다. 현장견학이나 자원인사의 초빙, 모의학습온 그 목표와 방법이 명확하게 계획되지 않으면 시간과 노력을 낭비하는 결과를 초래하고 아동들을 지루하게 만들 것이다. 이러한 일을 효과적으로 수행하는 데 도움이 되는 예들도 있지만 초등학교 교사들이 목표와 상황에 맞도록 이것들을 수정하거나 새로운 계획을 개발해야 할 것이다. 앞에서도 언급했듯이 교육과정의 목적은 다수의 목표들로 구성된다. 지역사회나 고용주, 노동시장의 여러 기업체들이 관여해야 진로교육이 효율적으로 달성될 수 있다. 다음의 예들은 그런 점을 고려하였으며 기타 다른 영향도 고려해 보았다. 학생들 측의 목표는 자기인식(진로발달 기술), 진로인식(일의 세계인식) 그리고 인간관계의 기술이 될 것이다.

1. 관찰활동으로서의 현장견학

교실 밖의 산업현장을 견학하는 것은 초등학교의 진로교육의 목적을 달성하는 데 매우 가치 있는 기여를 한다. 견학해야 할 곳들의 예는 다음과 같다:

(1) 개인기업이나 직장
(2) 부모나 친척, 이웃들이 일하는 곳
(3) 대중을 상대로 하는 서비스업
(4) 지역사회의 여러 단체들
(5) 시의회나 기타 공공회의를 주관하는 곳

그러나 현장견학은 주의 깊게 면밀히 계획되고 실행되지 않으면 완전히 시간낭비로 끝날 수가 있다. 현장견학을 가능한 한 유용하게 하기 위해 초등학교 교사들이 고려해야 할 것은 무엇인가?

가장 중요한 것은 왜 현장견학을 해야 하는지를 교사들이 알아야 한다는 것이다. 목적이 없는 현장견학은 목적 없는 활동을 유도하게 하므로 교육과정 속에 정확할 여지가 없다. 현장견학의 목적에는 다음과 같은 것들이 포함되어야 할 것이다.:

(1) 아동들로 하여금 지역사회의 특성에 맞추어 직업의 본질을 이해하도록 한다.
(2) 경제발전과 인간성장을 위해 다양한 직업이 필요하다는 것을 보여준다.
(3) 서로 다른 직종의 일들이 각각 개인과 사회를 위해 기여하

는 방식이 다르다는 것을 알도록 한다.

(4) 학생들로 하여금 다양한 직종에서 일하는 사람들이 초등학교
에서 배운 기본 지식들을 어떻게 활용하는지를 알도록 한다.

(5) 좋은 상품과 서비스를 생산하기 위해 서로 협동하거나 팀웍
을 조성해야 함을 학생들이 알도록 한다.

(6) 서로 다른 직종의 일에는 각기 다른 지식과 기능이 필요하
다는 것을 알도록 한다.

(7) "고용주"와 "피고용자" 모두가 일의 세계에서 왜 필요한지
를 알도록 한다.

(8) 작업이 이루어지는 환경이 다양하다는 것을 직접 보고 이해
하도록 한다.

간단한 한번의 현장견학을 통해 이 모든 목적들을 달성하려고
한다면 교사들은 아마 실망할 것이다. 현장견학이 효과적으로 이
루어지려면 우선 학생, 교사, 산업체의 3자가 명료하게 이해할 수
있는 견학의 목표를 몇 가지로 제한해서 설정해야 할 것이다. 둘
째로 초등학교의 교직원들이 협력해서 견학의 목표, 횟수, 방법
등을 계획해야 한다. 학생들의 입장에서는 배움에 도움이 되겠지
만 산업체의 입장에서는 어떤 현장견학도 작업에 방해가 되고 손
해가 된다. 따라서 교사들이 모두 같은 기업체를 현장견학의 장소
로 선정하는 것은 현명하지 않은 처사이다. 기업체나 산업체의 자
문위원회가 이런 잘못이 없도록 도울 수 있을 것이다. 만약 교사
가 그런 위원회에 자문을 구한다면 자문위원회에서는 학생들이
방문하기에 좋은 곳을 안내해 주고 실질적인 방문계획이나 일정
도 제공해 줄 것이다. 그런 자문위원회가 없다면 기업체의 사원

한 명을 현장견학의 협력자로 의뢰하여 현장견학을 효율적으로 이루어지도록 할 수 있다.

초등학교의 교사들이 현장교육을 할 때 협력하는 일은 매우 중요하다. 해마다 같은 학생들에게 같은 목표를 갖고 현장견학을 되풀이하면 학생들은 싫증을 내게 된다. 이런 일은 일어날 필요가 없으며 일어나서도 안 된다. 교사들 간에 현장견학의 범위와 계열을 정해서 견학을 나누어 실시하면 그런 일을 막을 수 있다. 가령 어떤 학교에서 4학년에서 6학년에 이르기까지 일의 세계에 대한 일반적인 성질을 학생들에게 이해시키려고 한다고 하자. 미교육성에서는 일의 세계를 모두 15가지의 직업군으로 나누고1) 학생들이 직업의 세계에 대해 이해하고자 할 때 유용하게 사용할 수 있도록 제시한 바 있다. 15가지의 직업군에 대해 각 학년에서 각각 5가지씩 견학하도록 계획을 짠다면 4, 5, 6학년을 통해 15가지 직업군에 대해 모두 이해할 수 있게 될 것이다. 한 학년으로 보면 한 교사에 의해 산출되는 결과가 하나이지만 전체 학년을 통해 보면 결국 여러 가지 서로 다른 결과가 다양하게 산출될 것이다. 어떤 직업군을 어떤 순서로 알아 볼 것인가를 계획할 때에는 아이오와 주의 모범적인 안이 도움이 될 것이다. 이 안은 아동들의 성숙수준에 따라 달라지는 능력을 고려하고 있다. 이것은 또한 아동의 학령에 따라 프로그램의 계열을 달리 설정하고 있다.:

(1) 수준 Ⅰ은 아동이 생활 속에서 접하는 직업들로 구성되는데 이 직업들은 아동의 생활에 직접 영향을 주는 것들이다. 이

---

1) Kenneth B. Hoyt, et al., Career Education: What It Is and How to Do It(Salt Lake City: Olympus Publishing Co., 1972), p.63.

직업들은 그 작업이 이루어지는 과정을 아동이 직접 볼 수 있는 것들이다.

(2) 수준 Ⅱ는 아동이나 그의 가족에게 직접 영향을 주는 직업들로 구성되며 아동은 또한 생산품이나 서비스를 가시화함으로써 그 직업에 대해 이해할 수 있게 된다.

(3) 수준 Ⅲ은 가족이나 사회를 통해 간접적으로 아동에게 영향을 주는 직업들이다. 아동은 일상적으로는 그런 직업에 접해 보기 어렵다.

(4) 수준 Ⅳ는 아동이 한번도 들어 보지 못한 직업들이다. 이 직업들은 보다 추상적이거나 일반에게 잘 알려지지 않은 유형의 것들이다.

이상의 것들을 자기 가족이나 사회, 그리고 "미지의 것"으로 나눈다면 그 직업군은 다음과 같이 될 것이다.

자기(수준 Ⅰ)
가가호호 방문하는 세일즈맨
가게의 점원
우편배달부
포스터를 붙이는 사람

가족이나 사회(수준 Ⅲ)
경매인
자동판매기 설치인
용접자문가
항해사
환경관리인

자기나 가족(수준 Ⅱ)
세일즈맨
양탄자를 만드는 사람
문을 만드는 사람
트럭운전자
은행안내인

미지(수준 Ⅳ)
시장조사가
광고문안 작성가
영업부장
무대감독

셋째, 교사로 하여금 실제의 견학에서 고려해야 할 점에 대해 「가상적인 계획서」를 만들어 보게 하는 것이 아주 좋다. 이렇게 하면 교사는 아동들이 무엇을 보고 어떤 행동을 하게 될지 미리 알게 된다. 작업현장에서 책임을 지고 방문을 안내할 경영자와 개인적으로 미리 접촉을 갖는 것도 중요하다. 교사와 경영자는 학생들이 현장에 얼마나 머물러야 할지, 근로자와 개인적으로 접촉해도 되는지, 어떤 안내를 받을 수 있을지, 휴식시간은 언제가 좋을지, 몇 명의 학생들이 방문할 수 있을지 등에 관해 기본계획을 짜야 한다. 그러한 사전계획은 현장 측에는 학생들을 위해 준비를 하는 데 도움을 주고 교사 측에는 효과적으로 작업현장을 견학하기 위해 수업을 준비하는 데 도움을 준다.

마지막으로, 수업시간이나 방문 전에 견학 시에 학생들이 취할 행동과 실제목표에 대해 학생들에게 교육시키는 일이 중요하다. 현장견학을 하기 전에 그 목표를 학생들이 알지 못한다면 계획된 어떤 목표도 달성되기 어렵다. 학생들은 현장견학에 대한 계획에 접함으로써 그들의 진로인식을 증대시킬 수 있다. 그리고 현장견학이 끝난 후에 행하여질 추후활동에 대한 계획도 아울러 미리 짜야 한다.

몇몇 학생들에게 어떤 특수한 과제를 주고 그 학생들만 견학을 한 후에 나머지 학생들에게 견학의 결과를 발표하게 하는 대안적인 방법도 있다. 이 방법은 보다 효과적이고 경비가 적게 들기 때문에 많은 교사들로부터 지지를 받아 왔다. 한 학급을 몇 개의 집단으로 나누어서 각각 다른 곳을 방문하게 한 후에 그 결과를 다른 집단의 학생들에게 발표하게 하면 전체학생이 한 곳에 간 것보다 현장견학의 이득이 크다.

부모들이나 현장의 조교들(Paraprofessionals)이 차표를 제공하기도 한다. 테이프레코드나 카메라를 갖고 현장학습의 경험을 생생하게 재현시킬 수도 있다. 이런 경우에도 중복을 피하기 위해서는 산업체의 자문위원회나 현장교사, 지역사회의 진로교육 전문가의 협조를 얻어 현장견학을 할 곳을 사전에 잘 물색해야 한다. 이런 서비스가 없을 때는 동료교사와 의논하는 것이 좋다.

아무리 치밀하게 계획을 세워서 실시한다고 하더라도 예정된 목표를 완전하게 달성하기는 어렵다. 학교로 돌아와서 현장견학을 통해 얻은 경험이나 각기 다르게 인식한 점 등에 대해 의견을 교환할 시간이 필요하다. 추후활동을 면밀하게 계획함으로써 교사는 아동이 현장견학에서 잘못 인식했던 점을 수정하도록 조력할 수 있다. 또 현장견학에서 의도했던 기본 개념이나 목적을 효과적으로 지속시키고 상화하도록 도울 수 있다. 학생들이 현장견학을 한 후에 교실에 돌아와서 다른 학생들과 현장경험에서 본 것, 느낀 것을 교환하도록 고안된 프로그램으로 캘리포니아 주에서 만든 것2)이 있다. 학생들은 시내버스를 타거나 출근시간에 통근버스를 타고 버스 안에서 근로자들과 면담을 한다. 근로자들이 어떤 일을 어떻게 하며 작업을 할 때 영어, 사회, 수학, 과학 등의 지식을 어떻게 활용하는가에 대해 질문을 한다. 수업시간에 학생들은 몇몇 학생들을 무선표집해서 그들의 기록을 비교해 보거나 각 직업을 범주화해서 차트를 만들어 본다. 이런 활동을 통해 진로인식뿐 아니라 학문적인 인지력도 향상될 수 있다.

진로인식뿐 아니라 인간관계의 기술도 현장견학을 통해 발전될

---

2) Career Guidance Development project, Sonoma County Board of Education, Santa Rosa, California.

수 있다. 아리조나 주립대학과 아리조나 교육성이 공동연구해서
제시한 학교중심모형3)을 보면 진로교육을 전체적인 학교 교육과
정 속에 포함시키고 있다. "The Three R's Plus"라는 TV시리즈
에서 학생들은 작가도 되고 배우도 되며 청중도 된다. 카메라는
학생들을 따라서 지역사회의 산업현장에 가서 근로자들도 만나고
학교로 돌아와서 학생들이 산업현장에서 배운 기술을 학과시간에
통합시키는 것을 찍으며 다른 학교의 교사나 학생들 그리고 다른
지역의 근로현장으로부터 새로운 각본을 만든다.

2. 근로현장에서 온 방문객들

학생들을 현장으로 보내어 견학을 하게 하는 것보다 산업현장
의 대표자들을 학교로 초빙하는 것이 때로는 보다 효과적이다. 진
로교육의 목적이 일 그 자체의 본질에 대한 것이 아니고 근로자
와 일의 세계에 대한 인식에 있을 때에는 산업현장에서보다는 수
업시간을 통해 그 목적을 달성하기가 좋다. 다음은 학교에서 초빙
해서 학생들에게 강의를 하도록 요청할 수 있는 집단을 몇 가지
예로 들어 보았다.

(1) 지역사회의 근로자나 부모들을 교사의 보조자로 초빙할 수
    있다.
(2) 은퇴한 지역사회의 주민들을 학교에 초대해서 일의 세계에
    대한 이야기나 여가선용에 대해 이야기하도록 요청할 수

---

3) Carreer Education.

있다.

(3) 산업체의 근로자들을 초빙해서 직업이나 여가활동에 대한 이야기를 들을 수 있다.

(4) 지역사회의 대표자들을 초빙해서 여러 가지 대안적인 삶의 유형에 대한 이야기와 만족스런 삶에 대한 이야기를 듣고 의견을 나눌 수 있다.

(5) 진로교육을 위한 실습 시에 구매인 으로서 학부모님들을 초대할 수 있다.

(6) 선거에 출마하는 후보자들을 초빙해서 정치적 강령과 그들이 전에 가졌던 직업에 대해서 들을 수 있다.

(7) 교직원들 중에서 전에 다른 직업을 가진 경험이 있는 사람들을 진로교육의 자원으로 활용할 수 있다.

(8) 학생들로 하여금 하루 종일 부모나 삼촌 또는 이웃과 함께 지내도록 한 후에 경험을 이야기하게 할 수 있다.

(9) 지역사회의 여러 단체의 임원들을 초빙할 수 있다.

(10) 개인기업을 하는 사람들을 초빙해서 직원을 채용하는 과정에 대해서 들을 수 있다. 비디오테이프를 사용해서 이러한 장면들을 촬영하거나 역할연기를 하게 할 수도 있다.

대부분의 초등학교에서는 학부모들이 학생들과 함께 직업에 대해 논의하기 위해 학교를 방문하도록 하는 것이 아주 효과적이라는 것을 알게 되었다. 그런 목적으로 학부모를 초대함으로써 다음과 같은 이익을 얻을 수 있다.

(1) 부모들이 가지고 있는 직업들이 다양하기 때문에 학생들에

게 일의 세계에 대한 이해의 폭을 넓혀 줄 수 있으며 각각
의 직업이 서로 어떤 방식으로 관계를 맺게 되는지를 이해
하는 데 도움을 줄 수 있다.
(2) 부모들이 종사하고 있는 직업에 대해 학생들에게 설명하게
함으로써 부모와 학생 모두 자기 존중 감을 높일 수 있고
자기 능력에 대한 자신감을 가질 수 있다.
(3) 낯선 사람들보다는 부모를 통해 일의 세계에 접근시키는 것
이 보다 효과적이다.
(4) 진로교육의 과정에 부모들을 참여시킴으로써 진로교육 프로
그램의 목적을 이해시키고 협조를 구할 수 있다.

학부모를 초대하기 전에 학생들에게 어떤 일이든지 다 그 나름
대로 고유한 가치와 권위를 지니고 있음을 인식시켜야 한다. 또
어떤 일은 직접적으로 다른 사람에게 영향을 주지만 어떤 일은 간
접적인 영향을 주며 사람들이 어떤 특정한 직업을 선택하는 데에
는 여러 가지 다양한 이유가 존재한다는 것을 이해시켜야 한다.
일의 세계를 대표하는 사람으로서 부모들을 활용할 때에는 다
음과 같은 질문을 미리 설정하는 것이 유익할 것이다.

(1) 당신이 종사하고 있는 직업은 다른 사람들에게 어떤 방법으
로 도움을 주는가?
(2) 당신이 하고 있는 일을 좋아하는가?
(3) 당신의 직업에서 무엇을 배우는가?
(4) 당신과 같은 직업을 선택하려는 사람들에게 어떤 충고를 주
고 싶은가? 학부형들에게 질문을 할 때 다음과 같이 상대를

곤란하게 하는 질문은 삼가는 것이 좋다.

(1) 얼마나 많은 돈을 버십니까?
(2) 승진의 기회는 어떻습니까?
(3) 직무 중에서 가장 하기 싫은 점은 무엇입니까?
(4) 이런 일에 종사하기 위해 어떤 결심을 했습니까?

물론 이런 질문들이 아동들의 진로발달에 필요하다고 판단될 때는 허용되어도 좋지만 초등학교에서의 진로교육의 목적은 직업세계에 대한 긍정적인 측면을 인식시키는 데 있으므로 가급적 그런 질문들을 하지 않는 것이 좋을 것이다.

「Rent a Kid」라는 프로그램4)은 북 캐롤라이나에서 개발된 것으로 이 프로그램은 초등학교 아동들의 부모나 삼촌, 그리고 친구의 가족들을 대상으로 아동들이 일주일간 그들이 하는 일이나 작업현장을 관찰하도록 시도한 프로그램이다. 지역사회의 산업현장과 연계시킨 이 프로그램은 기업과 학부모들이 학생들의 흥미, 적성, 태도를 파악해서 그에 부합되는 도움을 주도록 고안되어 있다. 나아가 근로자와 부모들은 줄 사진이나 여러 가지 학습에 도움이 되는 자료들을 학교에 가져와서 학습에 도움을 주도록 고안되어 있다. 진로교육의 첫 번째 목적은 진로인식이지만 인간관계의 기술을 증진시키는 것도 그에 못지않게 중요하다.

학교에서 진로교육 시에 활용할 수 있는 또 다른 초청 인사들로는 그 초등학교의 선배로서 일의 세계에서 어느 정도 성공을 거둔 사람들이다. "나는 이 학교를 졸업한 사람으로 지금은 이러

---

4) The Apex Project, Wake Couty Schools, Raleigh, North Cardina.

이러한 일에 종사하고 있습니다"라는 표현은 아동들에게 큰 유인 가를 지닌다. 이 때 초청인사로 적합한 졸업생의 연령은 18세부터 25세까지가 좋다. 이런 종류의 자원들은 초등학교를 졸업해서 현 재에 이르기까지 그들이 겪었던 여러 가지 경험을 들려 줄 수 있 을 것이다. 졸업생들은 후배들에게 학교의 공부가 장래의 직업을 위한 준비로서 중요하다는 것과 직업시장에 들어갈 때에 어떤 노 력과 준비를 해야 할지에 대해 이야기 해 줄 수 있으며 장래의 직 업전망을 긍정적인 시각에서 제시해 줄 수 있다. 학생들은 존경심 과 믿음을 갖고 그들의 이야기를 경청하려고 할 것이다. 그래서 졸업생들이 학교를 방문해서 후배들에게 그런 이야기를 하기 전 에 교사와 간략하게 면담을 해야 한다. 졸업생들이 후배들에게 효 과적인 조언을 하도록 하기 위해 교사들은 그들에게 간략히 브리 핑을 해 주어야 한다. 이런 브리핑에는 졸업생들이 후배들에게 일 의 세계에 대해 이야기해 줄 때 자신의 경험을 정직하고 정확하 게 이야기할 것과 일의 기술적 측면에 대해서는 최소한도로 이야 기할 것 그리고 학생들을 혼동시킬 말은 가급적 삼가 할 것과 직 접적인 충고나 시도, 설득을 가급적 피하면서 질문에 대답할 것 등이 강조되어야 한다.

수업시간에 활용할 수 있는 세 번째 유형의 초청인사로서는 광 범위하게 직업군에 대해 논의할 수 있는 지역사회의 산업체 연합 회의 대표들이다. 이런 인사들을 초빙하는 일이 조그마한 지역사 회에서는 좀 어려운 일이겠지만 교사들은 이웃의 조금 큰 도시에 서 이런 인사들을 초빙할 수도 있을 것이다. 이런 분들을 초청함 으로써 보다 광범위한 직업군들에 접촉할 수 있을 것이다. 실제로 그런 직업-운송업이나 제조업 또는 건강관계의 직업-에 종사하

는 대표자들을 초빙해서 진로교육의 자원인사로 활용하는 것이
그리 쉬운 일은 아니지만 교사들은 자원인사들에게 그들이 왜 진
로교육을 위한 수업에 참여해야 하며 그들이 학생들에게 어떤 도
움을 주는지를 이해시켜서 그들로 하여금 자발적으로 조력하도록
이끌어야 할 것이다. 진로교육 시에 이러한 자원인사들이 유용하
기 때문에 대부분의 초등학교에서는 학교상담자에게 이런 자원인
사들을 물색하게 하는 과제를 맡기고 있다. 학교상담자들은 직업
선택과 진로발달에 관한 심리학을 연구하고 초등학교 아동들에게
의미 있는 형태로 직업의 개념을 광범위하게 논의할 수 있어야
한다. 지역사회의 산업체 연합의 대표자들 중에서 유능한 분들을
초빙함으로써 학생들에게 질 높은 수업을 시킬 수 있고 여러 가
지 이익을 기대할 수 있다. 이런 일이 여의치 않을 때는 교사들이
광범위한 직업군에 대해 설명해 주어야 할 것이다.

메릴랜드의 학교중심 모형인 "인공위성"(Satellites)[5]이라는 진
로교육 프로그램은 유치원에서 초등학교 6학년까지에 걸친 것인
데 이 프로그램은 각 "달"(moon, 직업영역)에 있는 특수한 직업
이나 산업을 아동들의 나이나 성숙수준에 따라 적절하게 분류하
고 확인하도록 고안된 것이다. 각 위성 그룹에서는 견학이나 방문
지가 중복되지 않고 학교 학습활동에 저촉되지 않도록 일련의 프
로그램을 짠다. 각 집단들은 지역사회의 공무원이나 산업현장에
경험이 있는 교사들과 함께 작업을 한다.

볼티모어 시에서는 은퇴한 어른들을 학교에 초빙해서 진로교육
의 자원인사로 쓰고 있다.[6] 여성들은 아동들에게 뜨개질이나 재

---

5) The Career Satellite Program, Prince Georges County Board of Edu- cation,
Upper Marlboro, Maryland.

봉 또는 옷을 꿰매는 법을 가르친다. "Calling Careers"라는 TV
시리즈를 진로교육에 활용하는 교사들은 학생들에게 직업역할을
대표한다고 생각되는 특성들을 많이 수집하라고 지시한다.7) 그들
은 예술가가 어떻게 작품을 만들며 어떤 삶을 사는지에 대해 논
의한다. 교사들은 학생들이 직업에서 상투적인 전형성을 넘어선
진실 된 모습을 보도록 도우며 성이나 종류에 대한 편견을 갖지
않도록 조력한다. 학생들은 전파매체의 대표들을 초청하여 면담
을 하고 신문기자의 기사나 만화가의 "희화"(caricatures)가 의미
하는 바를 이해하면서 진로에 대한 인식을 하고 학문의 방법을
배우며 인간관계 기술을 배운다. 일의 본질을 이해하기 위해서
뿐 아니라 학문적인 측면의 유용성을 위해서도 초청인사의 활용
이 필요하다. 가령 체육시간에 그런 분야에서 일하는 사람을 초
빙할 수 있을 것이다. 그렇게 함으로써 아동들에게 신체적인 기
능에 대해 보다 폭넓은 인식을 갖게 해 줄 수 있을 뿐 아니라 진
로인식이나 인간관계 기술을 증대시킬 수 있다.

  산업체에서 오는 인사들은 대부분 초등학교 아동들이 그들이
하는 말을 잘 이해하지 못할 것이라고 믿기 때문에 초등학교에
와서 말하는 것을 꺼릴지도 모른다. 이런 불안을 경감시키기 위해
캘리포니아 주의 "진로정보 센터"에서는 다음과 같은 지침을 제
시하고 있다.8) 강연하는 사람들은 너무 딱딱하게 공식적으로 발
언하지 말고 12분 이상을 말해서는 안 되며 나머지 시간은 질문

---

6) The Maryland Career Development Project; Elementary. Division of
   Guidance and Placement, Baltimore, Maryland.
7) The Mid-Hudson Career Development and Information Project, State
   Education Agency of New York, Albany, New York.
8) Career Guidance Project, loc cit.

시간으로 허용하는 것이 좋다.

(1) 당신의 직업에서 필요한 기술은 무엇이며 어떤 점에 특별히
    흥미를 느끼는가?
(2) 자신이 갖고 있는 지식과 기능으로 다른 어떤 일을 할 수
    있는가?
(3) 내가 그런 직업을 가지려면 어떤 교육을 받아야 하며 학력
    은 어느 정도라야 하는가?
(4) 그런 직업에서 성공하고 보람을 느끼려면 어떤 성격을 가져
    야 할까?
(5) 당신이 거쳐 왔던 직업들은 어떤 것이며 그 중에서 어떤 것
    이 오늘의 당신을 위해 기여했는가?
(6) 당신이 저지른 실수가 보다 나은 결정을 하도록 어떤 자극
    을 주었다고 생각하지는 않는가?
(7) 어떤 일에 흥미를 갖고 있으며 그것들이 당신이 원하는 직
    업을 갖도록 하는 데 도움을 주었는가?
(8) 직무를 수행함에 있어 어떤 학과가 도움을 주었으며 어떻게
    도움을 주었는가?
(9) 지난 10년 또는 20년간 어떤 특수한 직업을 가졌는가? 앞
    으로 10년간은 어떨 것이라고 생각하는가?
(10) 현재 하고 있는 일에 흥미를 갖고 있는가? 아니면 다른 어
     떤 일에 흥미를 갖고 있는가?
(11) 왜 그 직업이 당신에게 중요한가? 그 직업에서 어떤 만족
     을 얻는가? 직업의 세계에서 성공하기 위해 사람들이 가져
     야 할 일반적인 요인은 어떤 것이라고 생각하는가?

학생들은 또한 교사들이 방학을 이용해서 산업현장에서 쌓은 경험으로부터 많은 도움을 받는다. 방학을 이용해서 산업현장에서 경험을 쌓은 교사들은 학교에 돌아와서 교육과정을 짠다. 자신들의 경험을 유용한 학교학습으로 옮기면서 현재와 미래의 고용가능성과 고용 가능한 기술에 대해 신뢰로운 지도를 하게 된다. 이 같은 연구들은 학생들로 하여금 진로인식과 학업 그리고 인간관계의 기술을 통합시키는 데 도움을 준다.

3. 간접적인 일의 경험

독서나 관찰 또는 다른 사람의 경험을 대리적으로 들음으로써 일의 성질을 배우는 학생들이 많다. 수영학습처럼 일에 대한 학습도 각 개인에게 의미 있는 방식으로 경험되어야 한다. 초등학교 아동들이 학교 밖의 장면에서 일의 세계를 학습할 기회가 점점 줄어들고 있다. 그러나 초등학교 단계에서 이미 일의 가치에 대한 인식이 형성되므로 교사들은 학교 안에서 여러 가지 간접적인 활동을 통해 아동들에게 일의 세계를 경험하도록 노력해야 한다. 가장 간단하고 전통적인 방법은 수업 시간에 "해야 할 일"의 시리즈를 만들어 아동들에게 그 일을 모의적으로 해 보게 하는 방법이다. 그런 "작업과제"를 기록하게 하고 역할을 정해서 해보게 한다. 집이나 학교에서 자기의 옷장을 깨끗이 정돈하게 하는 일도 초등학교 아동들에게 부과하는 전형적인 "일"의 종류의 하나이다.

이런 접근법을 쓰고자 할 때 문제가 되는 점은 이런 활동을 할 수 있는 시간이 사실 그리 많지 않다는 점이다. 이런 활동이 가치

와 이득이 많다는 점은 인식하지만 여러 가지 잠정적인 위험도
내포하고 있다. 어떤 보상이 없이 단지 일만 과제로 부과한다면
아동들은 일의 본질에 대한 진실한 개념을 발달시키지 못한다. 그
들은 선생님이 자기들을 이용한다고 생각하거나 괴롭힌다고 생각
할지도 모른다. 따라서 이런 접근법을 쓸 때는 그런 일이 사회에
미치는 의미나 일하는 사람들 상호간의 협력과 상호의존성에 대
한 필요성, 부과된 일을 제시간에 완성시켜야 하는 의미, 일을 수
행할 때 요구되는 책임감 등에 대해 사전에 이해하기 쉽게 충분
히 설명해 주어야 한다. 유능한 교사는 초등학교시절에 이와 같은
기본 원리들을 반복해서 설명할 수 있는 기회를 자주 갖게 될 것
이다. 학생들이 주어진 과제를 잊지 않고 잘 이행하는 정도는 교
사들이 얼마나 자주 그리고 이해하기 쉽게 그와 같은 원리들을
강조하는가에 달려 있다.

　일의 경험을 모의하는 보다 정교한 접근법으로 학생들끼리 “회
사”를 만들어서 “결과를 산출하는” 방법이 있다. 이 접근법에서
교사들은 아동들이 상품이나 서비스를 어떤 것으로 정할런지에 대
한 것과 고용주와 피고용주의 관계를 설정해서 역할을 분담하고
실제로 물건을 만들어 포장해서 학교 내의 다른 학생들이나 외부
의 사람들에게 파는 일 등을 계획하고 조직하는 것을 도와야 한다.
이와 같은 접근법은 아동들의 자율성을 길러주는 데 도움을 줄 뿐
아니라 아동들이 다양한 일의 세계를 이해하고 탐색하는 데 도움
을 준다. 이런 프로그램에서 만들어지는 “물건”으로는 퍼즐, 벽걸
이, 조화 만들기, 인형의 옷, 포스터 그리고 여러 가지 게임 들이
있다. 때로는 해머나 드릴, 플레너, 바늘과 같은 특수한 공구들을
쓰기도 한다.(최근에는 초등학교 아동들이 쓸 수 있도록 안전장치

가 잘된 공구들을 여러 회사에서 생산하고 있다.) 이와 같은 "회사
놀이"를 통해 아동들은 경영과 근로 양면을 이해하고 다양한 일의
세계에 접할 수 있다. 경영을 맡은 학생들은 자신들의 결정이 근
로자의 모랄과 생산성에 어떤 영향을 주는지 이해하게 된다. 학생
들은 근로자 상호간의 상호의존성과 일을 시간 내에 마치는 것이
중요하다는 것, 그리고 질이 좋은 물건을 생산해야 보상이 온다는
것과 상호마찰에 따르는 낭비 등에 대해 인식하게 된다. 어떤 학
교에서는 "주식"이 거래되는 정도까지 프로그램을 진행시켜 프로
그램의 끝 무렵에 자기가 투자한 만큼의 주식을 돌려받는 "주주놀
이"를 통해 물건을 만들어 파는 일의 성공도를 가늠해 보기도 했
다. 한 학교에서 여러 교사들이 이 접근법을 쓰면 경쟁회사가 만
들어져서 학생들이 일의 세계에 대해 보다 현실적인 감각을 갖고
모의학습의 경험을 쌓게 될 수 있다.

초등학교 아동들을 위한 다른 손쉬운 활동들도 인간관계의 기
술을 길러주고 학문적 능력을 연마해 줄 뿐 아니라 진로인식과
자기인식을 증대시켜 준다. 서버지니아에서는 가족 중에서 일하고
있는 어른과 인터뷰를 한 후에 "경험"차트를 만들도록 하는 프로
그램을 쓰고 있다.[9] 이 차트에는 인터뷰한 어른의 진로선택이 아
동의 그림이나 가족 앨범에서 뽑은 스냅사진 등에 의해 묘사되어
있다. 또 잡지 등에서 다른 사람들의 일의 경력을 조사하기도 한
다. 차트에는 그 사람이 태어난 날과 직업변경에 대해 기록한다.
이 같은 활동을 해봄으로써 아동들은 자기 자신의 차트를 만들
수 있게 되며 자기의 흥미와 소망을 기록하고 그런 소망이 일어
난 날짜를 기록한다. 그리고 자신의 진로유형을 이해하고 자기인

---

9) The Lincoln County Exemplary Program, Hamlin, West Virginia.

식을 발달시킬 수 있다.

테네시 주의 멤피스에서는 TV를 통해 아동들에게 보다 폭넓은 진로인식 프로그램을 실시하고 있다.10) 이 프로그램은 지역사회의 대표적인 직종인 건강관계나 운수관계 또는 건축이나 기타의 직업군을 아동들이 폭넓게 접하도록 해준다. TV 프로그램을 통해 지역사회의 친근한 어른들이 하는 일로부터 도출한 단어쓰기, 셈하기, 퍼즐게임, 수수께끼와 같은 활동을 하게하고 이를 통해 아동들의 진로인식과 학업을 조력한다. 또 학교수업에 적합한 모의 학습 활동을 통해 간단한 연장이나 공구를 이해하고 다루는 법을 가르쳐 준다.

네브라스카 주에서는 그 지역사회의 근로자들의 스냅사진을 모으게 하고 있다.11) 스냅사진 밑에 주소나 전화번호를 써 두며 직업명칭을 쓰고 그런 기술을 가르쳐 준 사람이나 그들의 취미나 오락 그리고 그들이 하는 일 등에 대해 적어 둔다. 이같이 손쉬운 활동을 통해 아동들은 진로인식뿐 아니라 자기인식의 경험을 갖게 된다.

진로교육을 위해 매릴랜드 주 교육위원회의 진로교육 프로그램에 참가하고 있는 1학년 교사들은 여러 방면의 직업에 종사하는 학부모나 이웃 어른들이 직장에서 입는 옷이나 쓰는 도구들을 넣은 "prop" 상자를 채우기 위해 지역사회의 근로자들을 스카웃해야 한다.12) 버려진 맥주 상자를 수집하며 그들은 근로자와 학생들

---

10) SPAN(Start Planning Ahead Now), Memphis City Schools Exem- plary Project, Memphis, Tennessee.

11) The Project Devise(Developmental Vocational Information and Self-Enhancement), Alliance, Nebraska.

12) The Maryland State Department of Education's, "Calling Careers" instructional television teacher man nuals.

의 도움을 얻어서 수업시간에 역할연기를 할 때 쓸 수 있도록 각
상자를 채우고 장식한다. 각 상자에 근로자들의 주소와 전화번호
를 적어 제출한다. 이 상자에 적힌 근로자들은 후에 교실에서 연
극을 할 때 학생들을 조력한다.

각기 다른 언어를 사용하는 여러 종족으로 구성된 뉴욕 시의
초등학교에서는 「뉴욕 타임즈」지에서 발간한 진로인식 학습모형
을 권하고 있다.13) 아동들은 각각 성인들의 자서전을 읽거나 실제
로 직업세계에서 요구되는 근로자의 성격특성에 대해 평가하는
연습을 한다. 또 아동들은 여러 가지 기능 직종에서 성공하기 위
해 필요한 읽기, 쓰기, 셈하기나 어휘 등을 공부하거나 설문지에
답하거나 광고, 시, 만화, 산문 등을 통해 자기 자신을 표현할 수
있는 기회를 갖는다. 각각의 "수업"은 아동에게 친근한 언어를 사
용해 이루어지며 진로인식과 학문적인 발달을 동시에 꾀하도록
고안되어 있다.

6년 과정이 끝난 후에 매릴랜드 주의 학생들은 인근의 소아과
병원이나 지체장애아를 보살피는 기관을 방문한다.14) 학생들은 또
한 인근 중학교에 가서 가정경제학이나 산업공학 실험실을 방문
하여 진로교육 프로그램에 참여하고 있는 중학생들과 경험을 공
유하기도 한다. 일주일에 세 시간 정도 아동들은 동물인형이나 베
개, 벽걸이, 요요, 나무토막을 잘라 만드는 놀이기구, 포스터 등을
만든다. "바자회"를 열어 그들보다 불우한 환경에 처해 있는 다른
아동들을 돕기도 한다. 이 프로젝트는 자기인식, 진로인식, 인간관

---

13) District Seven's Career Resource Center, The Bronx, New York.
14) Department of Mental Hygiene, Maryland State Department of Health, Baltimore, Maryland.

계 기술을 통합시키도록 고안되어 있다.

초등학교에서 프로젝트 중심의 시뮬레이션 접근법을 사용할 때 두 가지 장애에 부딪힌다. 첫째는 원하는 상품을 생산하는 데 소용되는 장비와 자료를 필요로 하는 데서 오는 장애이다. 그러나 유용한 자료에 대해 명료한 지식을 제공하기 위해 유능한 교사는 이런 장애를 극복할 수 있는 프로젝트를 고안할 수 있다. 두 번째는 세 번째보다 심각한 장애인데 이것은 프로젝트의 본질이 읽기, 대화하기, 사회, 수학, 과학, 음악, 미술 등의 여러 가지 학문적인 기술을 요한다는 데서 오는 장애이다. 이런 장애를 피하기 위해 의식적이고 진지한 노력을 하지 않으면 프로젝트가 의도한 목표를 이루기 어렵다. 교사들은 각 기술들을 프로젝트의 전체 과정 중, 적절한 시기에 그리고 적절한 장소에서 가르쳐야 한다. 제3에서의 활동내용을 상기해 본다면 학생들의 활동이나 프로젝트의 내용은 결코 학과의 학습구조와 분리되어서는 안 된다는 것을 알 수 있다. 생산에 관련된 서비스를 창출하는 활동을 강조하는 것이 좋다. 유아들을 위해 부드러운 헝겊인형을 만들어 보는 일은 가정에서의 일을 학교생활에 적용시켜 보는 시각의 의미로 중요하다고 볼 수 있다.

4. 주도적인 활동의 자원

독서나 관찰 또는 다른 사람의 경험을 대리적으로 들음으로써 일의 성질을 배우는 학생들이 많다. 수영학습처럼 일에 대한 학습도 각 개인에게 의미 있는 방식으로 경험되어야 한다. 초등학교 아동들이 학교 밖의 장면에서 일의 세계를 학습할 기회가 점점 줄어들고 있다. 그러나 초등학교 단계에서 이미 일의 가치에 대한 인식이 형성되므로 교사들은 학교 안에서 여러 가지 간접적인 활동을 통해 아동들에게 일의 세계를 경험하도록 노력해야 한다. 가장 간단하고 전통적인 방법은 수업 시간에 "해야 할 일"의 시리즈를 만들어 아동들에게 그 일을 모의적으로 해 보게 하는 방법이다. 그런 "작업과제"를 기록하게 하고 역할을 정해서 해보게 한다. 집이나 학교에서 자기의 옷장을 깨끗이 정돈하게 하는 일도 초등학교 아동들에게 부과하는 전형적인 "일"의 종류의 하나이다.

일의 세계를 교실수업에 가져오거나 교실수업을 일의 세계로 확장시키는 일을 조력하기 위해 교사들은 지역사회의 주민이나 고용주, 산업체, 공공기관의 공무원 또는 개인사업을 하는 사람들을 접하여 도움을 청하는 일이 미국 전역에 걸쳐 굉장히 많이 있다. 이러한 활동의 주도권은 학교에서 잡아야 하지만 역으로—드물지만—다른 기관이나 개인이 도움을 주기 위해 학교를 물색하는 예도 있다. 그 과제들이 비록 초라하더라도 학교는 산업체의 다양한 요구를 인지해서 초청 프로그램을 세워야 할 것이다.

어떤 회사(예를 들면 메사츄세츠 주의 메드필드에 있는 코닝유리사; 미국전신전화사; 폴라로이드 사; 제록스 사 등)에서는 사원들에게 **"Sliding time"**제를 도입했다. 이 같은 시간을 이용해서 사원들은 초등학교의 진로교육 프로그램을 조력하는 후원자로 참가하였다. 그들은 아동들에게 작업을 관찰하는 경험을 제공하거나 그들이 만든 상품이나 서비스를 학교에 전시하였다.

기업이나 노동시장 그리고 산업체의 자발적인 참여가 많아짐에 따라 그들의 서비스는 보다 실제적으로 되었으며 학교에서 배운 지식이나 기술이 중요하다는 사실이 강조되었다. 자기의 흥미를 자발적으로 표현할 때도 지역사회의 일원으로서의 책임성을 고려해야 한다는 점이 지적되었으며 현재 이루어지고 있는 산업교육위원회의 활동이 진로교육을 위해 단지 말로만 하는 봉사 이상의 것이 되어야 한다는 지적이 대두되었다. 이 중에서 북 캐롤라이나주의 산업교육위원회(이 위원회는 전국에서 온 학교와 기업체의 지도자 80명으로 구성되어 있음)에서는 전국 규모로 진로교육 프로그램을 혁신하는 작업을 시작하였다. 이 위원회 사람들은 각자 자기 고장으로 돌아가서 새로운 아이디어를 갖고 자기들의 진로교육 프로그램을 수정하는 일을 시작하였다.

달라스 상공회의소는 달라스 시의 초등학교를 위해 125,000불 어치 이상의 조언을 한 기업가 50명을 선발하였다. 그 이후로 이들과 기타 다른 사업가나 근로자들이 다수의 지역사회학교에 가서 아동들의 진로교육을 돕는 자원으로 활동하게 되었다. 미항공 자문위원회는 달라스에 있는 초등학교의 아동들을 위해 공장을 개방하였으며 220개 회사와 개인사업을 운영하는 231명의 시민들이 아동들의 진로교육을 위해 많은 시간과 장비를 할애하였다. 텍사스 주에 있는 11개 도시에서도 이와 같은 시도를 하였으며 극장을 계속교육을 위한 장소로 제공하기도 하였다.

실제로 기업의 주도적인 활동이 학교의 그것보다 잘 알려지고 있는데 이는 교사들이 기업주나 개인사업가보다 공공성이라는 측면에서 볼 때 그 이유나 용이성이 부족하기 때문이다. 그러나 교육과정을 짜고 학습기회를 확인하며 학습경험을 교육과정 속에 통합시키는 일은 교사의 일이므로 진로교육의 우선적인 책임은 교사 측에 있다.

학교와 산업체 그리고 지역사회가 연계하여—연방정부의 자금을 쓰거나 지역사회의 자금을 쓰거나 간에—진로교육을 함으로써 청소년들을 위한 보다 훌륭하고 광범위한 교육목적을 달성할 수 있다. 다음은 학교와 지역사회의 대표자들이 발표한 진로교육에 대한 공동성명서이다.

(1) 우리는 아동들이 장래 일의 세계에서 각자 맡은바 역할에 대해 긍정적인 관점을 갖도록 배려할 것이다.

(2) 우리는 아동들이 다양한 상황에서 일하는 어른들을 지켜보고 배울 수 있도록 배려할 것이다.

(3) 우리는 아동들이 보다 정확하고 현실적으로 그들의 관심과 보상 그리고 진로에 대한 욕구를 결합시킬 수 있도록 하기 위해 역할연기, 드라마, 보고회, 면담의 기회를 제공하며 작업현장에 가서 실제로 보고 듣고 만지고 만들 수 있는 기회를 제공할 것이다.

(4) 우리는 모의학습의 경험을 통해 아동들이 자기평가와 의사결정기술을 발전시키도록 도울 것이며 교육과정의 운영을 통한 진로교육 프로그램을 개발할 것이다.

(5) 우리는 아동들이 진로교육에서 배운 내용을 실제행동으로 확신시켜 볼 기회를 제공하여 효과적인 전이를 일어나도록 도울 것이며 아동들이 잠재능력의 개발이라는 측면에서 그들의 흥미를 지속적으로 발전시키도록 도울 것이다.

지역사회와 학교와의 연계지도의 또 다른 예로 캘리포니아 주립대학에서는 "산업체와 교육현장간의 틈을 연결하기"라는 프로그램을 매번 여름방학 중에서 3주간 실시하였다.15) 상담자와 교육행정가 그리고 교사들은 산업체에서의 작업장면과 기능을 관찰하기 위해 15개 내지 20개의 기업과 공공기관을 방문할 수 있는 허가증을 받았다. 이 프로그램의 목적은 다음과 같다.

(1) 회사나 공공기관이 공동참여자라는 것을 인식하기 위해
(2) 회사나 공공기관에서 하는 다양한 일들을 직접 관찰하기 위해
(3) 특정 직종에 종사하는 근로자와 직접 대화하기 위해
(4) 학생들을 상담하는 데 필요한 지역사회의 직업에 대한 정보를 얻기 위해
(5) 다양한 직종에서 요구하는 특수한 기술과 자격에 관해 알기 위해
(6) 지역사회의 산업현장에서 일어나는 문제를 인식하고 일의 세계에 대해 보다 협동적인 태도를 발전시키기 위해
(7) 보다 많은 정보를 얻고 지역사회의 산업현장과 긴밀한 연결을 맺기 위해

공공기관에 종사하는 대부분의 사람들에게도 이 목표들이 제공되며 교실수업에 참여하는 초빙인사들은 이 목표들이 달성된 정도를 평가한다.

학교와 지역사회가 일상적인 노력으로 연결될 수 있는 방법은 이것들 이외에도 몇 가지 더 있다. 이미 여러 가지 방법으로 이와 같은 연계성이 이루어졌다. 명확한 방법의 하나로 누군가가 지역사

---

15) Career Guidance Development Project, loc. cit.

회를 연구하여 아동들에게 다양한 직업의 세계에 대해 기꺼이 말해 줄 사람들을 찾아 그 목록을 작성하는 방법이 있다. 이 방법에는 두 가지 문제가 따른다. 그 하나는 교사들이 목록의 첫 번째에 오른 사람만 초청하기 쉽다는 것이다. 그 사람은 곧 유명해지고 다른 사람들은 아예 초대되지도 못할 우려가 있다. 다른 문제점은 교육 자료들이 곧 낡아져서 더 이상 쓸모가 없어진다는 점이다.

학교와 지역사회간의 연계성을 유지시키는 또 다른 방법으로 서로 다른 직업을 가진 주민들이 공회당이나 공공장소에 모여 각각 자기가 종사하고 있는 직업에 대한 안내와 여러 가지 문제들을 이야기하고 학생들도 그들과 질의응답 및 토론을 갖게 하는 방법이 있다. 학교에서 배우는 것과 지역사회의 근로자들에게서 듣는 정보 사이에는 많은 차이가 있으며 이런 기회를 교육과정 속에 통합시키기는 어렵지만 이런 방법은 포괄적인 진로교육 프로그램을 운영하는 데 있어서 필수적인 요소가 된다.

또 다른 중요한 문제는 조직에 관한 문제이다. 캘리포니아 주의 여러 군과 기타 미국의 다른 주에서는 진로교육 센터를 만들어서 학생들에게 새로운 진로정보를 제공해 주고 있다. 교사가 전화로 도움을 청하면 서비스를 제공할 전문가가 언제 어느 때 진로교육 프로그램에 참가해서 조력할 것인가를 알려 준다. 학교에서는 지역사회의 전문가를 골고루 초빙하며 결코 어떤 한 사람만 계속 초빙해서는 안 된다. 전화는 자동으로 연결되도록 되어 있으므로 전문가가 일하는 시간에도 자동적으로 메시지가 기록되도록 되어 있다. 진로교육 센터의 또 다른 특징은 학생들이 진로정보에 대해 전문가에게 직접 물어 볼 수 있도록 되어 있다는 점이다. 전문가는 인쇄된 최신의 진로정보를 준비하여가지고 늘 학생들과 면담할 수 있다. 만약 전문가가 학생들의 질문에 적절히 대답할 수 없는 문제에 부딪히면 그 문제에 대한 해답은 잠시 보류해 둔 후에 곧 지역사회에서 그 직종에 종사하는 사람을 전화로 불러 의논할 수 있도록 되어 있다. 초등학교 교사들은 아동들이 자기가 원하는 직종에 종사하는 사람을 전화로 불러 의논할 수 있도록 되어 있다. 초등학교 교사들은 아동들이 자기가 원하는 직종에 종사하는 근로자와 통화할 수 있도록 충분히 배려해야 한다. 또 지역사회 주민들이 종사하는 직업의 내역을 가능한 한 광범위하게 수집해 두어야 한다. 지역사회의 봉사단체도 훌륭한 자원이 된다. 이런 단체들은 대부분 집단원 중에서 진로상담자로서의 역할을 할 수 있는 사람들이 협동해서 직업지도위원회를 만들고 있다. 만약 교사가 알고자 원하는 직종에 종사하는 근로자의 연락처를 이런 단체에서 모를 때에는 전문가가 직접 전화번호부의 직업란을 찾아 전화를 건다.

5. 지역사회와 학교의 연계를 위한 이론적 배경

지역사회와 학교간의 공식적 연계는 현대 산업 사회의 필수적 요소이다. 물건을 소비하는 가정이나 학교와 물건을 생산하는 산업체나 지역사회 간의 간극이 점점 벌어지기 때문에 성장하는 학생들이 발전적인 경험을 할 기회가 점점 줄어들고 있다. "인스턴트 문화"에 길들여진 세대는 전시대처럼 생산에 관심이 적다. 또 "유예"란 이름으로 불리는 바처럼 청소년기가 연장됨에 따라 학생들은 직업을 갖고 생산에 종사하는 연령이 늦어졌기 때문에 교사들은 이런 점을 간과하기 쉽다. 교사들은 다른 사람들의 조언이나 준거를 고려하지 않고 자기 나름대로의 어떤 한 가지 가치체계를 주입하려고 하기 때문에 아동들은 학교에서 다양한 가치체계를 접하기 어렵다. 대부분의 학교에서 문화가치를 동질적으로 주입하기 때문에 아동들은 그가 보고 듣는 가치를 자기 의사대로 수용하거나 거절하지 못하며 왜 그런 가치들을 받아들여야하는지 급우들과 논의할 기회를 갖지 못하고 있다. 또 어린 아동과 노년층은 사회의 일의 세계에서 소외되어 있다.

학교는 공부만 시키는 곳이라는 사회의 그릇된 교육관은 사실 근거가 없지는 않다. 왜냐하면 그것은 교육의 내용과 방법에서 끊임없이 혁신을 꾀해온 결과이다. 그러나 이런 역사적 유형에도 불구하고 가족이나 산업체, 노동현장 그리고 정부에서는 교육에 의한 발전가능성에 대해 그들의 견해를 계속적으로 수정하고 있다. 이제 그들은 학교로부터 그리 많은 것을 기대하지 않는다. 왜냐하면 그들은 개인이 직면해야 할 현실을 측정하고 평가하는 데 있어 교육자들의 능력과 동일하거나 그것을 능가하고 있기 때문이다.

그 현실은 냉담하지도 경직되어 있지도 않지만 현재 재학 중인 고등학교나 대학교 학생들의 거의 대부분은 그러한 것에 대해 준비되어 있지 못하다. 교육이 추구하는 추상적인 풍요성으로 인해 학교와 사회간의 간격은 점점 더 벌어지고 있다. "장래의 직업을 위한 준비"로서 시간과 장면에 맞는 교육을 시키는 것은 오직 중등학교의 직업교육과정에 제한되어 왔을 뿐이며 기타 대부분의 경우에 교육은 그 자신의 발전적인 측면을 무시해 왔다. 교육과 생활현실간의 상충으로 인해 개인은 자신의 문제를 해결하기 위한 적절한 선택을 하지 못하고 있으며 발전적이고 이익추구적인 경제생활에서 자신의 역할을 다하기엔 너무도 준비가 되어 있지 못하다. 이런 현상들은 비단 청소년들이나 가난한 사람들, 또는 흑인들에게만 국한된 것이 아니라 전반적인 병폐이다. 청소년들이 너무 늦게 일의 세계에 들어가며 일을 마치 그들과는 상관없는 고립된 문화로 인식한다는 것을 발견하게 되면서부터 교육은 청소년들의 학문적인 세계뿐 아니라 직업적인 준비와 사회적응을 조력해야 한다는 견해가 사회전역에서 분분히 대두되게 되었다.

만약 일의 본질이 개인의 삶의 목적과 보다 조화롭게 되려면 개인은 자기 자신과 일의 세계에 대해 보다 많은 지식을 가져야 한다. 모든 일이 다 명예와 권위를 갖고 있는 것은 아니며 그 일을 하는 개인에게 모두 어떤 보상이나 승진을 보장해 주는 것은 아니다. 초등학교 시기는 개인이 선택하게 될 일에 영향을 미치는 중요한 요인인 자기 능력에 대해 낙관적인 신념을 갖게 해 주는 시기이다. 그런 긍정적인 관점은 단기간에 암기를 통해 습득되는 것이 아니며 많은 대안들을 심사숙고하면서 발전되고 유지되는 성질의 것이다. 실제로 일하고 있는 사람들과의 접촉을 통한 동일시로써 형성되는 것이기 때문에 아동들을 자신의 진로를 결정하는 과정에 참여시키기 위해서는 그들을 다양한 일의 세계와 삶의 유형에 끊임없이 접하도록 격려해야 한다. 교사 혼자의 힘으로 이런 일을 제대로 해 내기란 어렵다. 아동들이 만족할 만한 직업역할을 찾고 경험하기 위해서 사회는 그러한 자원들을 학교와 나누어야 한다.

학교와 지역사회 간에는 현실적인 면에서 긍정적인 시각과 친밀감이 늘 존재해 왔다고 볼 수 있다. 그러나 아동들이 성장함에 따라 교육내용은 보다 추상적으로 되기 때문에 친밀감이 사라져 간다. 교

사들은 부모나 기업인들에게 마치 이렇게 말하는 듯이 행동한다. 즉
"우리는 그동안 너무 당신들의 면전에서 지내왔다. 자 이제 교육이
라는 사업은 우리에게 맡기고 당신들은 제자리로 돌아가시오"라고.
이런 유의 친밀감의 상실은 비단 아동들에게만 손해를 끼치는 게
아니라 그들을 둘러싸고 있는 산업사회에도 손해를 미친다.

지난 10년간 교육계에서뿐 아니라 상담이나 인간관계를 연구하
는 기관, 인간자원을 개발하는 기관이나 경제계에서는 교육의 기
능에 대해 그 중요성을 재삼 강조해 왔다. 그들은 일의 세계를 낯
설게 지각하는 폐단을 불식시키고 새로운 관점을 재정립해야 한
다고 말해 왔다. 교육개혁에 방해가 되는 요인으로 과거의 교사와
교육자를 구속하던 것보다 더 큰 장애는 교육목적을 도덕성으로
보는 견해이다. 진로교육이란 개념은 사회를 위협하는 요소가 아
니며 그것은 오히려 완전한 사회를 만들기 위한 잠재적 가능성을
보장해 주는 신뢰로운 것이다.

진로교육을 함에 있어서 학교가 협동적인 역할을 잘 수행하기
위해서는 아동만을 수익자로 보는 관점을 초월한 교육과정을 계획
하고 발전시켜야 한다. 현장에서 일하고 있는 어른들도 진로교육
을 받을 수 있도록 해야 한다. 직업은 일생을 통해 바뀔 수 있는
것이므로 여러 가지 대안적인 진로를 탐색하고 선택하고 준비하는
일에 어른들을 참여시켜야 한다. 아동들이 교육과 일의 목적에 대
해 물을 때 책임 있는 어른들이 대답해 주어야 한다. 그런 숙련기
술자나 전문가를 학교에 배치하는 일은 어느 정도 학교 측의 수고
로움을 요하는 일이다. 왜냐하면 그런 신뢰로운 어른들이 부족하
기 때문이 아니라 학교 교사들이 산업사회의 구조의 복합성을 잘
이해하지 못하는 것처럼 신뢰로운 어른들의 존재나 지역사회를 제

대로 인식하지 못하기 때문이다. 지역사회의 주시나 신뢰로운 근
로자의 존재를 무시하는 이런 종류의 관료적인 행동을 극복하기
위해 교사들은 유능한 동료로부터 조력을 구하고 유능한 공인(公
人)이 되도록 애써야 한다. 학생들이 사무실이나 상점 또는 공장
을 방문한다고 해서 확실한 정보나 기술을 곧바로 얻을 수 있는
것은 아니기 때문에 교사들은 가능한 한 모든 직종에 있는 사람들
과 접촉해서 구체적으로 질문하고 관찰하고 자문을 받아야 한다.
이런 과정은 일련의 연속적인 것이므로 회사의 자문위원회나 공공
기관의 상담소 또는 교회나 병원, 부모들이나 각종 서비스 단체,
개인연구소나 은퇴자클럽 등을 사전에 지정해 놓고 필요할 때에
자문을 받도록 해야 한다. 이와 같은 탐색을 보다 효율적이고 공
개적으로 하기 위해 매체를 활용하는 방법도 있으며 교육적인 과
정에 관련시켜 지역사회에서 필요로 하는 기술과 정보를 통합시킬
수 있는 지역사회 중심적인 모형을 활용할 수도 있다.

　일단 지역사회와 학교간의 협조 계획이 세워지면 모든 노력을
목표 추구에 기울여야 한다. 교육자들은 학문적인 측면에서의 가
능성을 믿고 거기에 안주하려고 할지 모르지만 보다 중요한 것은
그들의 동료들이 제공하는 삶의 다양한 유형과 작업환경을 통합
시킬 수 있는 인간적, 직업적인 기술이 갖고 있는 가능성을 신뢰
하는 것이다. 이와 마찬가지로 학문적인 측면에서 기본적인 기술
을 가르치는 것이 중요하다는 결론이 교사 자신들로부터 나오기
보다는 지역사회의 주민들로부터 나오게 될 것이다.

　교사와 지역사회의 자원인사가 협동해서 진로교육을 실시하는
것이 유익한데 이 때 진로교육의 초점은 각 구성원이 각기 자기
의 과거의 정적인 상태를 초월해서 다시 배우는 동적인 측면에

주어져야 할 것이다. 아동들로 하여금 다음과 같은 의문을 갖게
해 보는 것이 좋을 것이다. 즉 "왜 당신은 이 직업을 선택했습니
까? 이 직업이 좋은 직업이라면 왜 당신은 그렇게 슬퍼하지요? 그
것이 마땅치 않은 직업이라면 왜 당신은 그 직장을 바꾸거나 떠
나지 않는지요? 누군가가 당신과 같은 직업을 택하려고 한다면
당신은 무엇이라고 충고를 하시겠는지요"라고. 이런 질문을 스스
로에게 던지거나 또는 다른 사람과 서로 나누는 사람은 거의 없
으며 대부분의 사람들은 이러한 질문에 대한 해답을 누군가가 발
견해 주기 바란다. 진로교육의 기본 전제-즉 아동들은 자신의 견
해를 알아야 하며 현명한 선택을 할 수 있는 기회와 시간을 가져
야 한다는-이제 인간이 생을 영위하기 위해 과거부터 일을 해
왔다는 점에서 어떤 일치를 보고 있다. 일은 인간 역사의 원형
(archetype)으로 간주되어야 한다.

보충 독서자료

Banta, Trudy W.; and Marshall, Patricia, "Bringing Schools and Industry Together." *Manpower* 2(June 1970): 24-41.

Boocock, Sarane; and Schild, E. O., Editors. *Simulation Games in Learning*. Beverly Hills, California: Sage, 1968.

Bruner, Jerome. "The Process of Education Revisited." *Phi Delta Kappan*(September 1971).

Hamilton, Jack A.; and Krumboltz, John D. "Simulated Work Experience: How Realistic Should It Be?" *Personnel and Guidance Journal* 48 : 1(September 1969).

V. 진로교육에서의 가정과 가족의 역할

제Ⅰ장에서 우리는 교육과 일에 대한 문제가 현재 미국 사회에서 얼마나 심각한 가치를 지닌 것인지를 살펴보았다. 이런 역할과 가치에 있어서 가정은 가장 근본적이고 중요한 몫을 담당하는 곳이다. 교육자들이 매일매일 고심하고 싸우는 개인적, 사회적 문제들의 대부분은 가정에서부터 야기되는 것들이다. 사회에 성공적으로 적응하기 위한 기술과 가치를 발달시키려는 교육목표를 실천하려고 할 때 교사들은 가정에서 하는 역할이 실패로 돌아감으로써 발생되는 문제들 때문에 고전하고 있다. 아무리 교육적인 노력을 기울이더라도 아동 초기의 경험이 잘못된 데서 오는 핸디캡을 극복하기는 어려운 것 같다. 그러나 그렇다고 해서 물러설 수는 없다.

이런 심각한 취약성을 지닌 가정이 그 스스로를 개혁하기는 어렵지만 가정이나 가족의 도움이 없이는—특히 초등교육에서는—소기의 교육적 목표를 달성하기 어렵다. 이것은 여러 가지 다른 교육목표에서처럼 진로교육에 있어서도 역시 그러하다. 이 장에서는 아동의 진로발달을 돕기 위해 가정과 가족이 해야 할 역할에 대해 언급하고자 한다. 이 책은 일차적으로는 초등학교 교사들을 위해 씌어졌지만 이에 못지않게 초등학교에서 가정과 가족이 아동들의 진로교육을 위해 해야 할 역할을 지원하고 강화하는 면에도 중점을 두고자 한다.

1. 가정과 가족구성원에 대한 이론적 배경

전통적으로 가족은 밀접히 결속된 공동체이며 원만한 사회를 이루는 시금석이었다. 그것은 인간간의 상호작용을 관찰하고 경험하며 가치를 발달시키는 장이었다. 가정은 삶의 실제와 개념을 익히고 삶에 대한 태도와 기술을 발달시키는 곳이었다. 우리의 사회구조와 삶의 패턴의 본질이 바뀌어 가고 있지만 아직도 가정은 가족 구성원끼리의 생활을 통해 가치체계를 발달시키는 중요한 곳이다. 이런 요인들은 일의 가치뿐 아니라 교육적 가치로도 매우 중요하다. 아동들은 그들의 부모와 함께 일을 하거나 부모로부터 일에 대한 이야기를 들을 기회가 없다. 설사 부모들이 집에서 일에 대해 얘기한다고 하더라도 일에 대한 긍정적인 측면은 말하지 않고 불평이나 실망을 이야기하기 일쑤이다. 아동들은 부모로부터 일에 대해 창의적인 표현을 들을 수 없기 때문에 일이 개인에게 주는 발전과 만족에 대한 전체적인 조망을 할 수가 없다. 일의 추상성, 일에 관련된 성실의 가치, 정확성, 직업발달, 보상 등에 대해 아동들은 이해하기 어렵다. 그들은 일이 주는 이익과 일할 기회에 대한 개념을 발달시키지 못한다.

이와 같은 문제가 교육에서도 발생하는 데 교육이 가정과 점점 멀어지게 됨으로써 부모들은 교육적인 발전에 대해 점점 신경을

쓰지 않고 있다. 학교와 일과 가정은 과거처럼 체계적이고 가치생
산적인 조직으로 통합되지 못하고 따로 놀고 있다. 그 결과 대부
분의 가정에서는 아동들이 일을 개인에게 만족을 주고 성공 감을
갖게 해 주는 것으로 인식하도록 하지 못한 채 키우고 있다. 또
나머지 가정에서도 교육이 경제적인 복지와 삶의 풍요를 가져다
주는 것을 아동에게 인식시키지 못하고 있다.

개인이나 사회의 관심은 점차 학교교육이 가치를 창조하는 면
에서 가정의 역할을 빼앗지 않을 것을 바라고 있다. 학교교육은
교육과정을 통해 가족의 이런 기능을 지도하고 이끄는 역할을 해
야 한다. 만약 학교교육이 가치를 가르치는 면에서 가정의 역할을
대신하려고 한다면 가족간의 유대가 깨어지고 가치형성에 있어서
여러 가지 문제가 발생하게 될 것이다. 그러나 한편으로는 가정이
가치를 창소하는 역할을 충분히 하지 못할 때 학교교육을 통해
그 기능을 대신하거나 보조할 수 있다.

학부모가 학교교육에 관여해야 한다는 요구가 점차 늘고 있다.
학부모들은 교육비가 올라가는 데 놀라고 있고 연방정부의 교육
프로그램의 대부분은 학부모의 참여를 요구하고 있으며 연구기관
에서 나오는 보고서에는 인지적, 정서적 발달에서의 조기교육의
중요성에 대해 언급하고 있다. 부모들은 아동의 첫 번째 교육자이
자 영향을 주는 사람으로서 중요한 존재가 된다는 것을 여러 연
구에서 계속 지적하고 있다.

여기서 우리는 아동들의 진로발달의 과정에 긍정적이고 의미
있는 기여를 하는 데 있어 가정과 가족이 해야 할 지원과 역할에
대해 탐색해 보려고 한다. 이런 탐색과 아울러 우리는 진로교육이
영역에서 가정과 가족이 학교교육을 지원하고 협조하는 기술에

대해 논의하게 될 것이다. 이런 모든 것들은 학교에 대한 학부모의 태도에 어떤 변화를 요구할 것이다. 그것은 또 교사들이 학생들의 요구-특히 초등학교 수준에서-에 접함에 있어 근본적인 변화를 하도록 요구할 것이다.

만약 초등학교 교사가 자기가 가르치는 아동을 이해한다면 그는 그들을 가족단위의 한 부분으로 보아야 한다. 가족 내에서 아버지와 어머니 그리고 아동들은 각기 다른 역할을 갖고 있다. 학교에서도 아동은 어떤 일을 갖고 있다. 어머니가 할 일은 복합적인데 한편으로는 집 밖에서 직장인으로서의 역할을 해야 하고 한편으로는 집 안에서 주부로서의 역할을 한다. 만약 교사가 가족단위를 무시하고 아동을 분리된 경우로 보고 교육하려고 한다면 교육과정에서 소외된 부모들로부터 적개심을 불러일으키기 쉽다.

부모와 교사가 함께 협력함으로써 아동의 교육기회는 증대된다. 교사는 부모를 학교에 초대하거나 또는 가정방문을 통해 교육문제에 대한 견해를 함께 교환해야 할 것이다. 처음에는 다소 진전이 더디겠지만 부모와 함께 일해 나감으로써 부모를 교육의 자원으로 활용하거나 조력자로 쓸 수 있으며 그렇게 함으로써 부모들은 학교가 하고 있는 일에 대해 보다 잘 이해하게 되고 교사들은 가정을 학습의 장으로 활용하기 위해 학교가 해야 할 기능과 역할에 대해 보다 잘 이해하게 된다.

이런 유의 변화들은 매우 긴요하며 우리는 가정경제의 영역에서도 이런 변화가 가져다주는 이점을 지적할 수 있다. 변화에 대한 요구는 사회적인 것이지만 이런 요구는 특히 여성들이 남성들처럼 그들이 종사하는 직업에서 만족을 얻고 가사일과 직업에서의 전문성의 추구를 적절히 조화시키는 문제를 원만히 해결하는 데 있어 그 중요성이 더욱 부각되고 있다. 사회적인 태도 면에서의 이런 변화에 부응해서 가정경제 교육은 "가족생활"이란 용어로 불리고 있는데 이런 교육은 요리나 뜨개질을 가르치는 내용에서 점차 가계관리, 여가선용, 육아, 인간관계 등을 가르치는 내용으로 변하고 있다. 가족생활은 이제는 더 이상 집에서 가계를 꾸리는 일에 국한되지 않고 가정에서의 모든 생활과 가정 밖에서의 생활 전반에까지 확산되고 있다. 나아가 남학생들에게도 가정경제에 대한 수업이 점차 관심을 끌고 있으며 가정에서 가사분담을 해야 할 책임이 증대되고 있다.

급진적인 변화의 또 다른 면으로 아직까지는 크게 주목을 받지 못했지만 가족의 경제적 역할에 대한 면이 있다. 생산적인 단위로 사회구조를 본다면 가족집단은 일차적으로 소비 집단이 되며 가정은 전문적인 개인이나 산업체에서 생산된 상품과 서비스를 사는 집단이 된다. 소비자로서의 역할에 대해 아직까지는 교육이 제대로 이루어지지 않아 왔다. 따라서 우리 사회의 구성원들은 상품을 고르는 데 있어 비합리적이다. 가족생활에 대한 교육은 가족 구성원 모두가 이런 구매자로서의 역할을 잘 해 낼 수 있도록 구매교육의 면까지 확장시켜야 할 것이다.

교육이 우리 사회에서 그 책임을 다해야 한다고 가정한다면 교육이 무엇을 할 수 있고 무엇을 해야 할까에 대한 지표가 있어야 한다. 소비자 교육은 비단 가정 경제 교육에만 국한되어서는 안 된다. 그것은 수학, 사회학, 심리학, 역사학, 경제학 그리고 영문학의 과정에도 포함되어야 한다.

진로교육의 목적은 개인으로 하여금 사회의 의미 있는 구성원이 되도록 돕는 것이므로 학생과 부모들은 의사결정의 기술을 배워야 한다. 교사들은 부모들에게 그들의 자녀들이 자신의 문제를 결정하는 경험을 갖는 것이 얼마나 중요한지를 인식하도록 도와야 한다. 그들은 또 자신들이 내린 결정이 가져다주는 결과에 대해 배울 기회를 가져야 하며 실수로부터 어떤 것을 배우기 위해 실수를 할 기회를 부여받아야 한다. 의사결정은 하나의 과정이므로 학생들은 학교나 가정에서 대안을 선택하고 정보를 모아서 분류하며 의사결정을 해볼 기회를 많이 가져 보아야 한다. 교사와 부모의 공동협력을 통해 아동들은 진로선택을 위한 기초과정을 배우고 진로결정을 할 수 있게 된다.

진로교육은 그것이 가사노동이든 육체노동이든 전문적인 일이든 간에 공통된 기본원리를 갖고 있다. 이장에서 우리는 가정과 학교간의 협동관계의 중요성과 상호간의 역할 그리고 소비자 교육과 일의 가치에 대해 살펴보게 될 것이다. 부모들보다는 교사들의 측에서 이 책을 더 많이 볼 것이므로 이 책에서 나는 진로교육의 통합된 부분으로서 가정과 학교에 대해 아동이 긍정적인 태도를 갖도록 하기 위해 초등학교 교사들의 역할에 대해 중점을 두고 기술하려고 한다.

2. 기초를 설계하기

아동이 자기 삶의 중요한 사건들이 갖는 기본특성을 처음으로 관찰하는 곳은 가정이다. 삶을 유지시키는 필수요소로서 일이 하는 역할이나 일이 가져다주는 보상 그리고 안락한 환경을 만들어주는 일의 역할에 대해 그들은 가정을 통해 처음으로 배운다. 상호협동의 역할과 서비스 그리고 책임의 분담에 대해서도 유아기에 가정에서 학습한다. 가정에서의 일의 책임에 대해 부모와 형제가 갖는 태도가 유아에 의해 신속히 내면화된다. 유아는 가정에서 필요한 상품과 서비스를 구하는 데 있어서 자신이 방관자라는 것과 이런 필요한 것들을 사기 위해 부모들이 밖에서 돈을 벌어야 한다는 것을 인식하게 된다. 만약 부모들이 조금만 신경을 쓴다면 아동들은 집 안팎에서의 일이 가져다주는 만족과 성취감에 대해 보다 잘 인식하고 흡수하게 될 것이다.

가정은 일터이고 학습의 장이며 소비단위이고 가치를 만드는 곳이다. 가족의 기능은 가족 구성원으로 하여금 안정감과 소속감 그리고 자신이 하나의 인간으로 수용되고 있다는 느낌을 갖도록 적절한 환경을 제공하는 데 있다. 가정은 휴식을 위한 공간이며 표현을 위한 공간인 동시에 감정을 절제하는 것을 배우는 곳이다. 가정은 아동에게 성공 감을 경험하게 해 주는 동시에 실패를 받아들이도록 격려하는 곳이다. 그리고 다른 사람의 행동을 관찰하고 다른 사람과 경험을 공유함으로써 가치체계를 발달시키도록 돕는 곳이다. 가정은 또한 다른 모든 노력과 아울러 일의 세계에 대해 교육시키는 곳이다.

가. 가정과 가족생활에 대해 가르치기

노동시장에서의 보상과 관계없이 일이 "생산적인 기여"로서 정의될 수 있다면 가족과 가정생활은 구성원 모두를 위해 진로교육을 담당하는 역할을 하는 곳이라고 정의할 수 있다. 여성들에게 직업을 가질 기회를 줌으로써 여성들 자신의 자기실현은 물론 사회도 많은 이득을 얻을 수 있다. 그러나 사회는 여성의 직업으로써 가사 일에 우선권을 부여하고 거기에 만족을 부여함으로써 어떤 이득을 얻을 수도 있다. "밖에서의 어떤 성공도 가정 내에서의 실패를 보상할 수 없다면" 왜 우리는 가정에서 가족 구성원들이 해야 할 책임에 대해 교육시키는 일을 소홀히 해 왔을까? "가정경제학"은 직업교육에서 아직도 단지 일부의 구성요소일 뿐이다. 이 과정은 아직도 제 위치를 차지하지 못하고 있으며 비판을 받고 있는데 그 이유는 그 교육과정이 요리와 뜨개질에 한정되어 있고 주로 여학생들을 위해 강좌를 설강하고 있기 때문이다. 최근 몇 년 동안에 가정경제학을 전공하는 학자들은 요리나 육아에 관련시켜 교육함으로써 가정경제학을 진로를 준비하는 데 도움이 되는 교육과정으로 끌어 올리려는 노력을 해 왔다. 최근 들어서는 소비자 교육이라는 내용을 포함하여 다룸으로써 교육과정의 폭을 넓혀 가고 있다.

성공적인 가정생활은 요리나 뜨개질과 같은 것을 넘어선 기술들을 포함한다. 뜨개질은 현대사회에서는 취미활동으로 변화되고 있고 요리는 간단해지고 있다. 여성들이 그들의 개인적인 창의성과 마음과 재능과 기술을 발휘할 기회가 많아지게 됨에 따라 그들은 이렇게 묻곤 한다. 왜 유독 여자들의 가사일은 단조롭고 똑같은 일의 반복인가? 라고 아기를 갖고 낳고 기르는 생물학적인 기능만이 여성에게 한정된 성역할이다. 남성들도 매일매일 빵을 벌기 위해 같은 일을 습관적으로 반복하며 고달파하기도 한다.

부모가 자식에게 주는 사랑도 일이며 이런 일을 성공적으로 하려면 세심한 주의가 필요하다. 그것은 여성뿐 아니라 남성의 일이기도 하다. 그리고 다른 직업적인 역할과 결합되는 일이다. 다른 직업적인 역할처럼 부모의 책임성도 학습되어야 한다. 그것은 가정교육과 학교교육을 통해 학습될 수 있다. 초등학교 때 아동들은 그들의 부모와 밀착된 관계를 갖게 되며 그런 관계를 통해 자신들이 부모가 될 수 있는 잠재력을 갖고 있다는 것을 인식하고 그런 역할을 수행하는 기술을 학습하게 된다. 부모들의 행동을 관찰함으로써 이런 역할에 대한 통찰을 얻게 된다. 그리고 교실에서 급우들과 논의를 함으로써 이런 통찰을 표출하고 발전시키게 된다. 아동들은 그가 되고자 하는 부모의 유형을 학습하고 이런 속성들을 특성화시키게 된다. 이 장의 끝에 제시할 활동은 아동들이 부모와 교사의 도움을 얻어 부모의 역할을 인식하고 내면화시키는 것을 돕도록 고안되었다.

나. 소비자 교육

만약 우리가 우리의 아동들이 가정에서뿐 아니라 직업세계에서도 적절히 기능하도록 준비시키려고 한다면 우리는 진로교육을 할 때 그 주안점을 상품과 서비스를 사용하는 기본적 단위로서의 가정에 두어야 할 것이다. 수입과 지출의 균형이 맞는 가정생활의 성공은 가족 구성원의 안정과 행복에 큰 영향을 준다. 초등학교 교사는 소비자 교육 프로그램을 제공함으로써 아동과 가정을 도울 수 있다.

초등학교 시절 동안에 아동들은 돈을 벌고 쓰는 데 대한 기본 태도를 형성한다. 교사는 아동들에게 돈을 관리하는 기회를 제공하는 수업을 실시할 수 있다. 가령 수학시간에 아동들에게 가정에서의 예산편성과 지출계획을 짜 보도록 할 수 있을 것이다. 가능하다면 교사는 학교 안의 생활과 학교 밖의 생활을 연관시키도록 해야 한다. 교사는 아동들에게 부모와 함께 식료품점에 가서 식료품을 구입하는 계획을 세워 보도록 구안할 수도 있다. 아동들은 예산을 짜고 그 예산 내에서 가족들이 원하는 물건을 사야 한다는 것을 알게 될 것이다. 이와 마찬가지로 가구나 일용품이나 차를 살 때 부모와 동행함으로써 학생들은 귀중한 경험을 얻게 될 것이다. 구매에 대한 결정을 배울 수 있을 뿐 아니라 학생들은 지불방법, 구입한 물건을 잘 보존하고 추후 서비스를 받는 방법 등에 대해서도 많은 지식을 얻게 될 것이다.

가족들의 수입이 어떻게 생기는지를 인식하고 경험하게 하기 위해 교사는 "사업"에 대한 수업을 제공할 수 있다. 여러 교사들이 협동해서 "모의" 은행과 식료품점, 기타 쇼핑센터를 그 지역의 상황에 맞도록 설치해서 수업을 한다면 그 수업은 훨씬 효과가 있을 것이다. 이런 협동적인 탐색과 모험을 통해 학생들은 이익과 손해, 임금, 예산 그리고 기타 사업에 관한 여러 가지 기본적인 것들에 대해 학습하게 될 것이다.

소비자 교육 프로그램을 학생들의 가정상황과 결부시키기 위해 교사들은 사업경험을 극대화시키는 자원으로서 학부모들을 활용할 수 있다. 부모들은 그들의 자녀들을 위해 실제 직업현장에서 자기들이 하는 역할을 생생하게 "연출할" 수 있으며 그들의 경험을 극화할 수 있다. 또 지역사회의 고용현장을 견학하게 함으로써 가정의 수입원으로서의 일이 하는 역할을 생생히 인식할 수 있게 할 수도 있다. 나아가 초등학교 교사들은 남녀 아동들을 가족 구성원이나 소비자로 설정하여 수업시간에 역할연기를 시켜 볼 수도 있다.

다. 일에 대한 가치를 발달시키기

아동 초기에 개인의 자아개념이 형성되는데 일의 세계에 대한 인식이 자아개념의 형성에 중요한 역할을 한다. 가정은 아동의 진로발달에 있어서 그들의 일에 대한 태도, 가치, 목적 등을 발달시키는 실험실로서의 역할을 한다. 가정에서 식사를 공급하고 T. V를 수신하고 가스배관을 하는 일을 보면서 아동들은 곧 "놀이" 경험을 하게 된다. 집 밖에서의 일의 세계를 관찰함으로써 그들은 간호원이나 의사, 법률사무소원, 식료품 가게의 점원 등에 대한 개념을 발달시킨다.

아동들은 그들의 부모나 형제로부터 다양한 직종에 종사하는 사람들에 대한 관점을 들음으로써 직업에 대한 가족의 견해를 접한다. 곧 그들은 어떤 직업은 가치가 있고 어떤 직업은 가치가 없다는 것을 배우게 된다. 직업에 대한 이런 견해는 그들이 성숙해 가면서 고착된다. 이와 같이 일의 세계에 대한 아동들의 태도를 결정하는 데에 부모들이 큰 역할을 한다. 그들의 부모를 관찰함으로써 아동들은 교육과 훈련을 받는 태도나 돈을 벌고 쓰는 태도, 미적인 경험을 즐기는 방법, 서로 다른 유형의 일이 갖는 역할, 종교적 신념을 일상생활 속에 통합시키는 태도 등을 학습하게 된다. 부모는 아동을 위한 모델의 역할을 하며 직업적인 가치와 목표를 흡수하고 내면화하는 데 영향을 준다. 성장해서 아동은 부모의 태도나 가치를 받아들이기도 하고 거부하기도 하지만 부모의 기본성향은 아동의 삶에 큰 영향을 미친다.

형제도 아동의 진로발달에 영향을 준다. 형이나 누나가 학교생활이나 직업생활에 잘 적응하느냐 못하느냐 하는 것은 일의 세계에 대한 아동의 태도형성에 영향을 준다. 형제간에 심한 경쟁의식이 있다면 아동은 형이나 누나가 하는 일을 선택하지 않으려고할 것이다. 반대로 형제간에 강한 결속감이 있다면 후에 아동은그의 형이 하는 일을 선택하려고 할 것이다.

부모의 직업이 아동의 직업발달에 중대한 영향을 미친다. 만약아버지가 사업가라면 그는 가족간의 관계에서도 사업지향적인 방식으로 반응할 것이다. 만약 그의 관심이 주로 손익의 문제에 있다면 그는 가정에서 계획이나 여가활동, 가족관계, 종교 등의 문제에서 그런 성향을 드러낼 것이다. 간단히 말하자면 아동은 그의아버지를 사업가처럼 옷을 입고 말하고 행동하는, 진짜 사업가를볼 것이다. 그리고 그 아동의 생활은 어느 정도는 사업의 세계로향하게 될 것이다. 마찬가지로 만약 어떤 아동의 어머니가 학교교사라면 그녀의 직업이 그의 아동에게 영향을 줄 것이다. 그녀가받은 교육과 일이 교육 지향적이기 때문에 그녀는 어머니로서의역할 속에도 그녀의 교사로서의 지식과 태도와 경험을 통합시키려고 할 것이다. 그 아동의 진로발달은 어머니의 가정주부로서의역할과 어머니로서의 역할 그리고 교사로서의 역할에 의해 영향을 받게 될 것이다.

부모가 아동의 교육 및 진로선택에 큰 영향을 미친다는 것을의심할 사람은 거의 없을 것이다. 어떤 부모들은 자녀가 어떤 일을 하기를 바라고 어떻게 일하는 방법을 배워야 하는지를 말하는동안에 부지불식중에 좌절감을 나타낸다. 그들은 자주 장래 자녀의 진로에 대해 자녀와 얘기할 때 어떻게 말해야 할지 모른다고한다. 학교 교사들은 이런 문제를 가진 부모들을 도와야 한다. 가정과 학교는 상호 협력하여 학생들이 직업가치를 탐색하도록 도와야 한다.

초등학교 아동은 진로탐색에서 "환상적인" 단계에 있다. 그들은 직업에 대한 자신의 능력이나 흥미를 고려하지 않고 자기들이 다양한 직종의 과제를 모두 수행할 수 있다고 생각한다. 진로발견의 이런 초기 단계에서 부모가 아동에게 다양한 직종에 접하도록 신경을 써 준다면 아동의 학습은 매우 증대될 것이다. 집에서의 일을 통해 아동이 직업세계를 경험하려고 할 때 만약 부모가 가정에서의 일을 일의 세계에 연관시켜 준다면 아동들은 많은 것을 배우게 될 것이다.(가령 집에서 방을 정돈하거나 가구를 수선하게 하면서 그 일이 인테리어 계통의 직업에 관련됨을 가르쳐 줄 수 있다. 그리고 부모가 그 계통의 직업에 대해 잘 알면 장식을 하는 원리나 방법을 가르쳐 줄 수도 있다.) 가사와 관계되는 직업의 세계는 매우 다양한데, 예를 들면 목수, 정원사, 구매자, 인테리어 디자이너, 운전기사, 예산위원, 음식점이나 호텔 종업원, 교육자, 건강관리자, 의사, 기타 각종 기술자 등으로 이런 직업 세계에 대해 학습하도록 도울 수 있다.

아동들은 일의 종류나 유형에 대해 배울 수 있을 뿐 아니라 일에 대한 기본적 태도와 가치를 배울 수 있다. 그러나 이런 교육이 의도적으로 이루어지지 않는 경우가 많으므로 그 결과가 그리 긍정적이지 못할는지도 모른다. 물론 가정에서도 의도적으로 권위를 갖고 아동에게 방향을 제시하거나 완수한 과제에 대해 책임을 느끼게 하거나 주도성을 갖고 일을 처리하도록 지도할 수도 있다. 그러나 다음과 같이 일에 대해 부정적인 태도를 부모가 계속 표출한다면 아동에게 그리 교육적이지 못하다. 가령 "너는 네가 말한 대로 해 놓지 못했구나. 자 이제 벌로 너는 마루를 닦아야겠구나" "아! 지루해. 어서 일요일이 되었으면" 등과 같은 표현을 부모가 자주 쓰면 아동은 일에 대해 부정적인 태도를 배우게 된다.

미래사회에는 본질적으로 부모와 자식이 함께 일할 기회가 거의 없을 것이므로 진로탐색기에 부모가 관여하는 일은 매우 중요하다. 가족 단위로 농장을 경영하거나 사업을 하는 일이 점차 줄어들 것이다. 요즈음에도 대다수의 청소년들은 자기 부모가 하는 일이 무엇인지, 직장에 나가서 부모들이 무엇을 하는지 잘 모른다. 샌프란시스코 전문대학의 학장인 하야까와(S. I. Hayakawa)의 말을 인용하면 다음과 같다:

> 한 사람의 남자가 되기 위해서 소년들은 다른 남자들과 어울릴 줄 알아야 되고 아버지의 농장을 돌볼 줄 알아야 되며 장인의 도제가 되어 보아야 하고 야구팀의 조수가 되어 보아야 한다. 그런 활동을 통해 그들은 성인세계의 문화를 배우게 된다. 성인들이 어떻게 의식을 치르며 어떻게 미래를 준비하는지……. 어떻게 돈을 벌고 어떻게 다른 사람들과 같은 관점을 또는 다른 관점을 갖게 되는지를 알게 된다. 그러나 오늘날 대부분의 청소년들은 다른 사람들과의 생활에서 고립되어 있다. 성인들은 아침에 일하러 직장에 나갔다가 밤늦게까지 돌아오지 않는다. 청소년들은 어머니나 학교 교사들에게 맡겨져 있다. 그래서 청소년들은 그들의 아버지가 무슨 일을 하는지 알 수 없다. 그들은 자기들이 어른이 되어 무엇을 해야 할지에 대해 아무런 생각도 갖고 있지 않다.

이 진술에서도 잘 드러나 있듯이 우리시대는 성인과 아동이 분리되어 있다. 소녀들은 가사 일을 하는 어머니를 우선 접하게 되며 교사나 간호원, 사무원 이외의 다른 직종의 여성들을 접할 기회가 없다. 이같이 전통적이고 전형적인 직종 이외의 것을 인식할 수 있는 기회가 그들에게 주어져야 한다.

가족 단위로 경영되던 농장이나 사업이 낡은 방식으로 되어 버린 것처럼 가정도 더 이상 자급자족적인 단위가 아니다. 한 때 가정은 의식주를 해결하던 자급자족적인 단위였지만 지금은 서비스나 생산의 구조에서 분업화에 들어섰다. 부모들이 가족을 위해 무엇을 만들고 기르고 하는 대신에 그들은 물건이나 서비스를 살수 있다. 그래서 그들의 자녀들은 그 상품이 어떻게 만들어지며 서비스를 어떻게 하는 것인지 알 수 없다. 부모들도 그것을 모르기 때문에 자녀들에게 가르쳐 줄 수 없다. 그들이 하는 일은 너무 전문적이어서 생산이나 서비스의 생산과정이나 분배과정의 일부분에 불과할 뿐이다. 그래서 교사가 현대의 다양한 직업들이 서로 어떻게 관련되는지를 학생들에게 이해시켜야 한다.

일 그 자체에 어떤 근본원리가 있는 것이 아니므로 가정에서 그것들을 시범적으로 보여 준다는 것이 그리 쉬운 일은 아니다. 그러나 가정에서는 함께 일하는 사람들과의 협동의 개념이나, 좋은 상품을 생산하기 위해 상호간에 맡은 일을 존중해야 한다거나, 일의 역할이 전문적이라거나, 시간에 맞추어 자기 일을 완성해야 한다거나, 깔끔하게 일을 해야 한다거나, 주어진 과제에 대해 책임을 다해야 한다거나, 불필요하게 시간을 낭비해서는 안 된다는 등의 개념을 아동에게 가르쳐 줄 수 있다. 또 일상적인 일을 수행하다 보면 다소 지루한 느낌을 받는다든가 자기가 하는 일이 연속된 일련의 생산체계의 한 부분에 불과하다든가 자기가 맡은 일을 잘 완수하지 못하면 전체 생산구조에 영향을 준다는 것도 가르칠 수 있다.

이런 개념이나 가치들은 가정에서 학습될 수 있는 반면에 어떤 가치는 작업을 통해서만 학습될 수 있다. 이런 가치들은 부모가 말로 대신해 주기 어렵다. 이런 경우에는 교사가 부모를 대신해서 아동을 도울 수 있다.

3. 부모의 태도

진로교육의 목표가 실현되기 위해서는 가정에서 일의 세계에 대해 아동들에게 어떤 제도를 갖게 해 주는 것이 바람직할까 하는 것에 대해 부모들이 인식해야 한다. 진로교육에 대한 부모들의 태도가 변화되고 수정되고 수용되어야 한다. 첫 단계로 교사들은 일의 세계에 대한 그들의 태도가 가정에 미치는 영향을 고려해야 한다. 이러한 태도는 물론 가족들을 위해 실용적이고 유용해야 할 것이다. 그리고 가능한 한 진로교육프로그램은 이런 태도를 포함시켜야 하며 가정과 학교가 공동으로 작업하여 성과를 올리도록 고려되어야 할 것이다.

만약 부모들이 일에 대해 긍정적 태도를 갖지 않는다면 자녀들 또한 그럴 것이다. 불행하게도 대부분의 사람들은 아직도 일을 고대 문명사회에서 그랬던 것처럼 조잡하고 지겹고 무가치하게 보는 경향이다. 성경을 보면 아담과 이브가 에덴동산에서 쫓겨나서 남성은 벌의 대가로 땀을 흘리며 빵을 벌게 되어 있다. 고대 그리스나 로마, 그리고 다른 나라의 신화를 보아도 일은 노예나 하층 사람들이 하는 것으로 되어 있다. 인간은 태어나면서부터 직업적인 계층으로 나누어지고 상류층은 노동을 할 필요가 없으며 지배자는 사회구조의 위에서 명령만 내리면 되고 노동자층은 맨 아래

에서 일을 하도록 되어 있다. 선택의 자유는 애초에 존재하지도
않았다.

  현대사회에서는 일이 더 이상 대다수의 사람들에게 고역으로
인식되고 있지는 않다. 사람들은 일을 통해 자기의 능력과 선호성
을 이해할 기회를 갖게 되며 살기 위해 일을 하는 사람은 거의 없
다. 개인이 성숙하고 만족을 경험하며 성취감을 맛보고 자신을 표
현하는 즐거움을 맛보는 것은 일을 통해서이다. 아동에게 일이란
하나의 특권이지 고역이 아니라는 개념을 갖게 해 주는 것이 가
정의 책임이다. 이런 태도와 가치관을 가르쳐 주는 것이 가족들의
가장 큰 임무이다. 만화가인 찰스 슐츠(Charles Schulz)는 스누피
(Snoopy)에서 "일이란 삶의 잔디 속에 있는 왕파랭이 같은 잡초
이다"라고 불평하고 있지만 일이란 개인 자신이나 다른 사람에게
이익과 서비스를 제공하는 것으로 여가 그것과 더불어 "삶의 잔
디"인 것이다. 초등학교 교사는 아동들이 일을 좋은 것이고 삶에
필수적인 것이라고 인식하도록 하기 위해 부모들을 도와야 할 것
이다.

  현재보다 나은 지위를 얻기 위해 열심히 경쟁해서 성공을 한
어떤 부모들은 자녀들이 자기처럼 경쟁적인 경험을 했으면 하고
바라지만 그들은 그런 투쟁이 실은 개인의 성취능력을 감소시킨
다는 것을 알지 못한다. 또 많은 부모들이 자신이 살아온 것보다
풍요로운 삶을 자녀들이 누렸으면 하고 바라거나 자녀들이 결코
일하지 않아도 되는 상황이 되었으면 하고 바라는데 이런 생각은
잘못된 것이다. 일에 대한 윤리관이나 가치관을 가짐으로써 아동
은 사회성원간에 성공적인 관계를 맺을 수 있다. 자녀가 일의 세
계에서 성공하고 과제를 훌륭히 해결하기를 바라는 부모라면 아

무리 적더라도 장래에 필요한 일의 가치관을 올바르게 심어주어
야 한다.

이 개념은 이미 제자의 질문에 반문을 하며 교육을 했던 소크
라테스의 대화에 잘 드러나 있다:

"자네는 스스로 식사를 만드는가?"
"아닙니다. 하인들이 그 일을 합니다."
"그래? 자네 신은 스스로 만드는가?"
"아닙니다. 하인이 그 일을 합니다."
"그럼 자네 옷은 자네가 만드는가?"
"아닙니다. 그 일 역시 하인들이 합니다."
"우리가 우리의 자녀들을 가르치는 것보다 하인들을 가르치는 것
　이 부끄럽지 않은가?"
라고 소크라테스는 반문하였다.

아동들이 일을 하는 것은 매우 생기 있고 유익한 것이며 부모들
은 자녀들이 일을 경험할 수 있도록 구안을 해야 할 것이다. 부과
한 과제를 아동이 제대로 해 내지 못할 때 실망해서 머리를 흔드는
부모들도 많이 있는데 이때 교사들은 부모와 상담해야 한다. 가정
에서 일을 부과할 때는 다음 원리에 따라 부과하는 것이 좋다.

(1) 부모들은 아동들이 과제의 전체 영역을 이해할 때 그 주어
　　진 과제로부터 가장 많은 것을 얻을 수 있다는 것을 인식해
　　야 한다. 아동들은 때때로 일의 전체적인 부면을 이해하지
　　못하고 극히 일부분만 접하고는 일을 지루한 것이라고 생각
　　하거나 벌이고 고역이라고 생각하고 될 수 있으면 일을 피

하려고 하기도 한다. 만약 합리적이고 계획적이며 계획, 실행, 평가라는 제대로 된 단계를 통해 일의 전체, 즉 의미 있는 전체적인 형태(gestalt)에 접하게 된다면 아동은 그 과제를 보다 잘 이해하고 수행하게 될 것이다. 가령 무조건 쓰레기를 치우라고 하면 아동들은 그 일을 싫어할 것이다. 그러나 그 일이 건강이나 의료적인 일과 관련된다는 것을 설명해 준 후에 일을 시키면 그 일은 아동들에게 매우 재미있고 유익한 일로 인식될 것이다. 동시에 의료에 관련된 직종을 가지고 역할연기를 시키면 일에 대해 폭넓은 지식을 얻게 될 것이다.

(2) 부모들은 창조적인 과제를 아동들에게 부과해야 한다. 아동들이 일을 고역으로 인식하더라도 부모가 잘 고안하여 창조적인 과제를 주면 아동들은 일을 가치 있는 경험으로 재인식할 수 있다. 다음의 예는 어느 초등학교의 학부모와 교사간의 상담에서 인용한 것인데 여기서 부모들은 자녀들에게 창조적인 과제를 부과하고 있음을 볼 수 있다.

가. 사 례

① 어떤 가정에서 온 가족이 협력해서 일하는 습관을 기르게 하기 위해 "Shower Club"을 만들어 임원을 선정하고 임원회를 열었다. 과제의 목표는 집에 샤워시설을 하는 것이었다. 가족 모두를 참여하게 하기 위해 구성원들은 모여서 자금을 모으는 방법, 샤워기를 설치하는 방법 등을 논의했다. 가족들은 아버지가 널빤지를 자르고 구멍을 뚫고 못질을 하는 것을 보면서 목수 일에 대

한 지식을 배웠다. 또 관의 출구와 입구를 어떻게 연결하며 어떻게 페인트 붓을 잡고 칠을 하는지에 대해서도 배웠다. 또 그들은 자기들이 세운 예산과 관, 페인트, 나사 못 등등을 사느라고 쓴 돈의 총결산을 해 보았다. 이 과제가 끝났을 때 부모들은 자녀들이 일이란 교역이 아니라 도전할 만한 가치가 있고 즐거우며 노력할 가치가 있는 것이라는 태도를 갖게 된 것을 기뻐했다.

나. 사 례

② 또 다른 가정은 아버지가 의사였는데 그 부모들은 자녀들이 삶을 너무 안이하게 살아가는 것이 걱정이 되어 자녀들에게 "일"이 주는 의미를 생각해 보게 하고 싶어 했다. 그래서 자녀들에게 집과 병원에서 손으로 무엇을 만드는 과제를 주고 그 일에 대해 약간의 보수를 주었다. 그들은 자녀들이 무언가를 만드는 일의 가치를 알고 동시에 돈의 소중함을 알게 되기를 바랐다. 그런 과제를 해 나가면서 자녀들은 일정한 소득을 얻게 되었으며 자신들이 한 일이 가치 있다는 것을 알게 되었다.

(3) 아동들이 몰두할 수 있는 일을 부과하면 그들은 그 일에 대해 굉장히 긍정적인 반응을 보인다. 어른들이 휴식을 즐길 때조차도 아동들은 자기 일에 몰두한다. 매 주마다 하루 정도의 일을 주면 그들은 큰 열망과 동기를 갖고 그 일을 완성하려고 할 것이다.

(4) 벌로써 일을 시키면 일의 매력만 감소시킬 뿐이다. 일을 위해 일을 해야 하는 그런 일도 그러하다. 어떤 일은 본질적

으로 즐거움을 준다. 그러나 대부분의 일은 일을 통해 성취감을 맛볼 때 즐거운 것이다. 현명한 부모가 강조해야 하는 것은 바로 이 성취감이다.

진로교육 프로그램을 통해 교사들은 모든 아동들이 성공하기 위해서는 대학에 가야 한다는 부모들의 그릇된 인식을 불식시키도록 조력해야 한다. 학부모들이 그런 인식을 갖고 있는 한, 진로교육은 성공적으로 이루어질 수 없다. 대부분의 부모들이 자기가 하고 있는 일에 대해 부끄러움을 갖고 있는 것 같다. 만약 그들이 자기의 직업에 자존심을 갖지 못한다면 그런 부정적인 태도를 자녀에게 그대로 넘겨주게 될 것이다. 그런 태도는 다음 세대들이 자기가 하는 일에 대해 자존심을 느끼지 못하게 영향을 미칠 것이다. 지위가 낮은 직업을 "경멸하는" 태도 역시 위험스런 사고방식이다. 만약 자녀들이 그런 일을 스스로 하지 않으려고 한다면 그 일은 과연 누가 할 것인가?

학부모들이 자녀들에 대해 비합리적이고 비현실적인 기대를 갖는다면 초등학교 교사들은 그들에게 조언을 해 주어야 한다. 부모들의 그런 기대를 나무라거나 비난하지 말고 아동의 관심과 능력을 고려한 활동을 선택해서 부모와 자녀를 함께 참석시켜 다시 생각해 볼 기회를 갖게 하는 게 바람직하다. 교사가 부모를 도와서 아동이 자기를 탐색하는 활동을 하게 하면 부모들은 자녀의 효·불효나 능력, 적성 등에 대해 보다 잘 이해하게 될 것이다.

4. 부모들의 참여

학교에서 진로교육 프로그램을 실시할 때 부모들이 참여하는 것이 가장 중요하므로 초등학교 교사들은 부모들을 프로그램 실시 시에 적극적으로 참여시켜야 한다. 그런 프로그램을 짤 때에 교사들은 다음과 같은 제언을 고려하는 게 좋다.

(1) 교사는 학생의 가정환경, 거주지의 상황, 부모의 직업, 부모들이 일의 세계에 대해 갖고 있는 성향 등에 대한 정보를 얻어야 한다. 이것은 다음과 같은 방법으로 얻을 수 있다.

 ① 각 아동들에게 그 부모들이 어떤 일을 하는지 알아보고 역할연기나 스무고개 등의 게임을 통해 급우들과 자기의 생각과 느낌을 나누도록 격려한다.
 ② 부모와 교사간의 회의나 토론을 통해 부모의 일에 대한 태도나 가치관을 파악한다. 회의를 하는 동안 민감한 교사는 부모들이 진로교육 프로그램에 대해 어떤 반응을 갖고 있는지에 대한 피드백을 통해 부모들의 일에 대한 태도를 유추할 수 있다.

(2) 위와 같은 활동으로 부모들을 참여시키기 어려울 때는 자녀를 통해 부모의 참여를 유도할 수 있다. 만약 수업시간에 모든 학생들이 다 참여할 수 있는 활동을 계획할 수 있다면, 만약 부모가 자녀들의 활동에 참여할 기회를 줄 수 있다면 대부분의 부모들은 기꺼이 참가하려고 할 것이다.
(3) 교사들은 편지나 회갑을 통해 부모들과 대화할 수 있다. 적

극적인 교실수업의 경험을 통해 아동들은 성장하며 그런 상
황을 뉴스레터를 통해 부모들에게 전달하면 부모들의 참가
를 유도할 수 있다.

(4) 대부분의 부모들은 자녀들의 학교생활에 본능적으로 관심이
많다. 교사들은 열의가 많은 부모들을 찾아서 학부모간의
유대관계를 통해 다른 부모들에게도 진로교육 프로그램에
참여하도록 권고해 달라고 부탁해야 한다.

(5) 어머니들은 일반적으로 아버지들보다 자녀와 많은 시간을
같이 한다. 그래서 교사들은 어머니와 접촉하는 것이 효과
적이다. 어머니들을 학교에 초청해서 진로교육을 위한 교육
활동이 아동들에게 이익이 된다는 것을 홍보하고 집에서도
자녀가 가진 특별한 관심이나 감수성을 세밀히 관찰해 줄
것을 당부해야 한다. 이런 개인적 접촉을 통해 가족들은 아
동이 일에 대해 긍정적인 가치관을 갖도록 도울 수 있다.

(6) 학교경영자나 교육지도자가 허락하는 특별한 경우라면 교사
들은 직장으로 부모를 방문하여 자녀의 교육적인 진전에 대
해 함께 의논하면서 부모의 일에 대해 알 수 있다.

대부분의 부모들은 가정을 자녀들이 일을 배우는 장(場)으로 어
떻게 활용해야 할지를 모르기 때문에 교사들은 아동들이 기업세
계에 대한 지식을 갖도록 하기 위해 가정에서 어떤 시도를 할 수
있을까에 대해 조언하고 격려해야 한다. 가정 초등학교 아동들이
실제 일의 세계에 대한 표본을 알고 싶어 한다면 이웃끼리 협력
해서 아주 조그마한 가게를 모의적으로 차리게 한 다음 서로 물
건을 사고팔게 해 보거나 이웃집에 신문이나 잡지 또는 빵이나

다른 것들을 팔아 보게 하거나 조그마한 급료를 받고 잔디를 깎게 하거나 아기보기를 하게 할 수 있다. 이런 활동이 보다 의미있게 되려면 전 가족이 동참해야 한다. 다음과 같은 예를 참고로 해도 좋을 것이다.

① 형이나 부모가 아동이 신문이나 잡지를 팔 때 돕거나 상점이나 약국에 심부름 갈 때 동행해 준다. 신문이나 잡지를 팔 집의 정확한 주소를 아동에게 알려준다거나 약국에 약을 사러 갈 때 약국의 특수한 상표를 아동에게 상으로 주기도 한다.

② 부모들은 아동들에게 "이익과 손해"를 계산하는 법을 가르쳐주거나 보너스를 받는 기쁨을 알게 해 준다거나 매주 또는 매달 급료를 받는 즐거움을 준다. 저축금을 자기 손으로 버는 즐거움이나 보람 있는 시간을 보냈다는 뿌듯한 심정은 아동에게는 매우 가치 있는 경험이 된다.

③ 아동에게 그가 팔 수 있는 새로운 물건을 소개함으로써 아동의 "사업 확장"을 도울 수 있다. 그러나 너무 어린 아동의 경우에는 조심하기 때문에 처음에는 형이나 부모가 물건을 살 때 함께 가야 한다.

④ 일의 질을 높이도록 지도하는 것이 중요하다. "일을 올바르게 제대로" 했을 때 아동의 기쁨은 배가 될 것이다.

⑤ 가족이 부과하는 일은 계속적인 성취를 요하고 새로운 책임성을 부과할 수 있어야 한다. 한 가지 일이 끝난 후에 새롭게 보다 어려운 과제를 단계적으로 부과해야 한다.

5. 공동참여자로서의 부모와 교사

대부분의 부모들은 가정을 아동의 학습의 장으로 어떻게 이용하는지를 잘 모른다. 초등학교 교사가 진로교육 프로그램을 효과적으로 실시하려면 반드시 가정과 연계해서 지도해야 한다. 교사들은 부모와 교사가 함께 참가하는 프로그램을 짜야 한다. 이런 활동을 효과적으로 하기 위해 학교의 행정조직은 다각도에서 지원을 해야 하며 프로그램을 실시할 수 있는 충분한 시간을 할애해야 한다. 아동들의 학습은 교실수업에서의 경험뿐 아니라 가정에서 배운 것을 적용해 봄으로써 학습이 확대되는 것이므로 이런 프로그램이 합리적이다. 일반적으로 말하자면 교사들은 부모들과 함께 작업하는 데 익숙하지 않은 편이다. 그래서 진로교육 프로그램을 짤 때는 학부모를 진로교육에 참여하도록 유도하는 기술을 훈련시키는 교사교육 프로그램도 삽입해야 한다.

교사들이 학부모와 만날 때 한 가지 꼭 강조해야 할 것은 부모들이 자녀들을 위해 의사결정을 배울 수 있는 경험을 제공해야 한다는 것이다. 의사결정 과정의 모형은 교사와 학부모가 만나서 논의해서 정하는 것이 좋다. 이때 학생들도 참가하게 해서 부모와 학생과 교사가 하나의 교육 팀을 만들어 모형을 개발하는 것도 좋다. 또 어린 아동을 돕기 위해 보다 나이가 먹은 아동을 함께 프로그램에 끌어들여 활동하게 하는 방법도 좋다. 경험을 현실적으로 생생하게 만들기 위해 교사는 아동에게 혼자서 일하는 경험과 아울러 다른 사람들과 함께 일하는 경험을 모두 갖게 해야 하는데 왜냐하면 우리의 삶에서 이와 비슷한 상황이 일어나기 때문이다.

먼저 교사는 부모들에게 교실수업에 참가하겠느냐고 그 의사를

타진해야 한다. 어떤 교사들은 학교가 가정 일에 간섭해서는 안
된다고 생각한다. 그러나 교사가 학부모와 함께 진로교육 활동에
참가한다면 아동들이 발전할 수 있는 가능성은 보다 증대될 것이
다. 최근의 어느 연구에서 나타난 바에 의하면 학부모-교사의 협
동관계는 다음과 같은 효과를 지닌 것으로 나타났다.

학부모와 늘 협동적으로 일하는 교사는 홀로 일하거나 협조를
얻지 못하는 교사에 비해 아동의 발달을 조력하는 데 있어 여섯
배의 효과를 올리는 것으로 나타났다. 학교에서 아동의 행동발달
을 돕는 방법으로 가장 효과적인 것은 학부모와 교사의 팀웍에
의한 방법인 것으로 나타났다.[16]

교실수업에서 진로교육 프로그램을 실시할 때 부모들을 참가시
키는 것이 그리 쉬운 일은 아니다. 교사에 의해 학부모가 초대되
어 수업에 참가한다는 상황은 교사나 학부모 모두에게 긴장과 부
담을 주게 마련이다. 협의가 성공적으로 끝나게 하기 위해서 이런
무거운 분위기가 상호간의 노력으로 변화되어야 한다. 어떤 조그
마한 의심이나 의문도 말끔히 제거되어야 하며 이런 어려운 과제
를 해결하는 주도권을 교사가 잘 행사해야 한다. 처음에는 다소
방어적이던 학부모도 자신이 동참자라는 것을 인식하면 협조적으
로 반응하며 진로교육의 목표를 추진하는 데 적극적으로 협조하
게 될 것이다.

일단 진로교육의 이점을 인식하게 되면 부모들은 아주 유용한
협력자가 된다. 미국의 교육사의 발전을 위해 오늘날의 학부모들
처럼 잘 준비된 사람들은 일찍이 없었다. 그들 중 대다수는 진로

---

16) Carol and Harry Smallenburg, "School Behavior-Whose Problem?" PTA
    Magazine(February, 1971).

교육에 특별한 관심을 갖고 있는데 왜냐하면 그들은 진로교육의
필요성을 인식하도록 교육을 받았고 또 자녀교육에 동참할 기회
가 많았으며 전반적으로 학력수준이 높기 때문이다. 또 가까운 장
래에 학부형들은 가정관리학이나 심리학, 사회학에 대해 공부할
기회를 자주 갖게 될 것이다. 이런 분야의 공부를 할 기회는 교사
나 상담자 그리고 진로교육에 동참할 사람들에게도 주어질 것이
며 그들이 학부모들을 조력하게 될 것이다.

　프로그램을 짤 때는 지역의 상황을 고려해야 하고 교사의 능력
과 장점, 가족의 수입, 부모의 직장문제, 아동의 흥미와 욕구, 종
교적 성향, 사회경제적 지위, 그리고 가정의 지역적 환경을 고려
해야 한다. 그리고 진로교육이 허용하는 한도 내에서 이런 프로그
램은 각기 상황에 따라 유연하게 변화시켜 적용해야 한다.

　아동 초기의 가정환경은 후일 성인이 된 후에 개인의 삶에 큰
영향을 미치므로 가정교육을 중시해야 한다. 초등학교 시절에 다
른 사람들과 어떻게 접촉하는가에 대한 기본개념들을 학습하는
것은 아동의 삶에서 매우 중요하다. 이런 기초 위에서라야 중등학
교 단계가 되면 가족구조를 올바르게 이해하고 현대사회가 주는
압력을 견뎌낼 수 있게 된다.

　가족의 구조는 지역사회의 환경이나 제도에 영향을 받으므로
초등학교 교사는 그의 아동이 가족상황을 제대로 이해하고 환경
을 헤쳐 나갈 수 있는 프로그램을 개발해야 한다. 이런 프로그램
에는 부모의 역할을 이해시키는 내용, 가족간의 협동의 가치를 이
해시키는 내용, 공동의 목표를 위해 함께 일하는 보람을 이해시키
는 내용, 감정과 태도를 상호 교환할 필요성을 이해시키는 내용,
가족들과 사이좋게 지낼 필요성을 이해시키는 내용 등을 포함시

켜야 한다. 아동의 부모와 형제들은 아동이 가족을 이해하는 기초를 형성하는 데 영향을 주기 때문에 학교생활의 경험이 가족의 삶을 이해하는 일에 관련되도록 고려해야 한다.

6. 제안하고 싶은 활동들

진로교육은 현대 청소년의 교육을 생활과 관련된 교육으로 연결시키는 데 있어 하나의 획기적인 방법으로 교육자들에 의해 환영받고 있다. 그러나 가족과 부모의 협조가 없으면 진로교육은 아동들의 실제적인 생활에 통합되지 못하고 유리된 채로 교실수업으로만 그칠 우려가 있다. 진로교육이 효율적으로 이루어지려면 교사가 아동의 교실수업뿐 아니라 가정에서의 일상생활의 모든 면에도 학부모가 적극 관여하도록 유도해야 한다. 교사들은 다음에 제시된 활동들에서 어떤 아이디어를 얻을 수 있을 것이다. 물론 그대로 할 필요는 없다. 이것들은 초등학교 교사가 가족 구성원이 아동의 진로교육을 위해 기여하도록 권할 때 참고로 할 수 있는 예들이다. 교사들은 자신들이 주도권을 가지고 창조적으로 각 상황에 알 맞는 효과적인 프로그램을 개발해야 할 것이다.

가. 활동 1: 진로교육의 자원으로서의 부모들

부모들은 광범위하고 다양한 직업을 갖고 있으므로 일의 세계에 대한 모습을 수업시간에 아동들에게 제시해 줄 수 있다. 가능한 한 실제의 작업상황이 논의되는 것이 좋으며 그림이나 유니폼,

기타 작업현장의 특성을 보여줄 수 있는 것들을 통해 수업을 진행시키는 것이 바람직하다.

- 교사의 관여
(1) 부모들이 종사하는 직업의 유형에 대해 숙지하기
(2) 다양한 경력을 가진 부모들을 프로그램에 연결시키기
(3) 프로그램을 실시하기 전에 활동의 목표를 부모들에게 소개하기
(4) 각 부모들이 하고 있는 일은 모두 존엄하고 가치있는 것이라고 학생들에게 인식시키기
(5) 서로 다른 직업이 각기 사회에 어떻게 기여하는지에 대해 목록화 할 수 있는 경험을 학생들에게 부여하기
(6) 직업과 가정에서 하는 일이 어떻게 연결되는지 학생들이 이해하도록 돕기; 가령 식사를 준비하거나 서빙을 하는 일이 레스토랑에서 일하는 직업과 연결된다든지, 집안을 청소하고 꾸미는 일이 호텔경영과 연결된다든지, 상점에 가서 물건을 사는 일이 구매직종과 연결된다든지 계산서를 쓰는 일이 기업경영과 연결된다든지 차를 수선하는 일이 자동차 관계의 직업과 연결된다든지 잔디나 정원을 가꾸는 일이 정원사나 조경관계의 직종과 관련된다든지 하는 식으로 일과 직업의 세계를 연결시켜 주어야 한다.
(7) 기타 여러 가지 추후활동을 지도하기

- 추후활동
추후활동으로 교사는 아동의 부모의 직업과 관련된 과제를 제

시하여 조사해 보게 한다. 가령 아버지가 버스 운전기사인 아동이 라면 그 아동에게는 교통신호가 갖는 의미와 중요성에 대해 조사 해 보게 한다. 이 때 아동들에게 부모의 직장을 방문할 기회를 주 는 방법도 좋다. 가령 어머니가 간호원인 어떤 아동이 있다면 반 학생들을 그 병원으로 데리고 가서 의·약학 계통의 직종에 대해 추후지도를 할 수 있다.

나. 활동 2: 부모의 역할을 연기해 보기

(1) 아동 모두에게 그들의 부모와 의논해서 부모들이 하는 일의 종류와 성질에 대해 학습하게 한다.

(2) 교실수업에서 받은 인상을 집에까지 연장시킬 수 있도록 정 열적이고 생생한 수업 분위기를 창출한다.

(3) 부모들이 작업장에서 입는 옷이나 사용하는 연장을 학교에 가져오도록 격려한다.

(4) 학급에서 교사가 지도·조언한다.

(5) 부모들을 실제 활동에 참여할 수 있게 초대한다.

(6) 학급에서의 활동을 교육·지도한다. 가능하다면 직업탐색 활동을 음악이나 연주 또는 미술 등의 활동과 결부시켜 시 행할 수 있다. 예를 들면 다음과 같이 할 수도 있다:

● 사례 1

애틀란타 시의 어느 초등학교에서는 아동들이 "직업탐색을 위 한 오페레타"를 공연했는데 그 내용은 아동들의 부모들이 종사하 는 직업에 관한 것이었다. 아동들은 부모들의 직업을 중심으로 한

생활 이야기의 극본을 쓰고 음악을 삽입하고 극화하였다. 이 드라마는 아동뿐 아니라 부모들에게도 많은 도움을 주었다. 이 사회에 존재하는 모든 직업이 다 그 나름대로 사회에 기여한다는 것을 일깨워 주었다. 이런 유형의 활동을 진로탐색 프로그램의 절정에 도입할 수 있다.

● 사례 2

애틀란타 시의 또 다른 어느 초등학교에서는 특색 있는 예술적인 방법으로 진로탐색활동을 전개했는데 그 학교에서는 "인터뷰"를 통해 자기 아버지의 직업을 쓰게 했다. 나아가 조지아(Georgia)의 시구를 빌려 자기 부모의 직업에 대한 인상을 쓰게 했다. 나중에 학생들은 자기들이 쓴 시와 소네트를 부모들에게 보내어 서로의 생각과 인상을 교환했는데 이런 방법은 아동과 부모 모두에게 유익했다.

● 추호활동

교사들은 다음과 같은 활동이 아동들이 그들의 부모의 직업에 대해 새로운 지식을 얻는 데 아주 유용함을 알게 될 것이다.
   (1) 상연된 여러 직업들을 살펴보고 각 직업의 기여도를 논의한다.
   (2) 활동 중에 등장하지 않았던 직업에 대해 정보를 모으고 그런 직업들이 가정에 주는 중요성을 논의한다.

다. 활동 3: 부모들에게 조언하기

교사들은 진로교육의 개념과 의미를 부모들에게 알리기 위해

시간을 할애해야 하며 진로교육을 가정에 연관시키기 위해 부모들과 상담을 해야 한다.

- 교사의 관여
(1) 논의될 활동과 주제를 확인하기 위해 협의계획을 신중하게 짠다.
(2) 아동들이 집에서 진로탐색 활동을 할 때 어떻게 조력해야 할지에 대해 부모들과 대화한다. 가정에서 하는 일의 많은 부분들이 사회에서 하는 일과 관련이 깊다는 것을 지적해 준다.
(3) 부모들의 의견을 경청해서 그것들을 학교의 활동에 통합시킨다.
(4) 가정에서 탐색활동을 할 수 있는 프로그램에 대해 설명해 준다. 부모들이 편안함을 느낄 수 있는 분위기를 만들어 준다.
(5) 아동의 흥미나 능력, 적성에 관한 정보를 부모들에게 제공해 준다. 만약 부모들이 자녀의 진로에 대해 비현실적인 목표를 갖고 있다면 공개적으로 반대하지 말고 자녀의 흥미나 능력, 적성 등을 잘 이해하게 하여 사고의 방향을 전환시키도록 노력한다.

라. 활동 4: 부모와 함께 일의 세계를 탐색하기

이 활동의 목표는 짧은 시간에 부모의 직업을 조사해 볼 기회를 주려는 것이다. 일에 대한 직접적인 것을 알기 위해 제조업에

대한 지식을 그리고 상업이나 사무 계통의 직업을 그리고 옥외활
동을 하는 직업에 대한 지식을 알아보게 한다. 이런 활동을 통해
아동들은 직업에 대한 비교적 구체적인 지식뿐 아니라 직업에 대
한 존경심을 갖게 되고 그들의 부모들이 직장에서 어떻게 협력하
며 일하고 있는지를 배우게 된다. 교사는 다음과 같은 활동을 통
해 그 기초를 제공할 수 있다.

(1) 부모의 직업상황에 대해 잘 알게 되면 지역의 상황에 맞추
    어 현장견학을 할 계획을 세운다. 이때 학부모 회의를 열어
    이런 활동을 계획하고 실행하는 일을 도울 수 있다.
(2) 이런 활동은 부모들의 승인과 부모 직장의 동료나 상사의
    동의를 얻어야 하는 일이라는 것을 학생들에게 구체적으로
    설명한다. 부모의 협조를 얻어 이 일을 성공적으로 수행하
    겠다는 열정을 갖도록 지도한다.
(3) 이 활동의 목표를 홍보하기 위해 학부모 회의를 개최한다.
    이런 활동이 성공적으로 수행되기 위해 자녀들이 직장을 방
    문하도록 부모가 도와야 하며 또 일의 세계에 대해서도 자
    상하게 알려주어야 함을 부모들에게 인식시킨다. 이런 활동
    을 통해 아동들은 부모가 하고 있는 일에 대한 직접적인 지
    식을 얻게 될 것이다. 가령 예를 들자면 다음과 같은 활동
    을 하도록 부모들이 조력할 수 있을 것이다.

① 이발소나 미용실에서 일하는 부모들은 자녀들을 이발소나 미
   용실로 초대하여 파마를 하거나 깎는 활동을 보여 준다. 부
   모들은 새로운 머리모양이나 머리 염색을 원하는 고객들의

"심리"에 대해 자녀들에게 설명해 줌으로써 이 직업이 갖는 중요성과 의미를 확대시킨다. 이런 직업이 단지 머리를 깎아 주거나 만져주는 일을 넘어서 손님을 단정하고 아름답게 가 꿔주는 데서 오는 기쁨과 보람을 느낄 수 있는 직업임을 설 명한다. 아동들은 이런 활동을 학교의 수업에 관련시켜 생각 해 볼 수 있다. 가령 수학시간에는 각종 유형의 머리 깎기에 따른 요금의 문제를, 사회시간에는 머리모양이 어떻게 바뀌 고 있는지를 고객에게 설명하는 문제를, 그리고 국어시간에 는 문법에 맞추어 자세하고 설득력 있게 말하는 방법을 다루 어 볼 수 있다.

② 판매직에 종사하는 부모들은 아동들에게 물건을 파는 동안에 일어나는 여러 가지 활동을 보여 줄 수 있다. 물건을 팔고 돈 을 받는 활동, 금전출납부에 수입원을 기재하는 활동, 상품을 포장하는 활동, 고객에게 인사하는 활동 등을 보여 줄 수 있 다. 고객이 없을 때 아동들이 방문했다면 부모들은 진열대에 상품을 전시하는 방법이라든가 상품에 상표를 찍는 방법이라 든가 가격표를 붙이는 방법 등을 보여 줄 수 있다. 실제적인 경험이라면 무엇이든지 아동들이 일의 세계를 이해하는 데 도움이 되며 특히 왜 그 직업을 좋아하는지에 대해 부모들이 말해 준다면 더욱 도움이 될 것이다.

• 부모의 관여

부모들의 직종이 다양하므로 아동들에게 직장의 환경에 관계없 이 다양한 현장방문의 기회를 마련해 줄 수 있다. 부모들끼리 협 의회를 만들어 아동들이 직장을 방문할 때 가장 효과적으로 배울 수 있는 상황을 만들어 줄 수 있다.

마. 활동 5: 경영에 대해 배우기

교실수업에서 역할연기를 해 봄으로써 가족들이 필요한 물건을 어떻게 구입하는지 학습할 수 있다. 아동들은 카다로그나 잡지에서 상품 그림을 모을 수 있으며 물건의 가격을 추정하여 가격을 매길 수도 있다. 그리고 가짜로 돈을 만들어 가게를 차리고 상품 (그림)을 사고 팔 수 있다. 이 같은 활동을 확장해서 아동은 학교에서 가지고 놀던 돈과 그림을 집으로 가져가서 가족들과 함께 이러한 게임을 할 수 있다.

- 교사의 관여
(1) 상품과 서비스를 팔게 함으로써 가족이 하는 역할을 검토하게 한다.
(2) 놀이에 쓸 가짜 돈과 다양한 상품(그림)을 수업시간에 준비하도록 한다. 아동들이 가격표를 붙이는 일을 도와준다.
(3) 물건을 사고파는 원리를 아동들에게 설명해 주고 그 활동을 지도·감독한다.
(4) 집에서 이와 비슷한 활동을 해 보게 함으로써 이런 활동에서 얻는 지식을 강화하기 위해 부모들에게 강의 스케줄이나 강의 목록을 보낸다.
(5) 추후활동을 실시한다.

● 부모의 관여

부모들은 가정에서 아동들로 하여금 물건을 사고파는 경험을 하게 하는 데 있어 가장 의미 있고 개별적인 지도를 할 수 있다. 상품을 목록 화하거나 금전출납부를 쓰거나 신문이나 잡지, 카다로그에서 상품의 가격을 점검하는 일을 효과적으로 도울 수 있다. 교사의 강의 점검 표를 검토하여 아동이 교실에서 받는 학습이 어떻게 잘 이루어지는지 평가하는 데 조력한다.

● 추후활동

가정에서 물건을 사고 판 활동을 기록하여 보고하게 한다.

바. 활동 6: 나는 누구인가?

재학 기간 중에 이 활동은 아마도 가장 중요한 일일 것이다. 가족의 재능과 능력에 대해 말할 기회를 아동들에게 준다. 아동들에게 가족과 면담하도록 "설문지"를 만드는 개요를 가르쳐 주고 상대로부터 정보를 얻는 방법을 알려 준다. 좋은 정보나 그다지 적절하지 않은 정보나 간에 모든 정보를 같은 정도로 중요하게 받아들이도록 지도한다. 정보를 분류하고 취사선택하는 것은 그 후의 단계이므로 처음에는 가능한 모든 정보를 수집해야 한다.

● 교사의 관여

이런 활동에서 교사는 심리학의 다양한 측면을 인식하고 있어야 한다. 그리고 다음과 같은 활동에서 아동들이 효율적으로 활동하도록 돕는다.

(1) 각 아동들이 자기 가족들의 재능이나 장단점을 이야기할 때 아동들이 드러내는 호·오의 감정이나 관심, 능력 등을 주의 깊게 관찰한다. 그리고 학부모와의 면담시에 이 자료를 활용할 수 있도록 기록해 둔다.

(2) 아동들이 자기의 특수한 관심이나 목표를 기록한 수첩을 갖도록 준비시킨다.

(3) 수업시간에 그 수첩을 정리하도록 돕는다.

(4) 가족과 함께 그 수첩에 적힌 내용을 의논하도록 격려한다. 수첩의 한 면에는 가족 작가의 진로목표를 적도록 한다.

● 부모의 관여

때때로 부모들은 그 수첩에 아동들의 어떤 특수한 관심이나 능력이 나타나 있는지 아동들과 함께 수첩을 검토해야 한다. 그들은 아동들이 목표를 설정하고 자신의 목표를 이루기 위해 무엇을 해야 하는지 결정하는 일을 도울 수 있다.

● 추후활동

교사는 때때로 아동들과 함께 수첩을 검토하고 다음에는 어떤 목표를 세우고 실행해야 할지에 대해 의논해야 한다. 또 집이나 학교 이외의 다른 생활 장면 예를 들면 교회나 동네 극장에서 하는 활동에 참가하도록 권유할 수 있다.

7. 요 약

가정은 아동이 장차 그의 진로에서 성공하기 위해 필요한 일의 가치나 태도 그리고 기능을 발달시키는 근원이 되는 곳이다. 5세에서 8세까지에 있어 가정이 미치는 영향은 학교나 사회가 아동에 미치는 영향에 비해 결정적이다. 어떤 아동이 어느 정도 자란 후에 불행한 출발을 했더라도 그는 후에 그의 태도를 바꿀 수도 있다. 그러나 어린시절의 불행한 출발은 그의 삶을 통해 나쁜 영향을 미칠 가능성이 큰 것이다. 우리의 삶은 과거로부터 연결되는 하나의 과정인 것이다.

사회의 미래는 개인이 그의 삶을 만족스럽게 영위하는가 아닌가에 달려 있다. 성공적인 부모의 이미지는 본능적인 것이 아니다. 그것은 학습되어야 하며 학습될 수 있는 것이다.

가정의 환경은 아동이 성공적인 진로를 개척할 수 있는 기본가치나 태도, 기술을 발달시키는 핵심요소이다. 가정환경이 나쁘면 학교나 사회의 영향이 별 소용이 없다. 진로교육의 미래를 성공적으로 이끌 수 있는가 없는가 하는 교육적인 결정에서 가장 핵심적인 관건을 쥔 사람들은 부모들이다.

모든 아동들은 똑똑하거나 우둔하거나 간에, 또 부유하거나 가난하거나 간에 자신의 진로를 갖게 될 것이다. 삶을 살아가면서 자신의 진로를 발견하겠지만 이런 발견을 하려는 습관은 아동기에 결정된다. 따라서 초등학교 시절은 부모와 교사가 협력해서 아동들이 진로를 탐색하고 일의 세계를 이해하도록 도와야 할 결정기(critical time)인 것이다.

보충 독서자료

Bell, T. H. *Your Child's Intellect.* Salt Lake City: Olympus Publishing Company, 1972.

Breckenridge, Marian E.; and Vincent, E. Lee. *Child Development.* Philadelphia: W. B. Saunders Company, 1966.

Brigham Young University, Educational and Career Advisement Center. 'Survey of Parent and Youth Attitudes in Career Guidance.' Provo, Utah.

Bruner, Jerome S. *Resarch Program on Intellectual Development.* Cambridge, Massachusetts: Harvard University Press, 1965.

Englemann, Siegfried; and Engelmann, Therese. *Give Your Child a Superior Mind,* New York: Simon and Schuster, 1966.

Grant, Eva H. *Parents and Teachers as Partners.*(Chicago: Science Research Associates, Inc., 1971.

Hayakawa, S. I. "On the Other Hand." *Saturday Evening Post* (Spring 1972.)

Hopson. Barrie; and Hayes, John. *The Theory and Practice of Vocational Guidance.* Oxford: Pergamon Press, 1968.

Hoyt, Kenneth B.; Evans, Rupert N.; Mackin, Edward F.; and Mangum, Garth L. *Career Education: What It is and How to Do It.* Sall Lake City: Olympus Publishing Company, 1972.

McQueen, Mildred. "Parent Guidance and Education." Part 1, and Involving Parents," Part 2, of *Ideas and Projects.* Sci- ence Research Associates(November 1972).

Sinick, Daniel. *You and Your Child's Career.* B nai B'rith Vocational Service, 1966.

Smallenburg, Carol; and Smallenburg, Harry. "School Behavior.- Whose

Problem?" PTA *Magazine*(February 1971).

Williamson, E. G. *Vocational Counseling*. New York: McGraw- I Hill Book Company, 1965.

Ⅵ. 초등학교 교사들을 위한
직전교육과 현직교육

    진로교육이라는 개념이 대부분의 일선교사들에게 낯선 개념이고 또 대학에서도 이런 방면의 교육을 시키지 않고 있는 실정이기 때문에 직전교육과 현직교육을 강화시키지 않는다면 진로교육은 발전하기 어렵다. 이 책의 전장에서 제시한 예를 통해 미국교육의 주요한 변화를 알게 되었을 것이다. 그러나 그것들은 극히 일부 학교나 일부 교사들에 국한된 것이다. 진로교육은 대부분 교과 시간이나 견학, 현장실습 등을 통해 겨우 발전해 왔을 뿐이다. 교육적인 내용과 직업적인 내용이 완전히 통합된 예는 극히 적으며 지역사회를 교육의 장으로 이용한 경우도 극히 일부에 지나지 않는다. 교사들은 진로교육을 어떻게 실시해야 하는지 알아야 하고 또 알고자 해야 한다. 이 장에서는 교사교육의 필요성과 이러한 교육의 내용에 대해 기술하고자 한다. 여기서 제시하는 내용이나 예는 실제적인 것이다. 이러한 개혁에 요하는 책임이나 재정 등 보다 큰 문제에 대해서는 Ⅶ장에서 논의하고자 한다.

1. 직전교육

교사교육을 담당하는 사람들은 교사자격증을 부여하는 제도를 독점하고 있으며 이런 자격증이 없으면 가르치지 못하도록 제도화해 놓고 있다. 그들은 교사의 양성과 공급을 통제하고 교사훈련의 내용을 만들 뿐 아니라 자격기준을 주장한다. 그들은 이러한 교사교육기관의 존재를 정당화시키고 있으며 이런 기준이 영구화되어야 한다고 주장한다. 이런 확고한 위치 때문에 그들이 근무하는 기관의 보증과 관여가 없는 한 교육계의 변화는 믿을 수 없을 정도로 더딘 실정이다. 그런데 그들은 지역사회 고객들의 요구에 직접 맞닥뜨리는 일이 없는 상아탑 속에서 살고 있기 때문에 변화를 시도할 하등의 필요를 느끼지 않고 있다.

보다 타성적인 교사교육기관에서는 반 학기나 한 학기 정도의 이미 배운 내용을 복습하거나 암송하는 식으로 교육을 한다. 교사교육 프로그램의 특징인 "빛나는 새로운 도구들"은 대학 3학년이나 4학년이 끝날 때쯤에야 교생실습 자에게 선을 보이게 된다. 대학 구내의 임상실의 통제된 분위기에 잔뜩 눌리면서 교사지원자들은 6~9주간의 교육을 받게 된다. 이것은 명백히 위험한 일이다. 교육지도자와 교사지원자의 인식은 모두 어떤 사소한 한 가지 면에 치중되기 쉬우므로 "훌륭한" 선생이 될 소질이 있는 사람이 선생이 되지 못할 수도 있고 그저 그렇거나 "별로 훌륭하지 못한" 사람이 더 좋은 점수를 받게 될 수도 있다.

이런 일반화는 조잡스러운 편이지만 교사를 양성하는 대부분의 학교에서는 두 가지 모델 중에서 어느 하나를 선택하고 있다. 주정부에서 지원하는 연수기관에서는 주정부에서 요구하는 자격기준을 고수하고 있으며 이런 자격기준의 대안을 선택하거나 자격기준을 고치려 하지 않고 있다. 소규모의 사설기관이나 연구기관에서 전문적인 수준의 경영방식을 제시하거나 교사연수에 쓰일 새로운 자료나 매체를 발달시키기도 한다. 그러나 이런 모델들도 역시 교사를 위한 직전교육의 과거 유형에서 크게 벗어나지 못하고 있다.

이런 진부함과 견고성 때문에 이런 기관들은 학교라는 주요 고객으로부터 일어나는 변화에 대한 요구와 반발에 강력하게 대처해 올 수 있었고 또 대처해 왔다. 때때로 이런 변화에 대한 요구를 인식하기도 하지만 그럴 때는 새로운 교육과정을 하나 더 첨가하는 식으로 넘겨 왔다. 이런 요구를 수용하기 위해 종족에 대한 교육과정이나 집단역학 또는 감수성훈련 등의 과정을 첨가시키기도 하지만 교육과정의 근본은 본질적으로 같다. 고명 식으로 위에 살짝 얹는 경향은 시대의 주문에 따라 쉽사리 나타났다 없어졌다 하는 반면에 전통적인 방식은 계속 지속되고 있다.

교사로 채용된 사람들은 마치 미숙한 외과 의사처럼 새로운 방법론을 열심히 익힐 의무를 갖고 있다. 그러나 그들은 외과의보다도 더 진부한 방식으로 교육받고 있으니 과거의 진부한 유형과 별로 다를 바가 없는 프로그램에 참여하게 된다. 의사들은 "X"라는 치료법으로 "Y"라는 병을 고칠 수 없음을 발견하면 그것을 기록해 두기 때문에 다음 세대의 의사들에게 주어질 치료목록에서 만병통치법으로 인식되던 방법을 제외시킨다. 공학자나 과학자들도 자기가 세운 가설이나 이론이 검증되지 않을 때 그것을 부끄러워하지 않으며 자기 이론이 교재나 수업에서 더 이상 다루어지지 않아도 그것을 괘념하지 않는다. 그러나 교육계의 완고성과 진부성 때문에 미래의 교사들은 실제로 검증된 교육과정을 이수하기 어렵다.

미래의 교육자들이 제대로 검증되지 않은 교사교육 프로그램을 그대로 믿는다는 것은 이상한 일이다. 과거부터 그것이 그렇게 시행되어 왔으니까 그냥 그대로 전승되어도 좋다는 식이다. 그러나 지식과 방법이 따로 논다는 것을 수업을 통해 알게 되면 그는 임상적 규준과 학생들의 학습유형 간의 불일치를 보완해야 할 필요를 보다 강하게 느끼게 될 것이다. 자기가 받았던 교육이 잘못되었다는 것을 곧 느끼게 될 것이다. 이제 시작선상에서 신임교사는 대학의 교육과정에서 자신이 배운 것은 교육현장의 실제와는 다른 문화와 가치를 언어적으로 배운 것일 뿐 참신하고 유연하며 유익한 그 어떤 것도 배우지 못했음을 알게 될 것이다. 만약 그에게 교사로서의 재능이 있다면 이제부터 그는 그가 받은 교육 프로그램에 상관없이 스스로 배워나가야 할 것이다.

물론 이런 현상이 반드시 보편적이라는 것은 아니다. 교사교육을 담당하는 어떤 기관에서는 수업 시에 교사들은 학생들이 스스로 공부하도록 학습동기를 유발시키고 학생들이 대안적인 방법을 세우고 의사결정 기술을 발달시키도록 도와야 함을 인식하고 있다. 그리고 이런 행동을 본인이 스스로 익혀 나갈 필요가 있다고 인식하고 있다. "카네기 대학교육 위원회"(the Carnegie Commission on Higher Education)에서는 실행에 중점을 둔 교육 프로그램을 개발할 것을 주장해 왔다. 그들은 또한 대학에 등록한 경험이 없어도 그와 동등한 실력과 자격을 갖춘 사람들에게 교사자격증을 주고 교육을 시켜야 한다고 주장해 왔다. 그러나 이런 생각이 연구되고 시도되긴 했지만 별 효과를 거두지 못했다. 또 고등학교의 교육적, 사회적 환경에 맞추어 교사교육을 시켜야 한다는 보다 급진적인 견해도 있었다. 대학과 지역사회 사이에 추진되고 있는 적극적인 계약이나 보증 시스템, 현장연구 등이 활발히 이루어지고 있으며 "학습 환경"과 "대중심리학" 그리고 "인간발달"에 관한 이론들이 혼합된 형태로 제시되고 있다. 사우스 다코다 대학의 교수학습센터나 미시간 주립대학의 초등교육과와 같이 교사교육의 바람직한 방향에 대해 어떻게 시간과 자원을 할애할 것인가에 대해 연구하는 곳도 있지만 아직까지는 학교를 지식의 소비처로 잘못 인식하는 사고방식과 교사교육 프로그램을 개발하는 데 돈을 투자하기 꺼려하는 미교육성의 소극성이 결합되어서 가능한 교육개혁을 위한 조사와 연구를 연기하고 있다.

환경을 바꾸는 것보다 인간을 변화시키는 것이 더 어렵다는 에치오니(Etzioni)의 전제에 대해 논쟁하는 사람은 거의 없다. 대학의 교사교육의 가치체제를 변화시키기 위해 돈과 시간을 들이는 것은 유용하고, 바람직한 일이다. 지역사회나 학교현장에서 일하고 있는 교수나 유능한 현장교사를 직접 관여시키는 것이 보다 효과적이다. 아무리 직업적인 가치가 고정관념화 되어 있다고 하더라도 계속 반복해서 바람직한 가치를 학습하게 하면 직업에 대한 태도나 인식이 바뀔 것이다. 그렇게 하면 미래의 교사들에게 도움이 될 것이다. 비록 괴롭기는 하겠지만 훈련을 통해 그들은 진실에 접할 수 있게 될 것이다. 만약 그런 교육이 맞지 않는다면 그는 자신의 적성이나 성향에 맞는 대안을 찾는 방법을 조만간 배우게 될 것이다. 만약 그런 교육이 그를 동기화시킨다면 그는 장차 그의 직업세계에서 만나게 될 사람들의 욕구나 일의 내용에 대해 보다 깊이 있는 지식을 얻게 될 것이다.

가. 현직교육을 위한 제시

이 장에서는 진로교육을 실시하려는 교사들의 현직교육에 도움
이 되는 혁신적인 실행의 예를 제시하고자 한다. 유감스럽게도 여
기 제시하는 예들은 교육대학에서 실시하는 것 보다는 다른 기관
에서 실시하는 것들이 대부분이거나 또는 어떤 지역사회학교에서
시험적으로 개발한 것들이다. 이 프로그램들을 실시할 때는 교사
자격기준을 고려하여 실시하는 것이 유용할 것이며 이 프로그램
들이 대학 수준에서 교사자격기준들을 자발적으로 재검토하도록
동기화시켰으면 한다.

혁신적인 프로그램들	교사교육에 주는 시사점(제언)
위스콘신 대학의 프로그램인 **"Green Bay"**는 환경문제에 초점을 둔 프로그램이다. 교육과정의 전 영역은 지역사회의 작업현장과 잘 연계되어 있으며 학생들은 과학적, 사회적 지식(원리)을 실제 현장에 적용시켜 보면서 장애요인과 그 치료책을 발견하게 된다. 현장의 직원과 학생, 그리고 주민간의 대화를 통해 학생들은 생태학의 기본적인 학습을 넘어서 사회의 인간관계를 학습할 수 있다.	이 프로그램은 지역사회의 특성(농업, 유흥업, 중공업 등)과 지역사회의 자원(은퇴한 근로자의 상황) 그리고 지역사회의 문제(실업, 생태, 불평등의 문제) 등에 관해 훈련기간에 숙지할 수 있도록 개발되었다. 교사교육 프로그램도 이런 측면들을 충분히 고려해야 할 것이다. 피교육자가 처한 현실의 상황을 반영할 수 있도록 교육과정을 개발해야 할 것이다.
워싱턴 시에 있는 에버그린 전문대학에서는 교육을 받기 시작하는 학생들에게 산업체의 직원들과 계약을 맺도록 하고 있다. 한 집단에게는 가까운 도시를 대상으로 하여 조경사업 계획을 짜도록 한다. 능력에 대한 평가는 계약을 맺은 직원과 학생의 자기평가에 의해 이루어지도록 되어 있다.	산업체의 직원과 학생을 학교이외의 일에 관여하게 함으로써 학교와 지역사회의 이익에 직접, 간접으로 참여하도록 유도하고 있다. 상호합의에 의하여 주변세계를 대상으로 일의 경험을 한 후에 학생의 적극성과 소극성에 대해 평가한다.

혁신적인 프로그램들	교사교육에 주는 시사점(제언)
일리노이 주 시카고에 있는 프레이리 전문대학에서는 유아원이나 탁아소, 병원의 놀이방, 그리고 간호보조와 같은 일을 원하는 학생들에게 학위를 얻을 수 있는 프로그램을 제공하고 있다. 학생시절에 미리 일의 세계를 경험하게 함으로써 그들은 자신의 직업목표를 수정할 수 있고 확실한 평가를 내릴 수 있게 된다.	초등학교 교사가 되려고 하는 사람들을 위해 현실검증을 할 수 있는 실험적인 경험을 제공해 주려고 할 때 이 프로그램이 도움이 될 것이다. 입학한 후 첫 학기의 끝 무렵에는 지역사회에서 운영하는 탁아소나 병원 또는 사설 탁아소에 일주일에 두 번 정도 자원봉사를 하게 아이를 돌보는 직업에 대해 현장에서 최소한 2~3주 직전 훈련을 받게 한다.
미네아폴리스에 있는 성 메어리 전문대학에서는 아동발달을 돕는 방법을 배울 수 있는 2년제 프로그램을 제공하고 있다. 이 프로그램은 특수교육을 하고 싶어 하는 조력자들에게 필요한 특수기술을 가르치는 데에 주안점을 두고 있다. 학생들에게 특수아동에 대한 임상적, 현장적 경험을 일찍 쌓게 함으로써 특수아에 대한 포용성을 길러 줄 수 있으며 특수교육을 자기가 계속 전공할지를 결정하는 데 도움을 준다.	학교나 병원 또는 기관에서 학생들이 원하는 방향으로 특수교육을 받을 기회를 허용해 준다는 점이 참고가 된다. 특수아동의 부모와 상담을 하고 논의를 할 수 있는 기회를 자주 제공해야 한다. 그렇게 함으로써 한쪽으로 치우친 불균형한 교육과정이나 이론에서 해방되어 보다 실제적이고 명료하게 특수아동에 대해 알게 될 것이다.
잭슨빌에 있는 플로리다 전문대학과 커블스킬에 있는 뉴욕주립대학에서는 호텔이나 모텔의 경영에 대한 A·A학위를 주는 교육프로그램을 개설하고 있다. 이 프로그램은 여가와 개인 봉사직을 취급한다. 2학년 때는 실제학교 아니라 레스토랑 경영과 요리의 영역도 다루고 있다.	조직심리학을 철저히 공부해서 학교경영자가 되려는 학생들에게 그와 같은 일을 위해 준비시키고 취업시킬 수 있는 교육과정을 선택하게 해야 한다. 산업체의 상담기관이나 개인사무소, 여는 조직심리학의 교육과정뿐 름 캠프학교, 휴양지의 모텔 등에서 실제로 일의 경험을 쌓게 해야 한다.

혁신적인 프로그램들	교사교육에 주는 시사점(제언)
매릴랜드 주의 록빌에 있는 몽고메리 전문대학과 미네소타주 부루크린에 있는 북 헤네핀 전문대학에서는 도시계획과 발전에 관한 프로그램을 제공하고 있다. 이 교육과정을 이수한 전문가는 그 도시의 주민을 위한 조력자로서 봉사하게 된다. 이 도시의 조력자는 자기 지역사회의 사회적, 물리적인 현실과 경제적 현실간의 균형을 잡을 줄 알아야 한다.	지역사회의 의회가 있는 곳에 위치한 전문대학이나 대학에 이런 종류의 프로그램을 운영해야 한다. 이렇게 함으로써 장래 교사가 될 사람들에게 미래의 직업이 될 교사로서의 역할에 대해 현실적으로 검증해 볼 수 있고 자신의 능력이나 인내심 등을 평가해 볼 수 있다.
라스베가스에 있는 네바다 대학에서는 "학점"만을 고집하지 않고 있다. 다양한 훈련 프로그램을 개발하면서 또 학생들의 요구와 흥미에 맞는 교육과정을 만들고 있다. 그리고 이런 프로그램에 참여한 학생들에게 시간적인 제약을 주지 않고 있다.	학생들의 학년이나 내용, 수준에 꼭 맞추어서 프로그램을 이수하게 할 필요가 없다. 위에 기술된 것들을 적절히 조합해서 학생들이 어디서 누구와 만나 가장 최대한으로 자기의 경험과 기술을 쌓을 수 있는가를 고려해서 프로그램을 융통성 있게 운영해야 할 것이다.

주교육국의 저명한 어떤 관리는 "개인의 혁신을 위한 지도성을 기르기 위해 설치된 교육대학의 프로그램을 살펴보면 가장 주요한 방해요인 가운데 하나는 변화에 민감하지 못하다는 것이다"라고 말한 적이 있다. 비록 그의 말이 지나치게 조잡한 일반화인지도 모르지만 진로교육에 대한 필요성이 주정부나 산업현장, 지역사회 등에서 제기되었지 교사교육기관에서 제기되지 않은 것은 분명한 사실이다.

나. 교사의 과잉공급에서 오는 문제

15년 후의 출산율의 저하에 대비하여 초등교원의 양성을 제한하고 기존에 과잉공급 된 자원을 활용하고자 하기 때문에 신임교사들이 교직에 들어오는 수가 감소되고 있다. 아울러 직전교육에 대한 혁신이 제한을 받고 있다. 이런 상황은 특수한 분야에서는 더 가속화될 전망이다.

그러나 대도시의 학교나 농촌의 학교에서는 교사가 부족한 곳도 있고 또 특수교육이나 외국어교육, 산업기술교육, 직업교육 등의 분야에서도 교사가 부족한 현상을 보이고 있다. 또 초등학교 저학년이나 중학년에 남자 교사가 매우 부족하다. 교사로서 직업의식이 투철하고 잘 교육받은 사람은 소수민족이 사는 지역사회에서 매우 필요로 하고 있다. 여성들은 교사나 상담자가 되는 데 별 제한이 없을 것이다. 그들은 학교나 지역사회에서 제공하는 진로교육을 통해 전문가로서의 교양을 쌓을 수 있게 될 것이다. 가르치는 일과 교육과정을 작성하는 일을 충분히 갖춰야 할 초등학교의 교사들이 교육을 통해 그런 것들을 배울 기회가 그리 많지 않다. 교사를 교육시키는 기관에서는 교사가 아동들의 흥미와 열정을 학습경험 속에 통합시켜 나갈 수 있는 능력을 기르는 면에 많은 투자를 해야 한다. 이런 투자를 통해 교사를 질적으로 높게 끌어올려야 한다. 연방 교육성에서는 일반의 요구와 동의를 평가하고 그것에 부응할 수 있는 보다 정확한 기록을 갖고 있어야 한다. 교사교육기관이 과연 제대로 자기 기능을 하고 있는지, 그 효과는 어떤지에 대해 재검토해야 한다. 그것은 구매자를 위한 시장이며 학교에서는 더 이상 제대로 교육받지 못한 교사들을 받아들

여서도 안 되고 직업시장의 요구에 부응하지 못하는 교육기관에
서 교사를 "사서도" 안 된다. 다음에 기술한 질문들은 미터스
(Mietus)의 글에서 인용한 것으로 교육대학에서 위와 같은 요구를
충분히 만족시키고 있는가를 평가하는 데 유용한 척도들이다.

(1) 교사교육 프로그램이 다른 학교나 학교 밖의 조직과 조화롭게
통할 수 있는가?
    ① 교사의 학문적 재능과 유용성을 활용하기 위해 이들 조
    직에서 어떤 요청이 있는가?
    ② 과거의 단기간의 자문역할을 넘어서 작업현장의 직원과
    교사교육을 담당하는 교수를 서로 교환해서 교육시키려
    는 계획을 갖고 있는가?
    ③ 교사들을 채용할 학교의 요구와 교사 정치(Placement)
    의 현실을 분석해서 교육목적을 설정함에 있어서 간학
    문적인 어떤 통합을 시도하고 있는가?
(2) 세금 납입 자나 입법가 그리고 교육위원들에게 사회에 유용한
프로그램이라는 인식을 줄 수 있는 그런 프로그램을 짜려고
노력하는가?
    ① 학생들의 부모나 사업가들은 교사교육을 위해 그들이
    투자하는 돈이 시민정신의 결속을 위한 문제나 수업료
    인상의 문제, 교사의 실업문제 그리고 공립학교에서 발
    생하는 여러 문제를 해결하는 데 도움이 된다는 확신을
    갖고 있는가?
    ② 교사들을 새로운 방법으로 교육시키기 위해 추가예산을
    들여 프로그램을 짜는 문제에 있어서 법적인 관여와 지
    원을 필요로 하는 근거가 있는가?
    ③ 주정부와 교육성 그리고 교사교육기관 간에 상호협력의
    증거가 있는가?

(3) 그 프로그램은 목표달성을 위해 투자되는 에너지를 최대로 활용할 수 있는가? 그리고 그 기능을 유지하거나 행동을 검증하는 데 최소한의 에너지를 요구하는가?
　① 직전교육을 받을 동안에 지역사회와 산업현장의 자원들을 폭넓게 이용할 수 있는가?
　② 그 프로그램은 서로 다른 문화와 가치를 수용하도록 고안되었는가?
　③ 교사교육 프로그램의 계열과 공립학교의 현직교육 프로그램은 상호관련성이 있는가?
(4) 그 프로그램은 젊고 유능한 지원자들이 성실하게 교육받으려고 하는 태도를 갖게 할 만큼 충분히 매력적인가?
　① 그 프로그램은 다양한 학습이론과 장래 교사로서의 포부와 다양한 학습유형을 조화시키는 면에서의 실제적인 유언성간의 일관성을 갖고 있는가?
　② 그 프로그램은 탐색단계에 있는 학생들의 다양한 목표, 불확실성, 실수 그리고 급진적인 이론 등과 조화를 이루고 있는가?
　③ 그 프로그램은 현실지향적인 학생의 사회적, 교육적 환경에 맞추어 그의 기능의 발전과 성장을 도모하고 있는가?

　그리고 마지막으로 보다 궁극적인 질문은 다음과 같다. 즉 훌륭한 교사가 되겠다고 다짐한 학생들 중에서 실제로 어느 정도의 학생들이 교사직에 들어가서 그 일을 계속하는가? 이다. 이 질문과 앞으로 계속될 질문들은 교사교육을 담당하는 사람들과 그들이 실제로 봉사하게 될 아동이나 사회간의 긍정적인 직면을 위한 하나의 기초적인 자원으로 제공될 수 있을 것이다.

2. 교사의 현직교육

아무리 질적으로 개선되고 진로교육 분야가 새로운 전문직종으로 등장했다고 하더라도 교육개혁은 오랫동안 교육자들에 의해 혁신되어 왔다. 그러나 다른 어떤 단순한 교육영역보다 이 영역에서의 교직원의 발달에 대해서는 별로 연구된 것이 없는 것 같다. 다른 전문직종이나 회사들의 경우처럼 교사들의 기술을 개발하고 향상시키기 위한 내적인 노력이 거의 없었다. 단지 대학이나 전문대학에서 약간 관심을 가졌을 뿐이며 그것도 아동들이 학교에 없을 때나 지루한 여름을 이용해서 실시되었다.

진로교육이 대두됨에 따라 비록 불완전한 형태나마 여름학기를 이용해서 산업체와 협동적인 체제로 이루어지고 있다. 나아가 일부 진보적인 지역에서는 시민들 자신이 어떤 일이 이루어지고 있는지 인식할 뿐 아니라 교육적인 "성취"에 영향을 주는 방법으로 참여하기도 한다.

현직훈련은 주정부의 교육국에서부터 개개 학교에 이르기까지 진로교육의 가장 분명한 대변가이다. 교육자들이 일단 일정 기간의 자기검증에 참여하게 되면 진로교육에 대해 모호하던 것이 바뀌어 뚜렷한 목적을 갖고 조직과 개인의 변화력을 탐색하게 된다. 진로교육에 대한 열의로 인해 교육자들은 점차 자신들의 능력을 높이게 되며 보다 신뢰감을 갖게 된다. 자기의 우수한 점을 새롭게 포용함으로써 그는 과거에 자기가 고집하던 교육의 수월성에 대한 신념을 버리고 자기의 역할을 자기 성향대로 유지하게 된다. 어떤 특별한 과제가 새로 주어지는 것이 아니라 그가 해 오던 과제가 주어지므로 교사와 지역사회의 대표자들은 출발선상에서는 똑같이 서로 "핸디캡"을 지니고 있었지만 학습상황에서 서로를 주시하면서 발전하게 된다.

교직원들의 진로발달을 촉진시키는 프로그램들은 주마다 다르고 학교마다 다르다. 그러나 초등학교에서 효율적이라고 평가된 진로인식 프로그램들로부터 어떤 공통요소들을 추출할 수 있다. 이런 프로그램들 중에서 어떤 것들은 돈을 벌기 위해 만들어진 것들도 있지만 현직훈련 프로그램들의 대부분은 주정부의 교육국에서 개발하거나 진로교육이 국가 전체의 관심사가 되기 전에 이 분야에 뜻을 가진 지역사회의 학교에서 개발된 것들이다. 이런 것들 중에서 보다 오랫동안 쓰이는 모델들은 주정부로부터 계속적인 지원을 받고 있다. 이런 지원금이 반드시 긍극적인 자본금이 되는 것은 아니지만 그것은 장기적인 정책을 수립하고 지속시켜 나가려는 개인이나 기구에 의해 지원되는 것으로 좋은 현상이라고 볼 수 있다.

현직훈련의 유형은 대략 8가지 범주로 분류할 수 있다. 그 각각을 간략하게 기술함으로써 그러한 프로그램을 실제로 사용하려는 사람들이 보다 쉽고 유용한 선택을 하도록 할 수 있을 것이다.

여기에 기술한 각 접근법들과 요소들은 여러 주와 지역사회의 현실을 바탕으로 한 것이다. 이와 같은 현직훈련 프로그램들의 몇 가지 또는 그 모든 것을 절충하면 진로교육 프로그램을 실시할 때 매우 유익하고 조화로울 것이다. 이와 같은 시도를 할 때 어느 접근법을 기저로 해야 한다는 법칙은 없으며 개인의 현실과 투자되는 물자의 성질 그리고 지속성에 따라 그 순서와 계열을 정하면 된다. 진로교육 프로그램을 실시할 때는 "격려"가 가장 훌륭한 "압력"이 된다. 그것은 안으로는 전문가에게 훌륭한 영향을 끼친다. 그것은 진로교육 전문가의 자질을 키워 주며 교사들이 그들의 아동들을 위해 우수한 프로그램을 개발하도록 보증해 준다.

가. 유급휴가 접근법

유치원과 초등학교 교사들 중에서 x명을 선발하여 일정기간 휴직을 시킨다. 재고용될 때까지 보수를 지급하며 월급을 받는 대가로 이 교사들은 학습 자료를 만들거나 학교사무를 보게 한다.

그들의 임무: 진로교육에 대한 문헌의 조사와 실행에 대한 연구를 한다. 그래서 각 교과의 영역을 거기에 맞는 근로자의 생애유형에 연결하여 조작적인 정의를 내리고 교육과정을 개발한다.

검증: 개발된 교육과정을 사용하여 수업을 한 집단과 그렇지 않은 집단을 비교하여 검증한다.

실행: 새로운 자료와 접근법을 사용하여 진로교육을 시키는 팀으로 활용하기 위해 연구팀을 예비실험 상황으로 옮긴다.

나. 하기방학을 이용한 근로경험 접근법

실험학교(유치원에서 12학년까지)에서는 9가지 직업군(환경업, 농업, 보건위생업, 부동산, 은행, 금융업, 서비스업, 제조업, 대중매체업, 건축업, 운송업)을 대표하는 지역사회 기업들과 계약을 한다. 여름방학 동안 각 학년에서 두 명씩(모두 26명)의 교사를 선정하여 약 8주 동안 전일제 근무를 시킨다. 고용주는 교사 한 명당 각각 한 명의 근로자를 "보호자 겸 지도자"로 배치한다. 학교에서는 보통 1년에 10개월 치의 급료를 교사들에게 지급하는 데 이 경우에는 12개월 치의 봉급을 지불해야 한다. 주정부의 교육부는 그 지역사회의 대학과 협의하여 교사들을 지도하는 근로자들에게 교사로서의 "자격증"을 주어야 하며 교사들은 그 과정에서 학습경험을 쌓고 자격증을 얻기 위해 일정한 금액의 수업료를 납부해야 한다.

이 프로그램이 성공적으로 실행되려면 학교 측의 지원과 고용주들의 지원이 필요하다. 프로그램에 참가하는 교사들이 늘어야 하며 프로그램의 가치와 교사들의 업무수행에 대해 고용주들이 가치 있게 인식해야 재정적인 지원을 하게 된다. 대학에서는 계속 자격증을 주어야 하며 교사들에게 배치된 지도자들을 지도하는 과정을 제공해야 한다.

다. 단기간의 하기 워크샵 접근법

주정부의 교육부는 교사, 상담가, 학교행정가, 교육지도자, 교육과정 운영자, 생활지도나 직업지도를 담당하는 수석교사들에게 일련의 워크샵을 개최한다. 이러한 워크샵들은 그 지역사회의 대학에 위임하거나 또는 주정부의 교육부에서 주관한다. 오리엔테이션을 계획하고 진로교육 프로그램을 실시함에 있어 또는 강사료나 자료비는 그 지역사회의 자원과 시민들을 폭넓게 활용함으로써 그 경비를 줄일 수 있다.

워크샵의 장소를 빌리는 임대료나 참가비는 진로교육을 위해 주정부에서 할당된 지원금을 이용한다. 이 워크샵에서는 현직훈련을 지도할 수 있는 전문가를 훈련시키는 일과 진로교육의 지역적인 교육과정이 실제실행에 적합하도록 구성되어 있는가를 알아보는 일을 한다.

라. 보장받은 휴가기간을 이용한 접근법

학교에서는 한 주일에 두 시간 정도 교육부의 고위층과 상담자, 학교행정가들을 한 팀으로 짜서 진로교육을 유연성 있게 실시한다. 교육 기간 동안 가장 효과적인 교육활동은 워크샵의 체험이 될 것이다. 이 프로그램에 참가하는 사람들은 정규적으로 실시되는 특별연수기간에 참여하지 않아도 되므로 그 여가를 이용해서 현장견학이나 옥외활동 또는 학교에서 실시되는 진로인식 프로그램에 참여할 수 있다. 그리고 지역사회의 전문가를 강사로 활용할 수 있도록 행정적인 지원을 하며 그들은 또 연수기간 동안 진로의 다양성에 관하여 참석자들에게 시범을 보여 준다.

마. 1년간의 산업체 방문 접근법

주정부의 교육부는 그 지역의 대학과 계약을 맺고 학기 중에 매달 계획된 산업체를 방문하여 진로교육 활동을 한 교사나 상담자들에게 자격증을 준다. 방문지는 큰 회사나 공장 또한 대도시 중심에 있는 관공청 등이며 참가자들은 교통비를 제외한 어떤 경비도 쓰지 않아도 된다. 회사나 기업체, 관공서에서 배워 온 새로운 정보를 교사나 상담자들은 학교에 돌아와서 아동들에게 가르쳐 주어 상품과 서비스를 만들고 개선하려는 인간의 욕구는 끊임없이 지속되고 발전되고 있다는 것을 인식시킨다. 참석자들은 매번 방문이 끝난 후 보고서를 만들거나 세미나를 열어 자기 의견을 제시하거나 동료들에게 질문할 기회를 갖는다.

바. 보조적인 인적 자원을 이용하는 접근법

교직원들의 자질향상을 위해 지원금을 배정해 놓은 학교에서는 진로교육 프로그램을 실시하는 보조요원을 학교 자체 내에서 양성하거나 또는 외부에게 고용하거나 한다. 대안적으로 주정부의 지원금을 받아 연구하는 기관에 의뢰할 수도 있다. 이 양자의 경우 그러한 지원자들은 모두 학교제도에서 합리적인 진로교육을 실시하는 데 도움을 준다. 그러한 예의 몇 가지를 제시하면 다음과 같다.

(1) 학교－산업체간의 협동관계를 맺어 산업체의 경험을 가진 유능한 교사에게 추가로 보조금을 지급한다.

(2) 고등학교 정도의 청소년을 조교나 강사 또는 매체전문가로 고용한다. 이 청소년은 진로교육 프로그램에 참석해서 진로교육을 받은 사람이어야 하며 학교를 중퇴한 사람은 고용될 수 없다. 간단한 작업이나 또는 학습을 통해 교사들은 이 청소년과 장래의 삶에 대한 조망을 해 본다.

(3) 각 학년에서 교사를 조력할 사람을 뽑는다. 이러한 조력자로서는 학부모나 퇴직자 또는 그 지역의 미취업자로 그들은 교사들과 함께 현직훈련 과정을 계획하고 시행한다.

사. 주정부 교육부의 지역적 접근법

어떤 주에서는 교사들을 위해 주정부의 관계 인사를 초빙한다. 그들은 전문가들로서 산업체의 대표들에게 진로교육의 개념과 이론을 소개하기 위해 하루 동안 협의회를 가진다. 이 일이 끝난 후 주정부에서는 모든 부서의 계선참모들에게 전문적인 간담회를 열도록 한다. 이 경우에 이미 준비된 실천적인 행동도 한 장면 시연된다. 이런 활동을 통해 실무 진들은 진로교육에 대한 인식을 얻고 그 지역수준에 맞는 진로교육의 원형을 인식하게 된다. 이러한 활동들은 주정부의 진로교육 진흥정책에 의해 좌우되며 진로교육을 학교에서 우선적으로 실시하려는 실천력에 의해 좌우된다.

참가자 양측으로부터 평가와 조언을 받은 후에 교육부의 직원들과 시민들로 구성된 가문위원회에서는 주단위의 지역 안을 결정한다. 이러한 방법은 현직훈련의 기능과 합계 미래의 지역사회의 지도성을 확립하기 위해 지역특성을 발달시키는 데 도움을 준다. 궁극적으로 지역사회 학교가 그 지역의 교육정책과 인적 지원 상황을 알게 됨으로써 학교중심유형의 진로교육을 실시할 수 있으며 주정부의 진로교육을 효율적으로 달성시킬 수 있다.

아. 구안법 또는 연합적 접근법

충분한 조사와 확실한 근거에 의해 지역수준에서 연합적인 팀을 만들어 진로교육을 실시하는 방법이다. 한가로운 시간을 이용해서 계획을 짜는데 그들은 교육과정을 짜기 위해 "구안법"이나 "흥미중심법" 또는 "과제중심법"을 사용한다. 각 학기 동안에 시행하는 것을 목표로 계획된 일련의 활동들은 아동들의 준비 도나 흥미의 수준을 고려하여 고안되며 모든 학년의 아동들의 수준에 맞도록 다양하게 만들어진다.

각 학년에 걸쳐 연계적으로 이루어지는 이 같은 장기계획을 효

율적으로 운영하기 위해서는 각 내용영역에 대한 운영자의 능력
이 요구되며 직업세계에 대한 모의활동을 어떻게 성공적으로 운
영하는가가 성패의 관건이 된다. 실제적인 예로 다음과 같은 것들
이 있다.

(1) 학교주변에서 환경을 가꾸는 기사의 일

(2) 부띠끄, 정원에서 물건을 파는 일

(3) 학교 카페테리아에서 제과를 만드는 일

(4) 학교 고용원의 일

(5) 필름, 슬라이드, 비디오테이프를 사용하는 일

(6) 친구를 가르치는 일 또는 상담하는 일

(7) 신문이나 학생들이 만든 예화 또는 교재를 급우들을 위해
해석해 주는 일

(8) 연극, 무용, 음악 등의 활동

(9) 인간 생태에 관한 연구: 다이어트, 정신건강에 관한 연구,
사회조사, 청소년 올림픽 등

3. 현직훈련의 경험을 적용하기

제Ⅱ장에서 강조한 바와 같이 교사들은 아동들의 진로교육의 학
습경험이 생생해지도록 독창적인 교육과정을 개발해야 하며 교과
교육의 내용에 맞추어 통합시켜야 한다. 그리고 학교는 자체 실정
에 맞는 현직연수 프로그램을 고안해야 한다. 상담자와 학교행정
가도 진로교육을 각 학년 수준에 맞도록 통합시키는 기술을 포함

하는 프로그램으로 현직연수를 시도해야 한다. 훈련기관에 들어오기 전에 가지고 있던 교수경험에 진로교육의 학습경험을 통합시키는 것이 중요하다.

교사들의 교수기술이 바뀌기를 바라는 학교에서는 행정가와 상담자 그리고 교사 수준에서 기꺼이 변화를 추구하는 사람들과 함께 작업해야 한다. 가령 학교행정가는 진로교육을 실시하려고 하는데 교사들이 미처 준비가 되어 있지 못한 경우도 있기 때문에 관련 프로그램을 강력하게 시행할 수 없는 경우가 있다. 이와 반대로 교사들 측에서는 진로교육을 그들의 수업상황에 통합시키고 싶어 하지만 행정가가 지원을 하지 않아서 모든 노력이 백지화되는 경우도 있다. 진로교육 프로그램에 대한 상담자의 견해도 프로그램의 성공 여부를 결정짓는 계기가 된다.

학교행정가와 상담자(만약 상담자가 있다면)들의 지원이 중요하므로 진로교육을 실시하려는 사람들은 누구라도 우선 이 수준에서 시작해야 한다. 이 두 집단들은 다른 사람들보다 먼저 진로교육이 무엇인지 이해해야 한다. 이 집단들을 대상으로 진로교육을 할 때는 잘 정의된 프로그램을 가지고 비공식적인 만남을 통해 실시하는 것이 가장 효과적이다. 학교행정가와 상담자들은 이런 만남이 이루어지는 동안 질문하고 논의해야 한다.

이와 같은 작업이 끝난 후에 진로교육 프로그램에 관심을 갖고 있는 행정가와 상담자들은 자발적으로 자기 직장의 직원들에게 자기가 만났던 비공식적인 모임과 같은 형태의 만남을 주선해 주어야 한다. 그러면 자기가 가르치는 교과의 내용이나 교재를 색다른 방식으로 다루고 싶어 하는 교사들은 현직연수 프로그램에 참여하게 될 것이다. 이렇게 해서 함께 일하는 동료로서뿐 아니라 서로의 노력을 격려하고 지원하는 실천력 있는 팀으로 발전하게 된다. 학교행정가와 상담자 집단들도 역시 현직훈련에 참가하게 될 것이다.

학교에서는 일반적으로 4~5명의 교사들이 한 집단을 이루는 것이 이상적이다. 만약 참여하기를 원하는 교사들이 더 있다면 둘이나 그 이상의 집단을 만든다. 전체의 교직원을 진로교육 프로그램에 참가시키고 싶어 하는 학교행정가는 다음 해에 순서대로 교육시킬 수 있다. 그렇게 해서 전체 직원의 약 80~90%가 진로교육을 통해 교과교육을 보다 잘 가르치게 될 것이다.

캘리포니아의 소노마 군에서는 세 학교에서 차출된 교사 6명으로 진로교육 프로그램을 실시했는데 다음 해에는 대기자만도 다섯 학교에서 모두 100명이나 되었다고 한다. 또 같은 군에 있는 어느 대학교의 상담자 교육기관에서는 인턴 과정에 있는 상담자들을 상담자로서 교육시키기 위해 진로교육을 실시하고 있는 학교로 실습을 보내어 학교 교직원들과 함께 일하도록 하였다. 다른 두 주에 있는 대학에서도 학교를 인턴 과정의 상담자를 교육시키는 곳으로 계약을 맺었다.

진로교육에 관한 활동내용이 책 속에만 쓰여 있거나 아무런 교육이 없이 교사들에게 그냥 주어지기만 하면 그 프로그램은 제 구실을 하지 못한다. 진로교육에 관한 책이 교사들 책장 속에 사장되거나 교사들이 그것을 발전시키는 데 별 관심이 없거나 별로 사용하려고 하지 않으면 진로교육은 실패한다. 프로그램을 짜고 책을 쓴 교사들은 왜 다른 교사들이 그것들에 대해 관심을 갖고 있지 않은지 모르는 채로 교육과정이 습관적으로 개정되어서 도는 곤란하다.

물론 교육과정이 제대로 운영되려면 교사들이 거기에 관여하고 그것을 실천하는 데 흥미를 가져야 한다. 그러나 아직도 잘 구조화된 현직훈련 프로그램이나 교육과정을 통해 그러한 발전이 이루어지지 않으면 자기 스스로 진로교육의 자료를 개발하려는 교사들이 거의 없다. 그와 같은 구조적인 프로그램이 있다고 하더라도 대부분의 교사들은 아주 참신한 자료를 개발할 수 있는 상상력을 결여하고 있으며 다른 사람들이 자기의 학급이나 아동을 위해 특별히 개발한 자료를 적용시키고 싶어 한다. 진로교육 프로그램은 나선형 효과를 갖고 있다. 그것은 흥미를 중책으로 하여 출발해서 해를 거듭하면서 확대·심화되어 종국에는 아동들이 더 이상 흥분을 감추지 못하는 단계에까지 이른다.

교사가 프로그램에 관여하기 전에 진로교육 프로그램을 짤 때 또 다른 함정이 도사리고 있다. 이것은 진로교육에 흥미를 갖고 있는 교사들을 숨 막히게 한다. 아무리 진로교육의 목표가 중요하다고 하더라도 그것들은 교사가 진로교육에 관여하는 형태로 제시되어야 한다. 교사가 진로교육에 참여하기 전에 씌어진 목표는 실제 실행에 있어서 실패로 끝나기 쉽다.

교사들이 진로교육에 대한 사전준비가 되어 있지 않은 상태에서 학교행정가가 그들에게 진로교육을 강요하거나 누군가가 개발한 프로그램을 직접 적용해 보지 않은 상태에서 진로교육을 강요할 때 세 번째 함정이 나타난다. 학교행정가는 교사들에게 최소한의 경험을 시킨 후에 진로교육을 강조해야 하며 그것도 협조적인 방법으로 해야 한다.

현직훈련 프로그램은 학교지역 학습자의 교육적 욕구에 바탕을 두어야 하며 학교를 둘러싼 지역사회의 근로현장의 욕구에 바탕을 두어야 한다. 또 교사와 상담자, 행정가들은 프로그램을 개발하고 시행하는 데 주도적으로 참여해야 한다. 각 학년 수준에 맞는 탐색활동을 지도할 수 있는 전문가는 바로 학급을 담당하고 있는 창의적인 교사이다. 일의 세계에 대해 생각하고 그러한 자료를 유용하게 사용하기 위해 누군가와 협동하는 교사들이 자기 학급을 위해 가장 좋은 프로그램을 만들고 시행할 수 있다. 시간이 나면 교사들은 그 지역사회와 아동들의 요구와 그들이 원하는 학습 자료를 진로교육 프로그램에 통합시킬 수 있다. 그러나 모든 교사들이 다 그렇게 할 뜻이 있는 것도 아니고 또 그렇게 할 수 있는 것도 아니므로 특수한 요구에 부응할 수 있는 이미 시행되고 검증된 진로교육의 학습경험들을 수집하거나 수정·보완하는 것이 유용하다.

4. 현직훈련의 모델

　다음에 제시하는 현직훈련의 모델은 캘리포니아 주와 워싱턴 그리고 메릴랜드 주와 뉴욕의 어떤 지역에서 사용된 것으로 매우 유용한 방법이다.

　집단의 역동적 관계를 이해하기 위해 교사는 최소한 3일 정도를 보내야 한다. 또 현직훈련 시에 각 집단에 한 명의 부모가 참여해야 한다. 부모들은 아주 좋은 창조적인 아이디어를 제공해 줄 뿐 아니라 후에 진로교육의 학습경험을 실행에 옮길 때도 관여한다. 그들은 다른 부모 집단을 위해 정보를 제공해 주기도 한다.

　집단의 과정은 하루에서부터 다섯 주까지 지속되기도 하는데 그 내용은 교사들이 교실에서 시행할 프로그램을 효율적으로 이행하도록 돕고 진로교육에서 학교행정가와 상담자 그리고 부모들이 해야 할 역할을 정의한다. 만약 학교에서 조수를 쓴다면 그들도 집단과정에 참여시켜야 한다. 조수에게 주어지는 대안에 관해서는 다음 장에서 논의하겠다.

진로교육의 학습경험을 제공하기 위해 여러 가지 활동을 계획할 수 있다. 교사들은 일반적으로 현장견학을 실시하든지 아니면 외래인사를 수업에 초빙하려고 한다. 그러나 창의적인 교사들은 연극이나 팬터마임, 역할연기나 게시, 꼴라쥬, 부모나 산업체 인사의 초빙, 여가활동, 차트, 카메라나 레코드를 이용하여 학습한 것을 전부 보고하게 하는 조사 집단의 활용, 흉내 내기 인터뷰, 가치게임, 흥미와 적성을 알아보는 게임, 아동들의 보고서, 인터뷰, 교사와 학생간의 서신, 미술활동 등을 계획한다.

대개 처음 시작할 때 어려움을 느낄 것이다. 서로 다른 학년을 대표하는 집단들이 보다 창조적이고 생산적이며 남녀를 혼성으로 구성한 집단이 그렇지 않은 집단보다 보다 창조적이다. 그리고 지도자는 집단에서 뽑는 것이 가장 바람직하다.

제Ⅱ장에서 목록화한 것처럼 진로교육의 개념 10가지는 실제로 활용할 수 있는 적절한 것들이다. 만약 집단이 여러 개라면 처음에는 함께 프로그램을 실시하다가 그 다음에는 학교 전체의 진로교육의 목표에 따라 분리해서 운영하는 것이 좋다. 일반적으로 말하자면 학교에서 진로교육의 실제적인 목표와 개념을 개발할 수 있다면 학교목표와 학급목표를 설정하기가 좋을 것이다. 다음에는 지도자를 위한 지침을 제시하고자 한다.

가. 집단지도 계획의 형

각 집단은 다섯 명의 교사를 넘지 않게 구성하며 남여 혼성으로 구성한다.

1. 자원교사(resource teacher)의 자기소개(5분씩)[1]
2. 지도자를 뽑기(학교행정가 이외의 교사들 중에서 선정한다.)
3. 진로교육의 개념을 읽고 집단이 브레인스토밍을 하기에 적합한 개념을 하나씩 선정하기(10분 정도)
4. 브레인스토밍 시간(20분에서 45분 정도.) 서로 다른 집단(초등학교, 중학교, 고등학교)을 대표하는 아동들을 대상으로 진로교육을 시킬 경우를 생각하여 다양하게 논의한다. 브레인스토밍을 하는 시간에는 절대로 비판이나 실현되기 어렵다는 가정은 하지 말아야 한다.(돈이나 시간 등)
5. 교사 한 명은 개념을 선정하여 그것을 전체 계획으로 발전시킨다. 세부적인 시행계획을 짜는 단계로 들어간다.(30분 정도)
   ① 자원교사가 사용한 것은 무엇인가?
   ② 학습경험을 제공할 때 어떤 일이 일어날 수 있는가?
   ③ 이 다음에는 어떤 것이 따르게 될까?
   ④ 목표를 설정하기
   (1) 교재의 언어적인 개념을 학생들이 수준에 맞게 구체적인 일의 세계에 연결시켜 준다.
   (2) 지식을 증가시켜 주기: 그전에 몰랐던 정보를 알게 된 후에 학생들에게 어떤 변화가 일어날까?(예를 들기)

---

[1] 여기서 자원교사는 그전에 이미 진로교육을 받은 경험이 있는 교사로 집단을 시작할 때 큰 도움을 줄 수 있다. 이와 같은 자원교사의 자기소개는 교사들의 진로교육 시행 기술을 강화하며 새로운 정보를 나누는 데 도움을 준다.

- 자동화된 기계가 갖추어야 할 기능에 대해 학생들은 다섯 가지 정도를 말할 수 있다.(직업정보에 관한 목표)
- 학생들은 간호원이 알아야 할 수학지식에 관련된 문제를 다섯 가지 정도 골라서 다른 급우들에게 알려 줄 수 있다.(교재 내용에 관한 목표)
- 학생들은 야간에 일하는 사람들이 여가시간을 유용하게 보내는 데 도움이 되는 말을 쓸 수 있다.(개념에 관한 목표)

6. 다음 교사가 계획을 발전시킨다.(30분 정도.) 이것은 꼭 개념에서 나온 것이 아니어도 좋다. 단원에서 시작해도 좋고 어떤 아이디어일 수도 있으며 관심이 있는 직업이나 취미일 수도 있다. 그러나 그런 것들을 결합시켜 개념으로 유도해야 한다.
7. 또 다른 교사가 계획을 발전시킨다.(각각 30분 정도씩)
8. 학교행정가가 그의 역할을 정의하도록 돕는다.(30분 정도)
9. 학교상담자가 그의 역할을 정의하도록 돕는다.(30분 정도)
10. 부모가 그의 역할을 정의하도록 돕는다.(30분 정도)

이러한 과정에서 가장 중요한 단계는 교사들이 자기 자신을 창조가능성을 지닌 존재로 인식하도록 돕는 단계이다. 소집단을 구성하여 개념을 선정하고 30~45분 정도 그 개념을 다각도에서 생각해 가는 "브레인스토밍"의 과정을 거치는 것이 그와 같은 효과를 가져오는 가장 생산적인 방법이다. 브레인스토밍을 할 때 시간이나 돈 때문에 구애받아서는 안 된다. 집단구성원들은 비록 더디지만 하나의 개념이 다른 개념을 산출한다는 데서 신선한 자극을 느낄 것이다. 때로는 이 기간에 아주 창조적인 아이디어가 떠오르기도 한다.

이와 같은 기본적인 브레인스토밍 시간이 지나면 교사 중 한 명이 브레인 스토밍한 내용 중에서 하나를 선정하여 그것을 일반화시키거나 개념을 발전시킨다. 다른 교사들은 그 교사가 실행 가능한 계획을 세우도록 돕는다. 다음에 제시하는 계획의 형은 교사들이 학습경험을 토대로 작업하는 데 도움을 줄 것이다.

5. 학습경험의 계획과 평가의 모델

1. 학습결과를 지지하는 주요 개념
2. 요구되는 준비활동(학습경험으로 이끄는 단계나 논의)
3. 활동의 목표(개념, 직업정보, 교재의 내용 등)
4. 경험을 기술하기
5. 활용할 수 있는 인적 자원
6. 어떤 교과의 수업이 이와 같은 학습경험에 통합될 수 있는가? 어떻게 통합될 수 있는가?
7. 학생들의 열정, 성공 또는 실패에 대한 평가(학생들은 어느 정도 목표에 도달했는가? 학습경험이 끝나기 전까지는 평가를 하지 않는다).
8. 이와 같은 학습경험에 통합될 수 있는 다른 개념에는 어떤 것이 있는가?

평가는 모든 학습이 끝난 후에 해야 한다. 학습을 계획하는 단계에서 교사들은 개념에 관한 목표, 직업정보에 관한 목표 그리고 교재의 내용에 관한 정보 들을 어떻게 계획하는지 배우게 될 것이다.

이 세 가지 유형의 목표를 설명하기 위해 다음과 같은 예를 제시한다.

(1) 개념: 여가활동은 진로선택에 영향을 미칠 것이다. 그리고 진로선택도 여가활동에 영향을 미칠 것이다.

(2) 학습경험: 교사는 학생들에게 밤에 근무하는 간호사와 낮에 일하는 간호사에게 질문할 목록 표를 만들어 보게 한다. 교사는 아동들이 인터뷰 과정을 즐겁고 편안하게 느끼도록 약간 우스운 흉내 내는 형태로 인터뷰를 한다. 밤에 근무하는 간호사들을 4학년에 초청해서 그녀의 직업과 생애유형에 대해 이야기 해 달라고 한다. 다음 날 다섯 명의 아동을 그 병원으로 보내어 낮에 일하는 간호원과 그녀의 직업과 생애유형에 대해 인터뷰하게 한다. 가급적이면 녹음기나 비디오테이프 등을 써서 인터뷰한 내용을 생생히 담아 오게 하며 간호사들이 하는 일이 각각 다르다는 것을 주의 깊게 관찰하도록 한다. 견학을 갔던 학생들은 교실에 돌아와서 슬라이드로 찍은 사진과 녹음한 것을 급우들에게 보여주면서 간호사의 일이 어떤 것이며 어떻게 다양한지에 대해 보고한다. 밤에 근무하는 간호사가 이야기를 해 준 후에 역시 다섯 명의 아동들이 그 병원을 가보기로 계획한다. 그들이 해야 할 과제는 다음과 같다.

① 한 아동은 간호사가 알아야 할 단어를 10가지 정도 선택한다.
② 한 아동은 테이프레코드를 쓰는 법을 배운다.
③ 한 아동은 카메라를 조작하는 법을 배운다.
④ 한 아동은 학급 아동들에게 간호사가 되는 데 도움이 되는 수학문제의 예를 10가지 정도 뽑는다.

(3) 그와 같은 프로그램을 통해 다음과 같은 목표들이 달성되어야 한다.

① 아동들은 간호사가 되는 데 필요한 다섯 가지 기능을 말할 수 있다.(직업정보에 관한 목표)

② 각 아동들은 밤에 일하는 사람과 낮에 일하는 사람들이 활용할 수 있는 여가활동의 목록을 작성할 수 있다.(개념에 관한 목표)

③ 아동들은 간호사 직업에 관련된 수학문제를 10가지정도 선택하여 풀 수 있다.(교재의 내용에 관한 목표: 수학)

④ 아동들은 간호사가 하는 일을 문장으로 쓸 수 있다.(교재의 내용에 관한 목표: 영어)

⑤ 아동들은 간호사들이 쓰는 낱말을 10가지 정도 정확히 쓸 수 있다.(교재의 내용에 관한 목표: 스펠링)

인터뷰나 사진 찍기, 녹음하기 등도 특수한 교재 영역으로 다룰 수 있다.

독창성이 있는 교사들은 이러한 학습경험에 여러 가지 다른 교재들을 관련시킬 수 있다. 어떤 의욕적인 초등학교 교사는 전에 물리치료사로서의 현직훈련을 받은 경험이 있었는데 그는 등산가, 건축 관계의 노동자, 기중기를 운전하는 기사 등에 관한 직업을 다루었다.

비록 창의적인 아이디어가 개념으로부터 도출되지만 그밖에 다른 방법들도 있다. 가령 사회시간에 서부의 사막을 태평양 연안의 비옥한 땅과 견주어 본 후 그 사막을 비옥한 땅으로 바꾸는 일에 대해 생각해 보게 할 수 있다. 각 아동들은 미국의 지도를 보면서 사막으로 된 특수한 지역을 각각 선정한다. 그들은 그 지역의 상업이나 유통구조에 대해 알아보고 그 지역의 신문을 조사해 달라고 부탁한다. 신문이 도착되면 아동들은 자기가 조사하고 있는 지역에서 가장 필요로 하고 있는 직업의 목록을 만든다. 그런 후에 태평

양연안의 도시에서 발간되는 신문에서 조사한 내용과 비교해 본다. 비록 이러한 아이디어가 사회시간에 나온 것이긴 하지만 다른 교과와 어떻게 관련되며 진로교육의 다른 개념과 어떻게 관련되는지를 알아보는 것이 보다 생산적이다. 그러면 어떤 지역에서는 어떤 특정한 직업이 제한을 받는다는 것을 알게 될 것이다.

아동들은 자기가 알고자 하는 직업에 종사하는 사람에게 그 직업에 관해 묻는 편지를 쓰거나 또는 초등학생들을 위해 씌여진 직업에 관한 책을 봄으로써 직업정보를 얻을 수 있다. 그래서 다음과 같은 활동을 해야 할 것이다.

(1) 아동들은 해안지대에서는 찾아 볼 수 없고 오직 사막지대에서만 볼 수 있는 직업을 다섯 가지 정도 말할 수 있다.(교재의 내용에 관한 목표: 사회학습. 이것은 또한 개념에 관한 목표도 된다.)

(2) 아동들은 이 직업들 중에서 한 가지를 선택하여 그러한 직업을 구하는 데 필요한 기능을 다섯 가지 정도 말하고 교육 및 훈련을 받는 곳을 말할 수 있다.(직업정보에 관한 목표)

(3) 아동들은 해안지역이나 사막지역에 사는 주민에게 편지를 쓸 수 있다.(교재의 내용에 관한 목표: 쓰기, 철자법 등)

(4) 아동들은 해안과 사막지역에 있는 직업의 비율을 계산할 수 있다.(교재의 내용에 관한 목표: 수학)

학습을 유도하는 또 다른 방법은 우연한 사건을 계기로 해서 알게 된 사람 중에서 교사가 흥미 있는 대화자라고 생각하는 사람에게 이야기해 달라고 하는 방법이다. 예를 들면 어떤 2학년 교사가 학교로 빨리 차를 몰고 가다가 순찰경관에 의해 정지되었다. 그 순경이 과속에 대한 고지서를 떼는 동안 교사는 자기 반 아동들이 모터사이클을 타고 교통을 단속하는 경찰에 대해 관심을 가질 것이라고 생각한다. 그녀는 순경에게 학급에 와서 반 아동들에게 그의 직업이나 모터사이클에 대해 얘기해 달라고 부탁하고 그가 찬성한다. 그가 학교를 방문하기 전에 그녀는 아동들에게 교통순경에 대해 어떻게 생각하느냐고 묻고 그들이 논의한 바를 테이프에 기록한다. 순경이 도착하여 아동들에게 이야기를 해 준 후에 그녀는 그에게 경찰서에서 다른 사람들은 어떤 일을 하느냐고 묻는다. 이런 활동이 이루어지면 그때까지는 추상적이던 "우리 사회는 직업간의 상호관계 속에 유지 존속된다"는 개념이 구체화될 수 있다.

논의가 끝나는 날 그 순경은 라이트를 켠 그의 "모터사이클"을 가지고 온다. 순찰차도 구경시켜 준다. 또 마약단속을 담당하는 사람들도 온다. 그들은 자기직업에 대해 이야기해 주며 비록 하는 일이 다르긴 하지만 두 가지 일이 서로 관련되어 있음을 설명해 준다. 아동들은 질문을 하며 모터사이클과 순찰차에 붙은 무전교신기와 기타 다른 부속물들을 만져 보며 모자를 써 보기도 한다.

한 시간쯤 지난 후에 교사는 방문객들에게 커피를 대접하며 아동들에게 경찰서에 관련된 그림을 그려 보라고 한다. 아동들은 그들이 논의를 통해 배운 점을 한 가지씩 쓴다. 방문객들은 교실을 순회하면서 아동들이 올바른 철자법을 쓰는지 돌보아 준다.

각 아동들이 그리고 쓰는 일이 계속된다. 한 주일동안 아동들은 서로 자기들이 쓰고 그린 것을 나누어 보면서 이야기한다. 쓴 것을 돌려 보면서 수학교과가 "경찰"이라는 직종에 관련됨을 이해한다. 이러한 탐색에 필요한 활동목표는 다음과 같다.

(1) 각 아동들은 경찰관이 자기들을 돕는 방법과 서로서로 돕는 방법을 한 가지씩 말할 수 있다.(개념에 관한 목표)

(2) 아동들은 경찰관에 대한 그림을 그리고 글을 쓸 수 있다. (교재의 내용에 관한 목표: 미술, 읽기, 쓰기, 철자법)

(3) 각 아동들은 경찰관이 하는 일을 한 가지씩 말할 수 있다. (직업정보에 관한 목표)

집단의 교사들이 진로교육의 학습경험을 개발한 후에 집단의 다른 구성원들(부모, 학교행정가, 조교)은 각각의 학습경험과 전체 프로그램에 관련지어 자기들의 역할을 정의한다. 학교행정가는 그 지역의 경찰관과 학교 방문에 대한 계약을 맺고 조교는 장비를 운반하며 부모는 그 프로그램을 PTA에 쓸 생각을 갖는다. 집단의 구성원들은 각기 프로그램 운영에 있어서 책임을 가지고 있으며 그 역할도 명료하게 규정되어야 한다. 비록 그 책임이란 것이 각자 자기 나름대로 정의한 것이긴 하지만 다른 집단 원에게 어떤 시사를 준다.

상담자는 그전보다 더욱 생생하고 활기 있는 변화를 가져 다 주는 역할을 해야 한다.

프로그램을 고안할 때 가장 중요한 관건은 진로교육을 실시하는 데는 어떤 왕도가 없다는 것을 교사들이 자각하는 것이다. 집단원들이 계속 함께 일하고 진로교육의 노선을 따라 생각하면 진로교육을 위한 학습경험을 보다 창의적이고 신속하게 개발하는 데 많은 도움이 된다.(고등학교 교사들은 교과별로 독립해서 교수

활동을 전개하기 때문에 집단으로 함께 일하기 어려울지도 모른다.) 그러나 학년이나 학교수준에 관계없이 교사들이 과묵함을 극복하고 서로 의논하면 좋은 프로그램을 개발할 수 있는 방법이 떠오른다는 것을 알게 될 것이다. 여러 집단이 같은 시간, 같은 장소에서 일하기도 한다. 큰 방이나 도서실 또는 워크샵을 위한 회의실 같은 곳이라면 약 50명 정도의 집단원들이 함께 일할 수도 있다.

워크샵의 리더는 이 기간을 성공적으로 이끌어 나가는 가장 중요한 사람이며 그는 느슨하고 허용적인 분위기를 조성하면서 집단원들을 도와야 한다. 집단원들이 진로교육의 목적과 학습경험을 만들기 위해 협력할 때 중요한 것은 집단원 간의 친밀성이다. 지도자가 창출하는 분위기에 의해 사고가 자극되며 그 노선을 따라 워크샵이 생산적이고 자극적이며 흥미 있는 것이 되기도 한다. 일단 집단원들이 몇 번 정도 함께 일하게 되면 지도자는 더 이상 필요하지 않게 된다. 과제중심적인 목표들은 교사들이 잘 만들 수 있을 것이다.

조교 또한 빼놓아서는 안 될 중요한 구성원이다. 그들은 지역사회 주민이나 산업체와 연락을 하고 장비를 정리하며 아동들과 함께 소규모의 현장견학을 인솔할 수 있다. 조교들은 교사들 나름의 준거에 따라 각기 다르게 선발하는 게 좋다. 그들은 유연성 있고 열정적이며 유쾌한 젊은이들이며 진로발달의 절정기에 있는 사람들이다. 나이는 선발기준에 하등 관계가 없다. 그들은 일의 세계에서 다양한 경험을 갖고 있다. 웨이트레스, 엔지니어, 서기, 회계 등.

모든 학교에 조교가 다 있는 것은 아니다. 몇 주일간만 특별한 일을 하려는 부모들도 있고 인턴과정에 있는 상담자도 있으며 대학 초급반 학생이나 진로교육에 관심을 갖고 있는 고등학생들도 있다. 고등학생인 경우 조교자격을 얻으려면 인터뷰 기술, 전화 받는 예절, 아동과 친밀하게 일하는 기술, 보고서 작성 기능, 장비를 다루는 기능, 쓰는 능력 등을 배워야 한다.

현직훈련 시간이 길어지면 다른 의미 있는 학습경험들이 만들어질 수도 있다. 가령 집단구성원들이 오후 시간을 이용해서 테이프레코드나 자기가 개발한 카메라를 갖고 작업현장에 가서 생생한 장면을 찍을 수도 있고 그 결과를 이튿날 아침에 그것을 다른 집단원에게 보여줄 수 있다. 또 생산의 계열이나 상품이 실제로 만들어지고 유통되는 과정을 조사해 볼 수도 있다. 워싱턴 주에서 개발한 5주까지 프로그램에서 각 집단원들이 해야 할 일은 다음과 같다.

(1) 그 직업에 관해 누군가와 직무에 관한 인터뷰를 하기
(2) 작업을 주요과제와 부차적인 것으로 분석하고 근로자의 인간특성, 보수수준, 훈련조건, 요구되는 기술, 전망 등을 분석하기
(3) 그 직업을 설명해 주는 슬라이드 만들기
(4) 그 직업의 중요한 측면에 관해 직무면담을 한 것을 기초로 해서 각본을 쓰기
(5) 슬라이드와 함께 동시녹음을 하여 각본을 만들기

이 분야에서 슬라이드 테이프는 교사나 학생 모두에게 유용한 자료이다. 이러한 예들은 다음과 같은 점에서 학습경험을 확장시

켜 줄 수 있다.

(1) 교육과정의 목적에 맞는 유용한 진로교육의 자료와 구성요
   소들은 어느 곳에서나 찾을 수 있다. 진로교육의 개념에 맞
   는 예를 찾아봄으로써 가치 있는 개념들이 우연히 찾아질
   수 있다는 것을 인식시킬 수 있다.
(2) 교육과정에 도움을 주고 교육과정에 포함시킬 수 있는 진로
   교육 자료들이 의미 있게 쓰일 수 있다.
(3) 교사들은 다음과 같이 "~하지 않는다면" 그런 교육과정을
   개발하고 사용할 수 없을 것이다.
   ① 진로교육의 목표와 내용을 이해하고 있지 않는다면
   ② 진로교육 프로그램을 교육과정 속에 통합시킬 기회가 있
     다는 것을 인식하기 위해 교육을 받지 않는다면
   ③ 직업세계에서 일을 해 볼 기회나 교육 자료를 계획하고
     준비해 볼 기회를 갖지 않는다면
   ④ 동료와 상의해서 작업계획을 짜 볼 시간을 갖지 않는다면

  공식적으로 이루어지는 현직훈련을 지원하려는 전조가 보이고
있다. 또 진로교육의 목적을 달성하고자 하는 각 학교의 욕구를
충족시켜 주기 위해 진로교육을 계획하는 프로그램들이 여러 단
체의 지원을 받아 개발될 전망이 보이고 있다.

6. 요 약

이 장에서 의도한 바는 현직훈련과 직전교육에 대해 전체적이고 개략적인 개요를 제공하려는 것이었다. 여기서는 교사와 행정가 그리고 상담자들을 위한 현직훈련에 대해 설명하였다. 학교가 개혁되고 변화됨에 따라 과거와는 다른 새로운 기능과 지식을 가진 사람들이 요구되며 교사의 교육을 담당하는 기관에서는 학교의 변화에 따른 이러한 요구와 기대에 부응해야 한다. 훌륭한 프로그램은 그 자체로 인간관계의 형성에 도움을 준다. 프로그램의 성과에 대해 긍정적인 교사들은 그 프로그램을 학교 현장에서 그대로 해 보려고 할 것이다. 진로교육에 관심이 많은 교사들은 교사교육기관과 접촉하여 진로교육에 대한 논리적인 이해를 위해 조력을 구할 것이며 워크샵 기간에 주어지는 교과에 관련되는 요소들을 정돈할 것이다. 현직훈련의 기간이 짧고 또 그러한 교육을 담당하는 교사교육 기관들이 진로교육의 필요성을 인식하기 시작하고 있으므로 현직훈련의 학습경험이 직전교육에 통합될 수 있을 것이다.

보충 독서자료

Association for Student Teaching. *A Guide to Professional Excellence in Clinical Experiences in Teacher Education.* Washington, D. C., 1970.

English, F. W. *Strategies for Differentiated Staffing.* Berkeley, California: McCutchen Publishing Company, 1972.

Etzioni, Anatole. "Human Beings Are Not so Easy to Change After All." *Saturday Review*(April 3, 1972.)

Giles, F. T. *Changing Teacher Education in a Large Urban University.* Washington, D. C.: A.A.C.T.E., 1972.

Guba, Egen G. "Methodological Strategies for Educational Change." Paper presented to the Conference on Strategies for Educational Change, Washington, D. C., November 8 to 10, 1965.

Mietus, Walter S. "Industrial Arts Teacher Education in the Age of Institutional Obsolesence." Paper presented to the American Industrial Arts Association's 33d Annual Convention, Miami, Florida, April 22, 1971.

Norton, Robert E., Consulting Editor. "Staff Development Guidelines for Comprehensive Career Education." Columbus, Ohio: Center for Vocational and Technical Education, Ohio State University, May 1972.

Pataline, Marianne. *Rationale and Use of Content-Relevant Achievement Tests for the Evaluation of Instructional Programs.* Report no. 56. Los Angeles, California: Center for the Study of Evaluation, University of California, May 1970.

Shaffer, Warren F.; and Hughes, Donald E. "A Research-Based Interview: Its Effect on Teachers' Classroom Behavior."

Elementary School Guidance and Counseling Journal 6: 4 (May 1972).

Sower, Christopher. *The Normative Sponsorship Theory of Updating Organizations*. East Lansing, Michigan: Michigan State University, 1968.

Tyler, Ralph W., Editor. "Educational Evaluations: New Roles, New Means." *Sixtyeighth Yearbook, Part* Ⅱ. The National Society for the Study of Education. Chicago: University of Chicago Press, 1969.

Ⅶ. 전략과 보상

　이 장에서는 초등학교에서의 진로교육을 위한 이론적 근거를 제시하고 진로교육 프로그램을 실시할 때에 고려해야 할 기법과 내용에 대해 언급하고자 한다. 이 책은 전국의 초등학교 교사들을 대상으로 해서 씌어졌지만 지역이나 학교의 특성에 따라 적절히 수정해서 사용해야 할 것이다.

　학급에서 직접 아동들을 지도하는 교사들이 진로교육을 적극적으로 지원하고 지도하지 않는 한, 진로교육은 발전할 수 없다. 학교행정가의 권유나 교육학자들의 여러 가지 견해 그리고 현장연구자들의 발견이나 정부의 지원도 만약 교사들이 교실 문을 잠그고 외면한다면 아무 소용이 없는 공허한 구호로 그치게 되기 쉽다. 진로교육의 가치와 실행가능성을 교사들이 보지 않는 한, 진로교육이 제대로 실시되기는 어렵다. 또한 진로교육에 요구되는 자원과 제반활동에 대해 교사들이 충분히 숙지하지 않으면 진로교육은 제대로 시행되기 어렵다. 교육 활동은 자칫하면 타성에 빠지기 쉽기 때문에 그 방향을 쇄신하려면 큰 에너지를 투입해야 한다. 교사들은 교육행정가와 언론인 그리고 지역사회의 주민들에게 진로교육의 유용성을 인식시키고 그 전략을 제공하여 그들의 지지를 얻도록 시도해야 한다. 이 장에서는 초등학교 교사들이 진

로교육에 대해 궁금하게 생각하는 질문에 대해 답하려고 하며 진
로교육을 위한 전략과 그 보상에 대해 언급하고자 한다.

1. 진로교육에 대해 걱정을 하는 교사들

진로교육에 대한 교사의 시인 도는 그 교사가 학생들의 복지와
교사 자신의 직업정체감을 어떻게 인식하고 있느냐에 달려 있다.
자기의 태도나 철학 그리고 교수방법을 바꿀 필요가 있다는 확신
이 없는 상태에서 이런 것들을 변화시켜야 한다고 할 때 교사들
은 즉각 반발할 것이다. 진로교육은 교사들에게 그들의 태도나 철
학 그리고 교수방법을 변화시킬 것을 요구하기 때문에 교사들의
반감을 사기 쉽다. 진로교육의 필요성을 주장하는 일부에서는 교
사들이 진로교육을 하지 않는다고 비난하며 그들이 할 수 있는
것보다 너무 많은 것을 요구하기 때문에 능력 있고 신뢰롭고 직
업관이 투철한 교사들조차도 진로교육에서 자신들이 해야 할 역
할에 대해 어리둥절해 하기도 한다.

대부분의 교사들은 진로교육의 개념을 어떻게 일상 교사에 접
맥시킬 수 있을까, 진로교육에 필요한 지식과 경험을 어떻게 얻을
수 있을까, 진로교육에 필요한 교수학습 자료들을 어디서 구할 수
있을까 하는 문제로 고심하고 있다. 돈에 관한 문제라면 그리 어
려울 것도 없다. 학교행정가나 지역사회 주민들이 그 필요성을 절
감한다면 그들은 신속히 돈을 대 줄 것이다. 문제는 교사들이 진
로교육의 필요성을 얼마나 절감하는가에 있다. 교사들이 얼마나
자발적으로 진로교육을 학교현장에서 현실화시키려고 하느냐에

달려 있다. 학교현장에서 진료교육을 실제로 행할 때 자주 제기되는 문제들에 대해 논의해 보는 것이 교사들에게 도움이 될 것이다. 이제 이런 점들을 염두에 두고 학교 현장에서 자주 제기되는 문제들에 대해 논의해 보자.

가. 내가 자주 들어 온 진로교육이란 개념은 무엇인가: 많은 사람들이 이것에 대해 말하지만 아무도 나에게 진로교육을 어떻게 하는 것인지에 대해 말해 주지 않는다. 진로교육에 대해 쓴 책을 읽으면 가끔 상반되는 사실에 접하게 된다.

이런 의문을 가진 사람들에게 이 책이 도움이 되었으면 좋겠다. 진로교육에 대한 개념은 학자들 사이에서 매우 다양하게 사용되고 있다. 가령 어떤 사람들은 이것이 새로운 시각에서의 직업교육이라고 하고 어떤 사람들은 모든 교육을 포괄하는 개념이라고 한다. 어떤 사람들은 진로교육이 비진학자들을 위한 교육이라고 하는가 하면 어떤 사람들은 진로교육이 대학과 성인교육 그리고 산업체에서의 직업훈련을 포함하여 일생을 통해 개인이 접하게 되는 공식적, 비공식적인 모든 생산 활동에 관계되는 교육이라고 한다. 진로교육의 개념을 너무 좁게 잡으면 조그마한 변화밖에 가져오지 못할 것이다. 또 지나치게 넓게 개념화시키면 그 의미를 상실하게 될 것이다. 이 개념은 궁극적으로 볼 때 보다 일관성 있게 종합(synthesis)되어야 할 것이다. 교사들 또한 진로교육에 대한 어떤 규범적인 청사진을 기대해서는 안 된다. 특정한 교사와 학급실정에 맞는 진로교육이란 진로교육을 학급에서 실현시키려는 교사의 인식과 노력에서 만들어지는 바로 그런 교육과정이란 점을 명심해야 할 것이다.

나. 미 교육성의 교육정책은 정치적 변화에 따라 흔들린다. 새로
　운 만병통치약이라고 단기간에 과거의 교육내용에 대체된 진
　로교육 때문에 왜 내가 나의 교수법을 바꿔야 하는가?

만약 진로교육이 미 교육성에서 실시하라고 하는 정책적인 교
육이라면 우리는 보다 많은 투자가 이루어지기까지 그저 "기다려
보면" 될 것이다. 그러나 요즘 말하는 소위 진로교육이란 최소한
10년 전부터 그 필요성이 거론되어 온 개념이다. 이것은 미국의
청소년들이 학교 세계로부터 일의 세계로 옮겨 갈 때 많은 어려
움을 겪고 있는 데서 생긴 개념이다. 그래서 10여 년 전부터 이것
을 개념화하고 연구하고 실험하게 된 것이다.

그러나 이러한 연구와 실험들이 널리 퍼지지 못하였기 때문에
이제 미 교육성에서 진로교육의 필요성을 교사들에게 인식시키게
된 것이다. 점점 확대되어가는 교육투자의 결과에 대해 국가는 관
심을 갖게 될 것이며 청소년들이 생산적인 지식과 기술을 갖고
산업현장에 들어가기를 기대할 것이다. 연방정부의 교육정책에 관
계없이 진로교육을 해야 할 필요는 이 이외에도 많다.

다. 나는 학급에서 가르쳐야 할 많은 교과 때문에 늘 힘이 든다.
　만약 진로교육을 교육과정 속에 포함시켜 실시한다면 나는
　도대체 어떻게 해야 하는가? 나는 일반교과를 내던져 버려야
　할 것인가?

아무것도 내던져 버릴 필요가 없다. 그동안 교사들은 환경교육,
약물교육, 성교육, 시민정신교육 등등으로 시달려 왔다. 만약 진로
교육이 하나 더 첨가된다면 정말 혼란스러워지고 그 개념도 희미

해질 것이다. 그러나 진로교육은 따로 어떤 수고를 요하는 교육이 아니다. 정상적인 교과시간에 진로에 대한 흥미를 조금 일깨워 주고 동기를 유발시키는 지식을 제공해 주면된다. 무얼 새롭게 시도할 필요는 없다.

진로교육이 무엇인지에 대해 따로 논의하는 것은 시간낭비이다. 동기유발을 위한 매체로서 진로교육 자료를 어떻게 이용할 것인지는 교사가 판단하는 것이 제일 좋다. 진로교육의 자료들은 교사가 학생들을 교육할 때 도움을 줄 것이다. 만약 이러한 자료들을 효과적으로 사용한다면 학생들은 학습이나 실제 작업에서 많은 도움을 받을 것이다. 만약 학생들이 그들이 배우는 교과가 장래 자신의 진로와 어떻게 관련되는지를 이해하게 된다면 학습이 보다 촉진될 것이다. 이러한 가정은 이미 여러 다양한 집단을 대상으로 한 연구에서 검증된 바 있다. 이것은 어떤 교과나 수업에서든 쉽게 검증해 볼 수 있는 것이다.

라. 나의 교수목표는 단지 학생들에게 직업생활을 준비시키는 것 보다 훨씬 포괄적이고 차원 높은 것이다. 이와 같은 가치 있는 교육목표들을 망치지 않으면서 진로교육을 실시할 수 있 겠는가?

대부분의 교사들은 모든 교육은 진로교육이 되어야 한다는 진술에 어리둥절해 하고 있다. 그들은 이 진술에서 모든 교육은 진보주의 교육이어야 한다는 과거의 선언을 상기하게 된다. 그러나 모든 교육이 진로교육일 필요는 없다. 모든 교육의 목적이 진로교육의 목적으로 통합될 필요는 없다. 삶을 위해 준비를 시키려는 진로교육은 미국의 가치 있는 모든 교육목적 중의 하나일 뿐이다.

삶을 위해 준비시키는 것은 삶 그 자체를 위한 준비의 하나일 뿐이다. 미국의 교육은 여태껏 삶을 위한 준비를 시켜 왔으므로 진로교육이라고 해서 색다른 것은 없다. 20세기에 들어서서부터 계속 미국교육의 주요 목적은 이런 것들이었다. 문제는 이와 같은 교육이 그동안 성공적으로 이루어지지 못했다는 데 있다. 이제 "단지 공부만을 위한 공부"는 어렵게 되었다. 교육은 삶을 위해, 행복한 생활과 훌륭한 시민적 자질과 가정생활을 위해, 그리고 지적인 활동과 합리적인 사고를 위해 준비시키는 그런 유용한 교육이 되어야 하게 되었다.

진로교육은 단지 생활을 위한 준비를 시키기 위해 기존의 교육을 허물어버리려는 교육이 아니다. 그것은 학습과 일의 세계를 보다 밀접히 연결시키려는 교육이므로 더 이상 무시되어서는 곤란한 교육인 것이다.

마. 최근 직업의 본질이 변화하기 때문에 그 미래를 예측하기 어렵다는 견해가 일고 있다. 고학력자의 실업률이 늘고 있으며 어떤 직업은 인간성을 말살시키고 있다. 그런데도 진로교육에서는 미국의 교육이 나아가야 할 방향이 직업을 준비시키는 데 있다고 할 것인가?

어떤 사람들은 장래에는 경제생활에서나 삶에서 직업이 갖는 중요성이 감소하게 될 것이므로 교육이 교용성과 생산성에 주안점을 두어야 한다는 주장이 시대착오적이라고 한다. 그러나 그들은 신호를 잘못 읽고 있다. 물론 생산성의 결과로 여가시간이 늘고 풍족하기 때문에 일에서 해방되는 시간이 늘게 될 것이다. 그러나 이것은 일시적인 현상이다. 곧이어 생산성이 줄게 될 것이고 사람들은 다시 일의 세계로 들어가야 할 것이다. 또 근무일이 단축된다고 해서 근무시간이 크게 단축되는 것은 아니다.

직업의 본질과 직업윤리가 변화하고 있다. 한때는 손으로 만들었던 것들이 이제는 기계로 대치되었다. 사람의 손으로 만들어졌던 것들이 자동화된 생산체제로 되었다. 그렇다고 사람들이 편해진 것은 아니다. "마음 놓고 밥을 먹을 여유도 없게 된" 지경이다. 개인들의 수입이나 국가의 부강은 여전히 생산성에 달려있다. 일하지 않고 살 수 있는 사람들은 단지 평균 이하로 사는 실직자들뿐이다. 일하지 않고 살 수 있는 사회는 없다는 말은 지금도 그래도 진리이다. 사회의 발전을 위해 일익을 담당하지 않는 사람은 비록 다른 사람들이 그를 경멸하지 않는다 하더라도 자기 자신을 무용지물이라고 느끼게 된다. 만약 학교에서 장래의 삶을 위해 준비시킨다면 학생들에게 일에 대한 준비뿐 아니라 자기가 종사하는 일에 대한 긍지와 직업윤리도 아울러 교육시켜야 할 것이다. 일의 본질에 대해서는 논쟁할 여지가 있겠지만 인간의 삶에서 일이 필요하다는 사실에 대해 논쟁할 여지는 없을 것이다. 민주사회에서 일을 위해 준비시키는 것은 곧 훌륭한 시민정신을 교육시키는 것이다.

어떤 직업은 인간성을 말살시킨다는 최근의 우려는 정당한 견해이다. 그러나 그런 직업은 직업세계의 극히 일부에 지나지 않는다. "자동화된" 직업체제가 이런 지적을 받을 가능성이 많은데 사람들의 우려와는 다르게 이런 체제는 좋은 상품을 만들고 있으며 일과 노동자들을 비인간화하는 게 아니라 인간화시키는 추세이다. 이런 특수한 직종에 종사하는 사람들은 보다 많은 교육을 받아야 하지만 일단 자기 직업에 숙달되면 될수록 일이 손쉬워지고 그 일에서 보다 큰 의미와 만족감을 맛볼 수 있게 되기 때문이다. 진로교육은 근로자들이 자신의 직업에서 이러한 발전을 가속화하는 데 기여하도록 도와야 한다.

직업세계의 변화가 눈부시게 빨라지기 때문에 대부분의 사람들은 일생 동안 몇 차례 직업을 바꿔야 할지도 모른다. 개인적으로 보면 상당한 적응력을 요구할 정도로 직업세계의 변화가 심하다. 그러나 어떤 시대이든 직업사회는 어떤 구조를 갖고 있으며 신참자는 그것을 그대로 볼 줄 알아야 한다. 만약 학교에서 학생들이 학교를 떠난 후에 접하게 될 사회에 대해 염려한다면 그리고 "다음 단계의 사회가 어떤 것인지 정확히 알게 될 때까지는 우리는 아무것도 해서는 안 된다"는 식의 자세를 버린다면 학교는 그들의 청소년들에게 보다 좋은 교육을 시키게 될 것이다.

과거보다 요즈음에 청소년들이 취업을 하지 못해 고생하는 첫째 이유는 직업세계가 너무 다양하기 때문이다. 그들은 현대사회가 요구하는 직업적인 기능을 제대로 갖추고 있지 못하며 직업을 그들의 삶의 의미 있고 중요한 일부로 보는 직업관을 갖고 있지 않다. 최근 청소년들의 실업률이 높은 현상 자체만으로도 진로교육을 실시해야 할 충분한 근거가 된다.

2. 진로교육에서 초등학교가 담당해야할 역할

각 개인에게 일을 가치 있고 만족한 것으로 인식시키기 위한 진로교육의 단계 중 초등학교는 어디에 적합할까? 유치원에서부터 초등학교에 이르는 학교단계는 직업세계와는 비교적 거리가

멀다. 그러나 장래 직업에서의 성패를 결정지을지도 모르는 일에
대한 태도를 길러줄 수 있는 단계라고 볼 수 있다. 초등학교에서
는 아동들을 다음과 같이 동기화시킴으로써 일에 대한 태도를 길
러 줄 수 있다.

(1) 장래 유능한 일꾼으로서 자기 자신을 생각해 보게 하고
(2) 교과와 직업세계를 관련시켜 봄으로써 교과를 학습하는 것
    이 장래 일의 세계에 대해서도 중요하다는 것을 인식하게
    하며
(3) 일에 대해 좋은 태도를 갖도록 한다.

학습과제에 자기를 연결시키는 능력이 피고용자나 경영자로서
의 일의 세계에 자기를 연결시키는 능력과 다르지 않다는 것을
잊어서는 안 된다.

초등학교 학생들에게 일에 대한 기본적 가치와 일이 사회에 기
여하는 바를 가르치는 일은 매우 중요한 일이다. 이런 교육을 통
해 학생들은 일을 가치 있는 활동으로 인식하게 되며 일하는 좋
은 습관을 몸에 붙이게 된다. 또한 일을 통해 긍정적인 성취감과
좋은 결과를 창출하게 되고 일을 통해 보상 감을 맛보게 된다. 그
러나 약간의 예외를 제하고는 현재 초등학교 교육과정에 이러한
교육내용이 포함되어 있지 않다.

초등학교 단계에서 의사결정의 기술을 가르치는 것은 너무 이
른 감이 없지 않다. 또 잠정적으로 진로선택을 해 보게 하는 것도
시기상조이다. 왜냐하면 노동시장에 들어가게 될 시간이 앞으로는
너무 많이 남아있고 또 직업세계가 자꾸 변하기 때문이다. 초등학

교는 진로발달에서 환상기(fantasy stage)이다. 아동들이 선호하는 직업은 자주 바뀔 것이다. 만약 이 시기에 합리적이고 영구적인 선택을 하도록 강요한다면 얻는 것은 없고 잃는 것만 많게 될 것이다. 초등학교를 벗어날 때까지는 우리는 그들의 적성을 명확히 인식하거나 측정하기 어렵다.

교육적인 선택의 문제도 이 시기에는 그리 심각하게 고려할 대상이 아니다. 그런 문제를 아동들에게 생각하도록 강요함으로써 그들은 후에 현실적으로 자신의 진로를 재차 고려해 볼 기회를 잃고 직업세계의 중요한 부분을 단절한 채 어떤 한 길만 선택하게 될 것이다.

그래서 초등학교 단계에서는 일을 소중히 인식하는 태도와 습관을 키워주고 교과가 갖는 직업적인 의미를 인식시키는 데 진로교육의 초점을 두어야 할 것이다.

3. 지역사회의 인정을 받기

진로교육의 필요성이 널리 인식되고 초등학교에서 진로교육이 원활히 이루어지려면 교사들의 지지와 열의 이상의 다른 도움이 필요하다. 지역사회 주민들의 적극적이고 진정한 지원이 필요하다. 아동들은 가장 수동적이며 가장 무력하다. 그 다음으로 부모들도 교육적인 변화에 의아해하는 눈초리만 보내기 쉽다. 특히 그들이 기억하고 있는 원리와 다른 교육방침이나 "내 아이"가 부모가 이룬 교육적, 직업적인 성취 정도도 이루기 어렵다는 조그마한 조짐이라도 보일 때 더욱 그러하다. 그들에게는 "자녀들을 꼭 대학에 보낼 필요가 없다"는 메시지는 잘못 해석될 수 있는 메시지이다. 진정한 의미에서의 진로교육의 전제는 일정한 교육수준에 도달하면 직업적인 성공을 얻을 수 있는 필수적인 태도나 지식, 기술 등이 학습될 수 있다는 것이다.

고용주들은 이와 같은 진로교육의 전제를 빨리 그리고 열심히 파악해야 한다. 노동구조는 입법가나 학교에 앞서 이러한 전제를 찬성할 것이다. 학교나 입법가는 진로교육을 실시하는 데 돈이 얼마나 들며 그것이 무엇을 제공할 것인가를 물을 것이다. 학교행정가들은 이런 문제에 대해 어떤 확신이 설 때까지는 가장 의심스럽게 반응할 것이다.

교사교육을 하는 기관에서 가장 마지못하게 생각할 것이다. 대학의 교직원들은 변화를 시도하느니 보다는 차라리 죽겠다고 할 것이지만 초등학교 교사를 위한 교육기관에서는 고객의 요구에 맞추지 않으면 안 될 것이다. 교육연합회에서는 특수한 전문적인 회원관계를 바탕으로 관심을 보일 것이다. 진로교육을 주장하는 사람들은 실천 가능한 전략과 적정한 수준을 제공해야 한다.

초등학교라고 해서 진로교육을 실시하는 데 돈이 들지 않을 것이라고 말할 사람은 없을 것이다. 교사를 교육시키고 새로운 교재를 개발하려면 많은 돈이 든다. 자신이 무엇을 하는지를 모르는 교사들은 아무것도 가르칠 수 없다. 그래서 여름휴가와 기타 수업을 하지 않을 때를 이용해 그들은 학교 밖의 일의 세계를 경험하고 교육 자료를 제작해야 한다. 산업체들도 자기들이 협력한 것에 대한 어떤 대가를 요구할 것이다. 그러나 진로교육이 일단 정착되면 현재보다 두 가지 면에서 그 주가가 올라갈 것이다. 그 하나는 고용주가 생산에 관여한 것에 대해 교사들에게 보상을 해 줄 가능성이며 다른 하나는 꼭 필요하면서도 지금까지는 무시되었던 것으로 교사들의 교수기법이 보다 개별화될 수 있다는 것이다.

다른 면으로는 부모나 고용주, 공무원이나 노동부의 직원, 은퇴자나 근로자들로부터 자유롭고 유용한 서비스를 받을 수 있다. 수업을 통해 얻는 것도 많지만 학교를 방문하는 자원인사들의 자발적인 봉사로부터 얻는 점도 상당히 많다.

그러나 진로교육이 과거와 다른 어떤 획기적인 차이를 가져올 것이라는 어떤 증거가 있는가? 사회는 진로교육을 사회에 별로 기여를 하지 못했던 교육개혁의 쓰레기들을 저장하기 위해 만든 창고로 인식하고 있다. 이런 비난이 어떤 합리적인 근거를 결여하고 있다고 할지라도 진로교육을 옹호하는 사람들은 진로교육의 발달을 위해 그런 비판을 받아들여야 한다. 진로교육의 전제들을 조심스럽게 평가하고 보다 측정 가능한 목표를 설정하도록 해야 한다. 진로교육에 대한 마지막 평가는 한 세대가 흘러 교육과 일에서 진로교육의 효용성이 실제적으로 경험되고 평가된 후라야 가능하다. 임시적인 평가는 진로교육을 통해 교과의 학습이 촉진된다는 전제에서 발견될 수 있다. 이런 전제는 여러 가지 신빙성 있는 결과들에 의해 이미 검증된 바 있다. 보다 많은 검증이 이루어져야 할 것이다. 앞으로는 진로교육이 교과교육을 촉진시킬 수 있느냐 하는 문제 보다는 누구에게, 어떤 조건에서 교과 교육을 촉진시킬 수 있는가에 대한 연구가 이루어져야 할 것이다.

직업과 노동시장에 대해 아동이 학습한 객관적인 지식은 직업과 일에 대한 태도처럼 검증될 수 있다. 이와 같은 지식과 태도가 장래 진로에 어떤 영향을 줄 것인가는 다시 또 한 세대를 거치는 평가의 영역이 될 것이다.

학생들이 학교를 떠나거나 도중에서 학업을 포기하거나 직업을 갖거나 직업에서 발전을 꾀하거나 하는 비율은 실험집단과 통제집단의 구조로 측정하고 비교할 수 있다. 그와 같은 연구는 확실한 증거 하에서 받아들여지거나 거부될 수 있도록 설계되고 시행되어야 한다. 초등학교에서의 진로교육의 성공여부는 아동들의 진로교육과 교과교육에서의 발전과 만족이라는 관점에서 평가되어야 할 것이다. 현재의 방법과 결과는 그 논리성이 충분히 입증된 후에 보다 타당 화된 실행과 시행을 통해 일반화되어야 한다.

현재 변화에 저항하는 사람들이나 진로교육이 소수민족에 대한 차별을 확대시킬 것이라고 우려하는 사람들이나 그들이 투자한 자본이 재분배될 것을 두려워하는 사람들이라 할지라고 진로교육에 대해 큰 반대는 하고 있지는 않다. 가장 큰 저항은 지난날 많은 돈을 투자하여 교육개혁을 감행하다가 실패한 사람들로부터 나오는 것 같다.

진보를 막아야 한다는 요구는 교육발전의 주도권을 무저항의 전공으로 끌어들이려는 사고방식이다. 주도권을 잡고 싶은 사람은 누구든지 진보를 위한 확실한 방법을 공유할 수 있다. 입법가들은 진로교육에 방해가 되는 법률을 다시 고칠 수 없다. 학교 당국은 정책과 자원을 재할당할 수 있다. 학교행정가들은 새로운 프로그램을 만들고 발전시키며 새로운 기법을 창출할 수 있다. 교사들은 최소한 어느 정도까지는 수업을 통해 자기 자신의 방법을 구사할 힘을 갖고 있다. 고용주나 산업체에서는 학교를 위해 지원을 할 수 있고 부모나 납세자들은 변화를 요구할 수 있다. 달리 표현하면 우리에게 이러한 흐름을 막을 전략은 없다는 것이다. 각 개인이나 지역사회는 현시점에서 출발하여 일차적으로 권위와 설득을 사용해서 가고자 하는 방향으로 나아갈 수 있다.

진로교육의 궁극적인 목적과 보상은 직업위계의 상부와 하부 구조 간의 사회적인 틈을 줄이는 것뿐 아니라 그것을 계획하고 실천하는 사람들에게 무한한 능력과 자기 통제력을 줄 수 있다는 것이다. 초등학교에서 이러한 전망은 더욱 견고하다.

출산율이 낮아지기 때문에 초등학교의 등록생수가 1980년대에는 약 200만 명 정도 줄게 될 것이며 교사는 시간적 여유를 갖게 될 것이다. 교사들은 자기의 직업을 지키기 위해 특수한 기술을 배워야 할 것이다. 시간과 공간이 늘 것이며 일찍 퇴직하려는 경향이 늘고 여가시간이 늘며 성인교육에 관심을 갖게 될 것이고 여러 세대가 함께 공부하게 될 것이다. 초등학교 교사들은 35명 아동들의 보모로서보다 지역사회의 지휘자로서 지역사회 자원과 학습 환경을 관리하게 될 것이다. 아동들은 성인이 된 후에 갖게 될 직업을 가치 있게 보며 현재의 서비스를 즐겁게 인식할 것이다.

초등학교 교사들이 진로교육 프로그램에 등록을 하는 경향이 뚜렷한 증거로 나타나고 있다. 교사의 역할에 대한 열정이 늘고 있다. "나는 그렇게 재미있게 가르칠 수 있다는 것은 그전에는 몰랐다"라든지 "1학년의 과정을 마치 2학년을 위한 준비로 보는 개념에서 벗어나니 각 단계마다 삶에 관련된 생생하고 특수한 목표가 있다는 것이 인식 된다"느니 하는 말을 한다. 이와 같은 전형적인 언급들은 "만약 실험적인 프로그램들이 다음 해에도 새로워지지 않는다면 우리는 우리 나름의 자원을 갖고 진로교육을 실시하게 될 것이다"나 "우리는 지역사회로부터 그런 지원을 받은 적이 없다. 그러니까 만약 우리가 그것을 하려고 한다면 우리를 막지 못할 것이다."라는 소리로 들린다. 이런 표현이 갖는 하나의 의미는 교사들이 보다 자발적으로 된다는 것이다. 만약 진로교육의 목표가 개인에게 일이 가능하고 의미 있고 만족스러운 것임을 깨우쳐 주는 것으로 아동에게 유익한 것이라면 왜 그것이 교사들에게도 똑같이 유익한 것이 되지 말란 법이 있을까?

이러한 전조들은 모두 아직은 "그럴 것이라"는 단계이므로 우리는 다음 것들을 확신해야 할 것이다.

(1) 교육에 대한 불신이 증가하고 있으므로 보다 확실한 실천적인 활동을 통해 교육을 개혁하여야 한다.

(2) 일에 대한 불만이 사회전체에 만연해 있다. 이러한 불만들은 앞으로도 끊임없이 보이고 들릴 것이므로 그러한 사실을 인식하고 누군가가 권위를 가진 직업윤리를 정립하도록 도와야 한다.

(3) 진로교육은 이 두 가지 사회적 도전에 대한 자연스런 해결책이 될 수 있는 유용한 접근법일 것이다. 그런데도 왜 진로교육을 하지 않는가?

보충 독서자료

Instructor Magazine, The. February 1972.

Olympus Research Corporation. *Career Education: A Hendbook for Implementation*. Washington, D. C.: U. S. Government Printing Office, 1972.

Olympus. *Career Education in the Environment: A Handbook for Implementation*. Washington, D. C.: U. S. Government Printing Office, 1972.

Portola Institute. *The Last Whole Earth Catalog*. Menlo Park, California: Random House.

Wurman, Richard. "The Yellow Pages of Learning Resources." Boston: Massachusetts Institute of Technology, 1972.

김충기 서울대학교 교육대학원 교육학 석사학위, 미국 Central Arkansas대학교 대학원 카운슬링 석사학위, 미국 Arkansas주립대학원 교육전문가 학위, 미국 Arkansas주립대학원 교육학 박사(생활지도 및 직업교육), 미국 Oklahoma주 Tulsa대학원 교육행정연구, 수도여자 사범대학 교육학 전임강사, 성균관대, 이화여대 대학원, 중앙대 사대 대학원, 고려대 대학원 교육 대학원 강사 역임, 건국대학교 사범대학 교수, 교육대학원 원장, 학생생활연구소 소장.
현재, 건국대학교 사범대학 학장

저서 및 역서
『생애교육과 생활지도』, 『청년발달심리학』, 『생애교육의 과제와 전망』, 『진로교육의 본질』, 『생애교육의 기초』, 『교육의 실상과 허상』, 『상담과 심리치료』, 『직업교육과 진로지도』, 『직업교육과 진로교육』 외 다수

김현옥 경기여자고등학교 졸업/서울대학교 사범대학 국어학과 졸업/건국대학교 대학원 교육학과 졸업(교육학 박사)/건국대 강사/경기도 율곡교원연수원 연구사.

저서 및 역서
『CMI의 구인타당도 연구』, 『자아개념과 진로성숙과의 상관연구』, 『청소년의 진로성숙과 관련변인과의 상관관계』, 『학습지도 기술, 상담과 심리치료의 원리와 실제』, 『자아와 방어, 프로이드 정신분석의 새로운 이해』, 『인간의 내적 갈등, 현대인의 심리』, 『컴퓨터를 이용한 생활지도 상담 및 심리치료』 외 다수

초등학교의 진로교육

● 초판 인쇄	2004년 9월 25일
● 초판 발행	2004년 9월 30일
● 옮 긴 이	김충기 / 김현옥
● 펴 낸 이	채종준
● 펴 낸 곳	한국학술정보㈜
	경기도 파주시 교하읍 문발리 526-2
	파주출판문화정보산업단지
	전화 031) 908-3181(대표)·팩스 031) 908-3189
	홈페이지 http://www.kstudy.com
	e-mail(e-Book사업부) ebook@kstudy.com
● 등 록	제일산-115호(2000. 6. 19)
● 가 격	24,000원

ISBN   89-534-2029-6 93370 (Paper Book)
       89-534-2030-X 98370 (e-Book)